Mi tiempo con
con
DIOS

Mi tiempo con
con
DIOS

JOYCE MEYER

NEW YORK | BOSTON | NASHVILLE

FaithWords
Hachette Book Group
1290 Avenue of the Americas
New York, NY 10104
www.faithwords.com
twitter.com/faithwords

Primera edición: Octubre 2017

FaithWords es una división de Hachette Book Group, Inc.

El nombre y el logotipo de FaithWords es una marca registrada de Hachette Book Group, Inc.

La editorial no es responsable de los sitios web (o su contenido) que no sean propiedad de la editorial.

International Standard Book Number: 978-1-4789-9198-4

Impreso en los Estados Unidos de América

LSC-C

Printing 10, 2024

Introducción

Escribí este devocional a lo largo de un período de tres años, el cual constituye una colección de palabras de aliento que sentía que Dios hablaba a mi corazón en mi tiempo con Él. Quisiera compartirlas con usted y deseo que le animen en su tiempo de comunión personal con Dios. Algunos de ellos son más extensos que otros; algunos contienen citas y declaraciones, mientras que otros incluyen una oración que usted mismo puede orar.

El presente devocional es muy especial para mí, simplemente porque ha surgido de mi vida personal. Estos devocionales diarios consisten en lecciones que Dios me ha enseñado en diversas ocasiones, además de aspectos específicos sobre los cuales Él me ha estado tratando durante el tiempo en que los escribí. Estoy convencida de que sentirá la presencia de Dios a medida que se tome el tiempo para permitir que Dios le hable a través de su Palabra.

De hecho, una de mis oraciones al introducirse en este devocional es que pueda comprender plenamente que Dios lo ama sin medida y que Él anhela tener una relación íntima con usted. Por tanto, si bien estos mensajes son revelaciones de mi tiempo con Dios, mi intención es que sean un punto de partida para que pueda avanzar en su relación con Él.

La Palabra de Dios es extremadamente poderosa y contiene el poder para renovar nuestras mentes y transformarnos a la imagen de Cristo Jesús. En la medida en que lea y estudie este devocional, confío en que experimentará una nueva intimidad con nuestro Señor.

✳ Dios es su justicia ✳

Pues conocemos al que dijo: Mía es la venganza, yo daré el pago, dice el Señor. Y otra vez: El Señor juzgará a su pueblo.
HEBREOS 10:30

A fin de comenzar este nuevo año como se debe, es importante no empezar con ninguna clase de amargura o resentimiento en nuestro corazón. Resulta poco probable que alguno de nosotros haya logrado atravesar todo un año si ser herido; pero únicamente continuamos permitiendo que aquello que nos hayan hecho nos afecte si no perdonamos a nuestros agresores.

Pregúntese a sí mismo si está enojado con alguien por alguna cuestión y si lo está, pídale a Dios que lo ayude a perdonar, olvidar y seguir adelante. Dios es nuestro vindicador y si se lo permitimos, Él nos recompensará por cada injusticia que hayamos sufrido. En mi vida, he aprendido que el enojo es algo que nunca debemos cargar con nosotros. La Palabra de Dios dice que no permitamos que el enojo nos dure hasta la puesta del sol, de lo contrario, damos lugar al diablo en nuestras vidas (vea Efesios 4:26–27).

Hágase un favor ahora mismo al comenzar este nuevo año y rehúsese a permanecer enojado o con amarguras. Dios tiene grandes planes para nosotros, y sería una pena que nos los perdamos por no habernos despojado de las cargas del pasado. Comience este nuevo año con un corazón lleno de paz y decida disfrutar de cada día.

Oración: Padre, ayúdame a perdonar a todo aquel que me haya herido el año pasado, y si yo los he ofendido, por favor ayúdalos a que me perdonen.

✳ Confíe en Dios en todo tiempo ✳

Esperad en él en todo tiempo, oh pueblos; derramad delante de él vuestro corazón; Dios es nuestro refugio.

SALMO 62:8

Es importante vivir con una confianza constante en Dios. Esto significa crear un hábito espiritual de confiar en Él en todo tiempo, en lugar de confiar solo cuando tenemos una necesidad o cuando surgen los problemas en nuestras vidas. Como madre, no me agradaría que mis hijos solo me llamaran o me visitaran cuando necesitasen algo.

Dios es misericordioso y muchas veces nos ayuda a pesar de que lo hemos ignorado; pero no desea que nuestra relación con Él sea de esta manera. Dios me ha estado insistiendo para que en este año incremente mi confianza en Él en todo tiempo.

Todos esperamos que cada día traiga cosas nuevas y emocionantes y que todo resulte exactamente como lo habíamos planeado, pero sabemos por experiencia que raramente la vida suele ser de esa manera; podemos quedar atascados en el tráfico lo cual nos demora para una cita importante, o quizá alguien nos decepciona o nos hiere de algún modo. Tomar la decisión de confiar en Dios plenamente, incluso antes de enfrentarnos a algún desafío, es muy conveniente.

Oración: Padre, más allá de lo que pueda suceder en este día, escojo confiar en ti. Si en este día acontecen dificultades inesperadas, pongo ahora en ti mi confianza para que cuides de mí y me ayudes a hacer lo que deba hacer.

✳ Dios le ama ✳

Pero Dios demuestra su amor por nosotros en esto: en que cuando todavía éramos pecadores, Cristo murió por nosotros.
ROMANOS 5:8 (NVI)

Dios me recordó hoy de su amor incondicional.

¡Es muy importante comenzar cada día sabiendo que *Dios lo ama*! Dios lo ama de manera incondicional, y su amor es más valioso e importante que el de ningún otro. Él no nos ama porque seamos merecedores, simplemente porque quiere hacerlo.

Recibir su amor gratuitamente, le dará seguridad y le permitirá vivir la vida sin temor. El perfecto amor de Dios echa fuera todo temor y pavor (vea 1 Juan 4:18). Quizá usted conozca el dolor de no ser escogido. No lo eligieron para ser presidente de su clase o no le pidieron que asista a una fiesta a la cual *todos* iban a ir. Cuando se nos deja de lado, causa dolor; pero la buena noticia para usted hoy es que Dios lo ha escogido. Es especial para Él y su amor por usted nunca cesa.

Oración: Gracias, Padre, por amarme. Recibo hoy tu amor por fe y te pido que me fortalezca.

✳ Buscar a Dios ✳

Una cosa he demandado a Jehová, ésta buscaré; Que esté yo en la casa de Jehová todos los días de mi vida, para contemplar la hermosura de Jehová, y para inquirir en su templo. SALMO 27:4

Mi vida cambió cuando aprendí a buscar a Dios y su presencia como mi necesidad primordial. Buscar significa perseguir, anhelar, ir detrás de algo con todas sus fuerzas. Siempre separe tiempo para estar con Dios, estudiar su Palabra y simplemente descansar en su presencia. Aprenda a estar consciente de Él en todo momento.

> ¡Dediquemos tiempo para buscar aquello que es verdaderamente importante para nosotros!

Declaración: Siempre busco a Dios porque su presencia es la mayor necesidad en mi vida.

✷ El poder de la simplicidad ✷

De cierto os digo, que el que no recibe el reino de Dios como un niño, no entrará en él. LUCAS 18:17

Esta mañana escribí en mi diario: "Procurar la sencillez".

La vida es ciertamente complicada y tiende a volverse muy estresante. He pasado años de mi vida orando para que mis circunstancias cambiaran, a fin de poder disfrutar la vida; sin embargo, al final me di cuenta de que yo necesitaba cambiar mi enfoque hacia la vida. ¿Y usted? ¿Siente los efectos del estrés y desea días más simples? A menudo, hablamos de "los viejos tiempos" cuando la vida era más sencilla, pero eso no nos ayuda mucho hoy.

Necesitamos un cambio en nuestra actitud y en nuestro enfoque hacia la vida. Solo los necios piensan que pueden seguir haciendo las mismas cosas y obtener resultados diferentes. Aprenda a pensar de manera más simple. No piense en demasiadas cosas al mismo tiempo ni permita que su agenda se desborde. Decir no cuando sea necesario le ayudará a mantener su agenda bajo control. Muchas personas pretenden muchas cosas de nosotros, pero no tenemos que arruinar nuestra vida ni perder nuestro gozo para que sean felices. Aparte algún tiempo en este día para hacer un inventario de su vida. Pregúntese si la está disfrutando. De lo contrario, le ruego que haga los ajustes que sean necesarios para empezar a disfrutar la vida.

Oración: Padre, te amo tanto y estoy tan agradecido por la vida que me has dado. Quiero disfrutar la vida e invertir mi tiempo con sabiduría, por eso te pido tu ayuda para implementar cualquier cambio que sea necesario, a fin de poder vivir con simplicidad y poder.

✳ La belleza de la fe ✳

Encomienda a Jehová tu camino, y confía en él; y él hará.
SALMO 37:5

Hoy veo más claro que nunca cuán simple y hermosa es la fe y cómo el esfuerzo propio complica la vida y nos roba la paz y el gozo. El corazón del hombre piensa su camino (vea Proverbios 16:9), pero los caminos de Dios son más altos que nuestros caminos y siempre obran para bien (vea Isaías 55:9). Finalmente, he aprendido que cada vez que me siento frustrada, suele ser un indicador de que he confiado en mí misma para hacer aquello que solo Dios puede hacer. Es mi señal para volver a colocar mi fe en Dios y una vez más disfrutar de su paz.

Sin fe es imposible agradar a Dios (vea Hebreos 11:6) y sin Él nada podemos hacer (vea Juan 15:5). Si se siente preocupado o cargado, le ruego que suelte su carga y vuelva a poner su fe en Dios sin más demora. "Encomienda a Jehová *tu camino*" y "*él hará*" (Salmo 37:5). Dios ya tiene un plan perfecto diseñado para su situación, y mientras descansa en Él, ¡Él hará su obra!

Oración: Padre, gracias porque estás haciendo tu obra en mi vida mientras descanso en ti. Confío en que harás lo correcto en el tiempo oportuno. Ayúdame a caminar en fe en todo tiempo.

✳ Dios es mi protección ✳

El que habita al abrigo del Altísimo morará bajo la sombra del Omnipotente.   SALMO 91:1

Pasar tiempo en comunión con Dios nos protege de los ataques de nuestros enemigos. Cuando recuerdo esto, me siento segura, lo cual es algo que todos deseamos. Aparte un momento varias veces al día para simplemente volver su atención hacia el Señor y declarar: "Sé que estás conmigo y que tú eres mi protector". Luego tome unos momentos para meditar en ese pensamiento y permitir que lo conforte.

> No existe ningún momento en su vida
> cuando Dios no esté con usted.

Declaración: Dios está siempre conmigo. Él nunca me dejará y me protege de todos los que procuran mal contra mi vida.

✳ Sea sanado ✳

…y por su llaga fuimos nosotros curados.   ISAÍAS 53:5

Jesús puede sanarlo cualquiera sea su dolor y Él se complace en hacerlo. Ya sea que esté herido espiritual, física, mental, emocional, social o financieramente, a Jesús le importa y Él quiere ayudarlo. La voluntad de Dios es que usted pueda tener una relación íntima y en crecimiento con Él por medio de Jesús. Quiere que goce de salud, energía, paz mental, estabilidad emocional y que tenga muchos buenos amigos y relaciones familiares y que todas sus necesidades sean suplidas en abundancia, además de ser capaz de poder dar generosamente a quienes estén en necesidad.

Si usted está atravesando por un período de escasez en alguna de estas áreas, Dios se acerca hoy a usted y le pide que confíe en Él por sanidad. Él es nuestro médico y su Palabra nuestra medicina. Quizá nunca se le ocurrió que Jesús quiere sanarlo, pero es verdad, y oro para que usted pida y reciba, para que su gozo sea cumplido (vea Juan 16:24). No tiene porque no pide (vea Santiago 4:2), así que pida osadamente y aférrese a las promesas de Dios. Lleve su dolor a Jesús, y por medio de la fe y con paciencia su vida será restaurada.

Oración: Padre, sana mis heridas. En el nombre de Jesús te pido que pueda experimentar tu plenitud en mi vida. Recibo tu sanidad por fe y ¡declaro que tu poder sanador está obrando en mi vida ahora mismo!

✳ Viva en abundancia ✳

Y poderoso es Dios para hacer que abunde en vosotros toda gracia, a fin de que, teniendo siempre en todas las cosas todo lo suficiente, abundéis para toda buena obra.

2 CORINTIOS 9:8

Cuando siento que mi "levántate y anda" se levantó y se fue, me sacudo a mí misma con expectativas agresivas.

Dios es un Dios de abundancia, quien quiere que vivamos una vida abundante, libre y plena. Atrévase a tener una fe grande, planes grandes, ideas grandes, porque Dios es poderoso para hacer todas las cosas mucho más abundantemente de lo que pedimos o entendemos (vea Efesios 3:20). ¡Es tiempo de comenzar a pedirle a Dios que haga grandes cosas! ¡Tenga grandes expectativas!

No tenga temor de pedirle a Dios por cosas grandes. La verdad es que nunca podrá pedirle demasiado siempre y cuando sea recto de corazón y esté dispuesto no solo a ser bendecido por Dios, sino también ser de bendición a dondequiera que vaya. La Biblia dice que Dios busca mostrar su poder a favor de los que tienen un corazón perfecto para con él (vea 2 Crónicas 16:9), y puede ser usted si está dispuesto a creer. No se requiere de un comportamiento perfecto para calificar para los planes de Dios; solo ámele con todo su corazón.

No se conforme con menos de la vida excelente que Dios tiene para usted.

Oración: Padre celestial maravilloso, me siento honrado al saber que quieres ofrecerme una vida abundante. Sé que no merezco tu bondad, pero sí te pido por medio de la fe que hagas grandes cosas en mí y a través de mí. ¡Gracias!

✳ *Sea sabio* ✳

La sabiduría clama en las calles, alza su voz en las plazas.
PROVERBIOS 1:20

La sabiduría se encuentra en la intersección de cada decisión, clamando: "Sígueme". La sabiduría siempre hace aquello con lo que más tarde se sentirá complacida. No viva con remordimientos por dejarse llevar por las emociones, la opinión popular o su propia voluntad. La sabiduría lo promoverá, lo prosperará y le concederá gozo y paz.

¿Está en un momento donde necesita tomar una decisión? Obviamente, tomamos decisiones todo el tiempo, y todas son importantes; pero algunas presentan mayor importancia que otras. Creo que si está pronto a tomar una decisión trascendental, debe dejar que sus emociones mengüen antes de decidir. Tome una decisión sabia. La sabiduría es en primer lugar pura y luego es amante de la paz, por lo tanto, le insisto que espere en la sabiduría a fin de vivir sin arrepentimientos.

Oración: Padre, me comprometo a seguir la sabiduría en todas mis decisiones. Por favor, enséñame el camino por el que debo andar. ¡Gracias!

❋ Escondidos del mal ❋

En lo secreto de tu presencia los esconderás de la conspiración del hombre; Los pondrás en un tabernáculo a cubierto de contención de lenguas.   SALMO 31:20

Las palabras ofensivas hieren, pero esta escritura nos promete que si habitamos en la presencia de Dios, Él nos protegerá de sus efectos. Aunque palabras hirientes sean lanzadas en nuestra contra, Dios nos protegerá y nos confortará en nuestro tiempo de comunión con Él.

De todas formas, las palabras de Dios son las únicas que en verdad importan, y Él siempre dice cosas buenas acerca de nosotros.

> Las palabras de Dios son más poderosas
> que las de cualquier otro.

Declaración: Las palabras de Dios me protegen de las palabras malignas que se hablen contra mí, y su voz se escucha más fuerte que todas las demás.

✳ Amigos ✳

El hombre que tiene amigos ha de mostrarse amigo; y amigo hay más unido que un hermano. PROVERBIOS 18:24

Todos queremos tener amigos, y Dios quiere que los tengamos. Él fomenta las relaciones a través de su Palabra, pero es importante tener relaciones saludables, seguras y con gente piadosa. Algunas relaciones no son seguras porque nos usan, nos manipulan y se aprovechan de nosotros. La voluntad de Dios es que oremos y amemos a todos, incluso a nuestros enemigos, pero eso no significa que debamos permitir que la gente se aproveche de nosotros. Personalmente, no estoy interesada en tener lo que yo llamo relaciones unilaterales, en las cuales yo soy siempre la que da y la otra parte es siempre la que toma.

En ocasiones, Dios sí puede usarnos en las vidas de las personas egoístas y egocéntricas, y debemos hacer ciertos sacrificios; pero existe un punto en el cual les estamos haciendo daño si permitimos que nos manipulen en busca de su propio beneficio. Tiene que defenderse y siempre estar dispuesto a confrontar estas relaciones tóxicas. Hable la verdad en amor (vea Efesios 4:15). Usted es una persona valiosa y con derecho a tener buenas amistades quienes lo respeten y lo honren como es debido.

Oración: Padre, ayúdame a siempre ser un buen amigo. Te pido que pueda tener relaciones seguras y saludables en las cuales pueda prosperar y crecer. Amén.

❋ Espere en Dios ❋

En ti he esperado todo el día. SALMO 25:5

Soy una persona de acción, y cuando existe un problema, estoy preparada para actuar; pero a veces empeoro la situación porque no esperé en los planes de Dios. Ser agresivo tiene muchos beneficios, pero también puede causar problemas si actuamos de manera independiente de Dios.

Hoy recuerdo la importancia de guardar una actitud que espera en Dios. No estoy recomendando la inactividad, sino más bien la forma más elevada de actividad espiritual, la cual implica confiar en Dios en cada área de la vida. Espere en Él por provisiones, fortaleza, sanidad, sabiduría y oportunidades. Espere en Dios para que Él sea revelado a su vida y le muestre su favor maravilloso. Dios espera para tener piedad de nosotros, y Él busca a todos los que en Él confían (vea Isaías 30:18).

Esperar en Dios es sobre todo una actitud del corazón, la cual está plenamente consciente de que Dios es todo y que nada somos sin Él. Debemos orar y rehusarnos a actuar sin estar seguros de que Dios esté guiando nuestros pasos. Acérquese a Él cada día tan pronto como le sea posible, desde el momento en que se levanta. Él está siempre cercano, y usted no necesita ninguna preparación especial para entrar en comunión con Él. Siempre recuerde que Dios lo ama de manera incondicional y que está con usted en todo tiempo.

Oración: Padre, deseo que formes en mí el hábito de esperar en ti todo el día. Ayúdame a no apresurarme a involucrarme en actividades ni tomar decisiones sin reconocerte primero a ti. Gracias por tu presencia.

✷ El tiempo es valioso ✷

Enséñanos de tal modo a contar nuestros días, que traigamos al corazón sabiduría. SALMO 90:12

Pasar tiempo con Dios a diario constituye el fundamento para vivir la vida victoriosa por la que Jesús murió para que tuviéramos. A menudo, la gente dice que quiere pasar más tiempo con Dios, pero que simplemente no cuentan con el tiempo. Todos tenemos la misma cantidad de tiempo, pero no todos eligen usarlo de la mejor manera.

Usted puede estar tan cerca de Dios como decida estarlo; todo depende de cuánto tiempo esté dispuesto a invertir en buscarle a Él y aprender sus caminos.

¿Está invirtiendo o malgastando su tiempo?

Declaración: Cuento con tanto tiempo como los demás y procuro realizar los cambios necesarios para poder buscar a Dios a diario.

✻ La santidad ✻

Puesto que todas estas cosas han de ser deshechas, cómo no
debéis vosotros andar en santa y piadosa manera de vivir.
2 PEDRO 3:11

Este es un día especial porque es el día en el cual tenemos la oportunidad de crecer en santidad. Crecemos en santidad cuando tenemos comunión con Dios y seguimos la guía del Espíritu Santo, no cuando nos esforzamos por seguir las normas y reglamentos religiosos. Las disciplinas espirituales son importantes, pero deberíamos evitar que se conviertan en leyes. Por ejemplo, es bueno leer y estudiar la Palabra de Dios tanto como sea posible, pero no existe ninguna ley que exprese que si omitimos un día, Dios se enojará con usted o estará decepcionado.

La manera para crecer en santidad es simple: solo comprométase a seguir la paz. Si usted tiene paz en sus pensamientos, sus palabras, sus comportamientos, entonces continúe en ellos; pero si tiene una sensación incómoda en su espíritu o ausencia de paz, podría tratarse de una señal por parte del Espíritu Santo de que sus acciones no sean las adecuadas. Cuanto más se someta a la guía de Dios, será cada vez más feliz. Cuando Dios nos concede otro día de vida, es un don valioso, el cual debería usarse para su gloria y honor.

Oración: Padre, gracias porque en este día puedo crecer en santidad. Te pido que me ayudes a discernir aquellas cosas con las que estás de acuerdo y en desacuerdo, y que pueda vivir en consecuencia.

✳ Haga que cada día cuente ✳

Todo tiene su tiempo, y todo lo que se quiere debajo del cielo tiene su hora. ECLESIASTÉS 3:1

Todos tenemos la misma cantidad de tiempo cada día, pero algunos parecen invertir mejor su tiempo que otros. Usted podría decir que todos "ocupamos" nuestro tiempo. Lo ocupamos haciendo cosas que producirán frutos o en actividades que son completamente inservibles. Considero sensato que ocasionalmente se realice un inventario de las actividades en las que invertimos nuestro tiempo y realizar los ajustes que sean necesarios. ¡Hoy puede ser un buen día para apartar un tiempo a fin de pensar en cómo está invirtiendo su tiempo!

El tiempo es un regalo, y uno comienza a darse cuenta de esto con el paso de los años. Creo que podríamos evitar mucho del estrés que sufrimos si simplemente usáramos el tiempo que tenemos con sabiduría. No desperdicie su tiempo en cosas frívolas que carecen de importancia, para luego terminar frustrado cuando no cuenta con el tiempo suficiente para hacer aquello que debe hacerse. Siempre recuerde que el tiempo perdido jamás podrá recuperarse, por lo tanto, invierta su tiempo en todo aquello que produzca buenos frutos.

Oración: Padre, gracias por el tiempo. Me arrepiento por todo el tiempo que he malgastado en mi vida. Concédeme sabiduría respecto a lo que escoja hacer con mis días y ayúdame a lograr que cada día realmente cumpla un buen propósito.

❋ Los tiempos de Dios ❋

En tu mano están mis tiempos; líbrame de la mano de
mis enemigos y de mis perseguidores.   SALMO 31:15

Los tiempos de Dios en nuestras vidas son perfectos, y disfrutaríamos mucho más la vida si lo creyéramos. Él conoce el tiempo preciso para hacer las cosas que le hemos pedido. No pierda su tiempo estando disgustado por algo que solo Dios puede cambiar. Si Él ha retenido sus deseos por el momento, agradézcale porque Él sabe lo que hace.

> El tiempo es un regalo. ¡No lo
> desperdicie estando disgustado!

Declaración: Confío en los tiempos de Dios para mi vida y no me frustraré al tratar de hacer lo que solo Dios puede hacer.

✳ La risa ✳

Entonces nuestra boca se llenará de risa, y nuestra lengua de alabanza; entonces dirán entre las naciones: grandes cosas ha hecho Jehová con éstos. SALMO 126:2

Necesitamos reírnos más. Es bueno para el alma y añade salud a nuestro cuerpo. Una de las razones por las cuales quizá no nos riamos más a menudo es porque pensamos demasiado en aquellas cosas que carecen de habilidad para darnos gozo. Pensar en todo lo que he perdido en la vida no me traerá gozo, pero pensar en lo que Dios ha hecho por mí y en su promesa de hacer cosas aun mayores me llena de gozo. Pensar en las personas que nos han herido en la vida no constituye un pensamiento digno de gozo; pero si pensamos en la gracia que Dios nos ha dado para perdonar y confiamos en Él para reivindicarnos hace que nuestra boca se llene de risa (al menos así sucede conmigo).

A menudo, Dios me recuerda que ría más. No sé ustedes, pero a veces me vuelvo tan seria que necesito tomar un "descanso para reír". Existen muchas cosas que nos causarían risa si tan solo tomáramos el tiempo para reírnos. Creo que la risa es mucho más importante de lo que nos damos cuenta. ¡No somos demasiado mayores ni estamos demasiado ocupados ni tenemos demasiados problemas para reírnos! Comience a prestar atención a cuán a menudo se ríe y trate de hacerlo tanto como sea posible.

Oración: Padre, creo que me has dado la capacidad para poder reírme por una razón y quiero sacar provecho de todos los beneficios de la risa. Ayúdame a aprovechar cada oportunidad para llenar mi boca de risa y a hacer que otros también se rían.

✷ Autoaceptación ✷

¡Te alabo porque soy una creación admirable! ¡Tus obras son maravillosas, y esto lo sé muy bien! SALMO 139:14 (NVI)

David, el salmista, admitió que él era una creación de Dios y que sus obras son en verdad maravillosas. La mayoría de nosotros se avergonzaría al admitir que somos admirables, pero debemos aceptarnos y amarnos como la creación y como hijos de Dios. Después de muchos años de luchar contra el autorechazo, finalmente me di cuenta de que si Dios, quien es perfecto, podía aceptarme y amarme, yo también podía. Hoy necesitaba recordar esta verdad y sentí que podría animarlo a usted también.

No seremos verdaderamente libres hasta que aprendamos a amarnos y aceptarnos a nosotros mismos de forma sagrada y equilibrada. Quizá piense que esto significa ser egoísta, pero es exactamente lo contrario. Lo librará del egocentrismo o de la necesidad de ser primero en todo para sentirse valorado. El egoísmo nos conduce a tratar de complacer cada vez más al hombre exterior (el hombre carnal), pero el amor puesto por Dios y la aceptación llena a nuestro hombre interior con tal satisfacción que ya no necesitamos compararnos o competir con otros. ¡Nos contentamos solo con ser amados!

✸ Oír a Dios ✸

Así que la fe es por el oír, y el oír, por la palabra de Dios.
ROMANOS 10:17

Todos queremos oír a Dios, pero no todos escuchan. Aquiete su mente y su alma y simplemente espere en Dios. Quizá pueda no oír nada en ese momento, pero si honra a Dios al esperar en Él, Él hablará a su corazón en el momento oportuno cuando más lo necesite.

Para comenzar, aparte cinco minutos al día para sencillamente aquietar su mente y escuchar. Asimismo, pase tiempo en la Palabra de Dios y háblele (ore) acerca de todo.

> Desarrolle el hábito de escuchar, de
> lo contrario nunca oirá.

Declaración: ¡Hablo con Dios y escucho!

✳ Vea lo bueno en las personas ✳

[El amor] Todo lo sufre, todo lo cree, todo lo espera, todo lo soporta.
                                                    1 CORINTIOS 13:7

En este día Dios me recuerda buscar lo bueno en todas las personas. No tengo dificultades para encontrar los aspectos negativos de la gente y, de hecho, ¡a veces parezco ser una experta en ello! No me agrada ser de ese modo y estoy agradecida de que en Cristo puedo escoger otra manera de vivir. Si usted lucha con este asunto, entonces también puede elegir.

Jesús nos ha dado una nueva naturaleza (vea 2 Corintios 5:17), y puedo proponerme vivir conforme a ella y realmente aprender a tratar a las personas de la manera en que Jesús lo haría. Pido por el "don del conocimiento". Quiero ser consciente de lo justo y de lo bueno en las personas y no solamente de lo malo. No quiero intentar sacar la paja del ojo de mi hermano cuando tengo una viga en mi propio ojo (vea Mateo 7:4).

Procuremos en este año creer lo mejor de todos los que conocemos. Nos ayudará a tener más gozo y vamos a disfrutar de las personas en nuestras vidas mucho más que antes.

Oración: Amado Jesús, anhelo ser como tú y ver a las personas como tú lo haces. Ayúdame a tomarme el tiempo para verdaderamente conocerlas y no solamente juzgarlas a primera vista.

✻ Sirva a Dios con gozo ✻

Y todo lo que hagáis, hacedlo de corazón, como para el Señor y no para los hombres. COLOSENSES 3:23

Todo lo que Dios le ha dado hacer en la vida, hágalo con simplicidad, gratitud y gozo. Todo lo que haga hoy, hágalo como para Jesús. Nuestro trabajo puede ser una ofrenda para Él sin importar lo que sea. Ya sea un padre que se queda en su hogar o presidente de un banco, operario en una fábrica o cantante famoso, haga lo que sabe hacer para servir al Señor.

Durante años dividí mi vida en compartimentos sagrados y seculares. Me sentía mejor conmigo misma cuando hacía algo espiritual o sagrado y no tanto cuando hacía tareas comunes y ordinarias. Sin embargo, Dios me enseñó que todo lo que hagamos es igualmente importante cuando lo hacemos con Él y como para Él. Esta revelación no solo trajo un gran alivio a mi vida, sino que además me permitió disfrutar la vida en su plenitud en lugar de solo ciertos aspectos de la misma.

Si se encuentra simplemente limpiando un piso, susúrrele a Jesús que lo hace para Él y adquirirá un nuevo sentido.

Oración: Padre del cielo, escojo hacer todo lo que hago como para ti. Por favor, acepta cada una de mis actividades como una ofrenda de amor. Ayúdame a recordar que tú estás conmigo en todo momento, ofreciéndome tu ayuda si tan solo te la pidiere.

✶ Deleitarse en la presencia de Dios ✶

Acercaos a Dios, y él se acercará a vosotros... SANTIAGO 4:8

Dios está en todas partes todo el tiempo, y podemos gozar de su presencia en cualquier lugar, a cualquier hora. No es necesario participar en una actividad espiritual para gozar de la presencia de Dios. Él está interesado en todo lo que hacemos, tanto a nivel espiritual como secular. Usted puede disfrutar de la presencia de Dios tanto en la tienda como en el estudio bíblico. Dios está a un pensamiento de distancia.

> Un momento con Dios puede librar horas de gozo.

Declaración: Aparto un tiempo durante el día para recordar a Dios y gozar de su presencia.

✳ Comience bien su día ✳

Añade: Y nunca más me acordaré de sus pecados y transgresiones. HEBREOS 10:17

Con frecuencia, el diablo me tienta para que comience mi día sintiéndome culpable por las cosas que hice mal ayer, pero esta no es la voluntad de Dios para usted ni para mí. Afortunadamente, a causa de la misericordia y la gracia de Dios para perdonar y olvidar nuestros pecados, podemos comenzar cada día como si no hubiéramos hecho nada malo en toda nuestra vida.

El perdón de Dios es completo, y podemos recibirlo con total seguridad. La sangre de Jesucristo nos limpia de todo pecado (vea 1 Juan 1:7). En Cristo somos renovados y tenemos un día maravilloso por delante. La manera en que comencemos nuestro día va a afectar la manera en que continuará, así que asegúrese de comenzar bien cada día. Comience pidiendo y recibiendo el perdón de Dios y sea fortalecido por su gracia para no desaprovechar su presente preocupándose por los errores del pasado. Dios ya conocía los errores que cometió ayer, incluso antes de la fundación del mundo, y lo ama de todos modos.

Oración: Padre, gracias por tu misericordia y por tu gracia para perdonar completamente todos mis pecados. Ayúdame a comenzar cada día despojándome del pasado y mirando hacia adelante a tus planes de bien para mi vida.

✳ Nuestro mayor privilegio ✳

Pedid, y se os dará; buscad, y hallaréis; llamad, y se os abrirá.

MATEO 7:7

Me he comprometido a orar más que nunca, y espero que usted pueda acompañarme. La oración es el privilegio más grande que tenemos. ¡La oración hace que todo sea posible! La Palabra de Dios nos enseña que no tenemos porque no pedimos (vea Santiago 4:2). Es realmente trágico perdernos de los inmensos beneficios de la oración por el simple hecho de que no nos tomamos el tiempo para pedir.

Mi deseo es "orar en todo momento del día". Es otra manera de expresar lo que dijo el apóstol Pablo: "Orad sin cesar" (vea 1 Tesalonicenses 5:17). Esto no significa que debo estar arrodillada todo el día o sentada con mis manos juntas orando en todo momento. Simplemente deseo comprender que todo fracaso es a causa de la falta de oración y ser lo suficientemente sabia para invitar al Señor a ayudarme en cada cosa que emprenda.

La Biblia dice en Efesios 6:18: "Orando en todo tiempo con toda oración y súplica en el Espíritu". Formar este hábito abrirá las puertas para obtener más victorias y progresos de los que podamos imaginar. No quiero perderme ninguna otra oportunidad de ver el poder asombroso de Dios manifestado en mi vida, y estoy segura de que usted tampoco; por lo tanto, ¡acompáñeme a descubrir el poder de la oración!

Oración: Padre amado, me comprometo a orar en todo momento y, al comenzar, ruego por tu ayuda. ¡Oro para que me ayudes a orar! Enséñame la importancia de hablar contigo acerca de todas las cosas.

✳ Una actitud generosa ✳

Vuestra gentileza sea conocida de todos los hombres. El Señor está cerca. FILIPENSES 4:5

Si alguno quiere ser discípulo de Jesús, debe negarse a sí mismo y sus propios intereses (vea Marcos 8:34). Estoy segura de que no suena demasiado emocionante, pero sí garantiza una calidad de vida que no podremos alcanzar mientras seamos egoístas y egocéntricos. La verdadera felicidad solo puede hallarse cuando encontramos algo por lo cual vivir además de nosotros mismos. Pasé la primera mitad de mi vida siendo egocéntrica, y luego descubrí que Jesús murió para que ya no tenga que vivir únicamente para mí misma. En ese momento, me embarqué en un viaje para aprender a vivir para Dios y para otros. Quisiera destacar que aún no he llegado, pero prosigo hacia la meta.

Vivir solo para sí mismo y, de manera egoísta, buscar solo aquello que lo complace es como vivir en prisión y estar en un régimen de aislamiento. A menos que estemos dispuestos a morir, quedaremos solos; tendremos vidas aisladas y solitarias (vea Juan 12:24); muy pocas personas nos llamarán sus amigos; y cuando partamos de este mundo, a nadie realmente le importará demasiado. Hemos transitado por esta vida, y el mundo no es un lugar mejor porque estuvimos aquí.

¡Lo invito a declararle la guerra al egoísmo! Así que, según tengamos oportunidad, hagamos bien a todos (vea Gálatas 6:10). Sea amable y haga lo necesario por el bienestar de los demás.

Oración: Padre, ayúdame a usar todas mis facultades y habilidades para ser de bendición hoy y cada día. Concédeme la gracia para vivir una vida que sea agradable a ti.

✳ Permanecer en Cristo ✳

Si permanecéis en mí, y mis palabras permanecen en vosotros, pedid todo lo que queréis, y os será hecho.   JUAN 15:7

Permanecer significa vivir, habitar y morar. Yo no visito mi hogar, vivo allí. Hay muchas personas que solo buscan a Dios cuando tienen algún problema. Solo lo visitan para obtener la ayuda que necesitan, pero viven en el mundo. Si pasamos tiempo con Dios, siempre reconociendo que Él está presente dondequiera que estemos, entonces nuestras oraciones producirán respuestas asombrosas.

Permita que la Palabra de Dios more en usted y viva en consecuencia. Esta será lumbrera a su camino, y tendrá menos problemas con los que tratar.

> Si está demasiado ocupado para buscar a Dios, ¡entonces está demasiado ocupado!

Declaración: Vivo en Dios y Él vive en mí. ¡Cristo es mi hogar!

✳ Cómo afrontar la decepción ✳

¿Por qué te abates, oh alma mía, y por qué te turbas dentro de mí? Espera en Dios; porque aún he de alabarle, salvación mía y Dios mío. SALMO 42:11

Hoy sucedió un hecho que me dejó decepcionada. Me hizo sentir triste y estaba empezando a afectar mi humor; pero, afortunadamente, Dios me recordó· que si decidiera simplemente tener una buena actitud, podría evitar desaprovechar mi día. Cuando la vida lo decepcione, podemos tener una actitud esperanzadora. Podemos decepcionar a la decepción al decidir sacar el mejor provecho de la situación.

Es valioso tener una actitud positiva. Nuestra actitud presente es la profetisa de nuestro futuro. La misma determina el nivel de nuestro gozo y es nuestra mejor aliada o nuestra peor enemiga. Su actitud son sus pensamientos vueltos al revés. Constituye la postura que decida tomar frente a las circunstancias de la vida. Si solo tenemos una buena actitud cuando todo resulta como queremos, entonces carecemos de madurez espiritual. Pero cuando desarrollamos la habilidad de permanecer firmes en medio de la tormenta, glorifica a Dios y da testimonio a los demás.

Su actitud le pertenece y nadie podrá forzarlo a tener una mala actitud si no lo desea. Usted tiene el poder para tomar decisiones y puede decidir ahora mismo cuál será hoy su actitud. ¡La tristeza es una opción que no tiene por qué tomar!

Oración: Amado Señor, quiero ser una persona firme quien pueda afrontar las decepciones sin desanimarse ni entristecerse. Necesito tu ayuda y te pido que me fortalezcas. Ayúdame a que mi gozo no dependa de mis circunstancias, sino que pueda siempre mirarte a ti. ¡Amén!

✳ Sea honesto con Dios ✳

Esperad en él en todo tiempo, oh pueblos; derramad delante de él vuestro corazón; Dios es nuestro refugio. SALMO 62:8

Recientemente, Dios susurró a mi corazón: "Puedes hablar conmigo acerca de todo". Este es un buen recordatorio para todos nosotros de vez en cuando, porque tendemos a pensar que necesitamos acercarnos a Dios con una postura llena de fe y fortaleza, pretendiendo que tenemos todo bajo control y sonando elocuentes en nuestras oraciones. Uno de los aspectos que disfrutamos sobre los buenos amigos es que podemos ser honestos con ellos; podemos contarles todo y esperar su comprensión. Con certeza, no deberíamos esperar menos por parte de nuestro Padre celestial.

En lo que respecta al pecado, nunca deberíamos tratar de ocultarlo. Dios ya conoce todas las cosas y ha provisto para nuestro perdón, pero quiere que confesemos nuestros errores para poder liberarnos de la carga del pecado. David dijo: "Mientras guardé silencio, mis huesos se fueron consumiendo por mi gemir de todo el día" (Salmo 32:3).

Si tenemos dificultades para confiar en Dios en determinada situación, no hay necesidad de pretender lo contrario. Abra su corazón a Él con total honestidad, porque le dará paz y abrirá una puerta para que Él pueda ayudarlo. Si estamos enfadados, podemos decírselo a Dios. Si estamos confundidos o decepcionados o cargados o luchando con la incredulidad, podemos abrirnos completamente ante Él. Creo que se alegrará cuando lo haga.

Oración: Padre, te amo con todo mi corazón y quiero tener una gran amistad contigo. Ayúdame a tener la valentía para ser totalmente honesto delante de ti, ¡y nunca tratar de ocultarte nada!

✳ *Su poder* ✳

Buscad a Jehová y su poder; buscad su rostro continuamente.
1 CRÓNICAS 16:11

Necesitamos poder para afrontar cada día, y es mejor pedirlo antes de que se nos agote. El Señor es nuestra fortaleza y Él libra el poder en nosotros cuando pasamos tiempo con Él. Todos tenemos desafíos, pero todo es posible para Dios (vea Mateo 19:26). Verdaderamente, todo lo podemos en Cristo (vea Filipenses 4:13). No se deje frustrar por la debilidad y el fracaso, cuando el poder de Dios es suyo con solo pedirlo.

> No podemos hacer mucho en nuestras fuerzas, pero todo lo podemos en Cristo.

Declaración: Soy fortalecido en el Señor y en el poder de su fuerza.

✳ *Ángeles guardianes* ✳

Pues a sus ángeles mandará acerca de ti, que te guarden en todos tus caminos.

SALMO 91:11

El otro día estaba bajando por una escalera y tropecé en el último escalón y me caí. Si bien me podía haber lastimado gravemente, pude hacer equilibrio, de modo que caí al suelo sobre una rodilla, mientras sostenía el cesto de la ropa sucia con una mano y un frasco con la otra. ¿Logré hacer equilibrio o tuve ayuda divina?, pensé de inmediato tras la caída. *Creo que un ángel me atrapó y evitó que cayera.* Sentí que Dios me recordaba de los ayudantes divinos (ángeles) que están con nosotros en todo momento.

Debo admitir que no pienso en los ángeles muy a menudo, pero creo que debería ser más consciente de la verdad bíblica de que están con nosotros en todo tiempo, defendiéndonos y protegiéndonos. Tendemos a no prestarles mucha atención a las cosas que no vemos con nuestros ojos naturales; no obstante, podemos aprender a ver más con los ojos de la fe. Dios está con nosotros en todo tiempo y nos ha dado a sus ángeles como una bendición especial. Quizá pudieran ayudarnos más si verdaderamente creyéramos en su presencia.

Los ángeles ministraron a Jesús cuando fue tentado por el diablo en el desierto. Cuando Daniel estaba en el foso de los leones, Dios envió a sus ángeles para que cerrasen la boca de los leones a fin de que no le hicieran daño. De hecho, la Palabra de Dios está llena de ejemplos de ángeles prestando ayuda, así que le animo a creer que están hoy con usted y permita que ese pensamiento lo conforte.

Oración: Padre, gracias por mandar a tus ángeles para que me asistan y me defiendan en todos mis caminos. Quiero ser más consciente de su presencia en mi vida y más agradecido por mantenerme a salvo.

❋ Los ataques en la mente ❋

*Echando toda vuestra ansiedad sobre él, porque él tiene
cuidado de vosotros.*   1 PEDRO 5:7

Desde hace algunas semanas, he estado luchando con
una aflicción física que resulta bastante molesta. Algunos
días estoy llena de fe, pero ha habido otros días cuando
sentía que el enemigo había "secuestrado" mi mente. Mis
pensamientos estaban puestos en las cosas incorrectas y parecía no poder recuperarlos. Sé que debemos llevar cautivo
todo pensamiento malo y escoger los buenos (vea 2 Corintios 10:4–5), pero ¿qué se supone que debamos hacer en
aquellos días cuando parecería que no podemos lograrlo?
Creo que simplemente debemos esperar a que pasen los ataques, confiando en que Dios entiende y ve que el deseo de
nuestro corazón es hacer lo correcto.

El diablo ataca nuestras mentes con toda clase de malos
pensamientos, y debemos resistirle y estar firmes en nuestra
fe. A veces eso significa esperar en Dios y ser pacientes.
Quizá no sintamos que tengamos una victoria completa
cada día de nuestras vidas, pero incluso durante esos momentos podemos aún confiar en Dios. Él ve todo, conoce
todo y nos ama en todo momento. Dios no lo ama menos
cuando se siente débil o cuando se siente fuerte.

Oración: Padre, quiero ser victorioso cada día y
siempre enfocarme en ti; sin embargo, admito que
a veces fracaso. Te pido que me perdones y que me
ayudes a mirarte a ti.

✳ Persevere en la oración ✳

Perseverad en la oración, velando en ella con acción de gracias.
COLOSENSES 4:2

No postergue su tiempo de oración para un momento más conveniente. Ore en todo tiempo con toda oración y súplica (vea Efesios 6:18). La oración no tiene que ser larga para ser efectiva. Es el privilegio más grande que tenemos y libra el mayor poder en la tierra. Todos necesitamos la ayuda de Dios y la obtenemos por medio de la oración.

> Ore en todo tiempo.

Declaración: Creo que Dios siempre escucha y con diligencia oro en todo momento del día.

✳ *Termine bien* ✳

He peleado la buena batalla, he acabado la carrera, he guardado la fe. 2 TIMOTEO 4:7

Tengo la impresión de poder percibir la satisfacción que Pablo sintió al saber que había terminado aquello que había pretendido hacer. Conozco ese sentimiento y lo disfruto mucho. Dudo que alguno de nosotros se sienta bien consigo mismo cuando nos rendimos o no terminamos aquello que comenzamos. Hoy lo animo a pararse firme en la fe, sabiendo que Dios está con usted y que Él quiere que prosiga hasta la meta.

Incluso cuando estemos agobiados y pensemos en abandonar, recordemos el gozo que tendremos cuando completemos lo que hayamos comenzado. La gracia y el poder de Dios están con nosotros para ayudarnos a seguir avanzando en medio de la dificultad. Pablo dijo que no importaba cuán difícil fuera ni qué le costaría, con tal de acabar su carrera con gozo (vea Hechos 20:24). Se requiere determinación, pero con la ayuda de Dios podemos lograrlo.

Oración: Padre, ayúdame a terminar lo que he comenzado, sin importar cuán desafiante pueda ser.

✳ Corra a Dios, no de Él ✳

Todo lo que el Padre me da, vendrá a mí; y al que a mí viene, no le echo fuera.
JUAN 6:37

Cuando Adán y Eva pecaron en el huerto de Edén, trataron de esconderse de Dios y entonces cosieron hojas de higuera con la esperanza de ocultar su desnudez (vea Génesis 3:7). Últimamente, Dios me ha impactado al recordarme que nunca tenemos que correr de Dios, no necesitamos ocultarnos y podemos ser completamente honestos con Él acerca de todo. De hecho, en lugar de apartarnos, ¡Él nos invita a hacer lo opuesto y a correr *a* Él! Promete no echar fuera a nadie que se acerque a Él, sin importar cuál sea su condición.

Si se siente culpable por algo o ha fracasado por completo, corra a los brazos de Dios tan rápido como pueda. Él lo perdonará, lo restaurará y enderezará su camino. Dios es el único quien puede ayudarnos en nuestros momentos de desánimo, fracaso y temor; por lo tanto, es absurdo alejarse de la única fuente de ayuda que tenemos. Incluso si se siente un poco enojado con Dios a causa de las decepciones en su vida, corra a Él de todos modos. Cuéntele cómo se siente y pídale su ayuda.

Jesús es capaz de entendernos porque Él también fue tentado y probado en todo. Él se compadece de nuestras debilidades y dolencias y, sin embargo, nunca pecó (vea Hebreos 4:15). Jesús sabe exactamente cómo usted y yo nos sentimos, y tenemos una invitación abierta para acercarnos a su presencia en cualquier momento. ¡Podemos venir tal como somos!

Oración: Padre, estoy tan agradecido por tu amor y tu aceptación. Es hermoso saber que nunca me rechazarás. ¡Te necesito! Ayúdame a siempre correr a ti y nunca alejarme.

✳ Usted es valioso ✳

Porque Jehová será tu confianza, y él preservará tu pie de quedar preso. PROVERBIOS 3:26

Todos quieren creer que son valiosos, que importan y que tienen un propósito. Necesitamos sentirnos valorados ¡y lo somos! La misión del diablo es hacernos sentir insignificantes, pero Dios nos ha añadido valor a cada uno de nosotros al personalmente crearnos y darnos habilidades y dones. Dios nada hace sin un propósito; por lo tanto, podemos confiar en que tenemos un propósito. Todo lo que Él hace es bueno; por lo tanto, podemos estar seguros de que somos buenos. Todo lo que hagamos quizá no sea bueno, pero la esencia de Dios en nosotros es buena.

Usted vive porque Dios anhela tener una relación con usted, Él tiene un plan para su vida y nadie puede tomar su lugar. ¡Usted es especial! Si comienza a creer eso, entonces su vida mejorará en muchas maneras. Dios quiere que tengamos confianza en nosotros mismos, de lo contrario seremos atormentados por los temores y las inseguridades y nunca lograremos nada en la vida. ¡Lo animo a vivir con valentía! Sea la persona asombrosa que Dios diseñó. Viva la vida en su plenitud y disfrute cada momento de ella. Disfrutar la vida comienza con disfrutar a Dios y disfrutarse a uno mismo. ¿Por qué no comenzar ahora mismo? ¡No hay necesidad de seguir esperando!

Oración: Padre, ¡gracias por darme valor! Ayúdame a vivir con seguridad y osadía. Ayúdame a cumplir tu voluntad en mi vida.

✳ A la espera ✳

Oh Jehová, de mañana oirás mi voz; de mañana me presentaré delante de ti, y esperaré. SALMO 5:3

No se desanime cuando ore si no escucha la voz de Dios ni ve una respuesta a sus oraciones de inmediato. Una vez que ora en fe, Dios comienza a hacer su obra. Espere su respuesta, y mientras esté esperando, crea que Dios está obrando. Continúe expectante por ver a Dios hacer grandes cosas en su vida. ¡Hoy puede ser el día en que Dios le da la victoria!

> Algo bueno va a suceder en mí y a través de mí.

Declaración: Dios está obrando a mi favor ahora mismo, y veré las respuestas a mis oraciones.

✳ Ponga a Dios en primer lugar ✳

Mas buscad primeramente el reino de Dios y su justicia, y todas estas cosas os serán añadidas. MATEO 6:33

Considero sensato que ocasionalmente examinemos nuestro corazón para asegurarnos de que no hayamos permitido que nadie ni nada ocupe el lugar que pertenece solo a Dios. No necesitamos luchar por cosas, posiciones o poder. Todo lo que debemos hacer es buscar primeramente a Dios, y todas las demás cosas nos serán añadidas.

Pregúntese a sí mismo hacia dónde apuntan la mayoría de sus pensamientos, sus conversaciones, su tiempo y su esfuerzo, y si la respuesta no es hacia Dios y su reino, entonces deberá realizar algunos ajustes en su vida. Todos disfrutamos de las posesiones, pero no tienen vida en sí mismas; por lo tanto, no pueden darnos vida. Solo Dios puede hacerlo. Él es nuestra vida, y a menos que Él tenga la preeminencia en nuestros corazones, con el tiempo comenzaremos a sentir la falta de vida interior y no tendremos gozo en aquello que hagamos.

Siempre busque el rostro de Dios y no solo sus manos. Quiéralo a Él más de lo que pueda querer aquello que pueda hacer por usted. Deléitese asimismo en el Señor y Él le concederá las peticiones de su corazón (vea Salmo 37:4).

Oración: Padre, lamento si le he dado prioridad a cualquier otra cosa antes que a ti. Perdóname y ayúdame a hacer los cambios que necesite hacer. Tú eres más importante que todo lo demás en mi vida y quiero que todas mis decisiones reflejen esa verdad.

❋ Enfoque su mente ❋

Poned la mira en las cosas de arriba, no en las de la tierra.

COLOSENSES 3:2

A través de los años, he aprendido el valor de poner la mira en las cosas que quiero que sucedan a lo largo del día, en lugar de esperar pasivamente para ver qué clase de pensamientos resulta que tengo. Del mismo modo que escogemos nuestra vestimenta y nos vestimos, podemos y debemos elegir nuestros pensamientos, porque aquello en lo que meditemos suele volverse nuestra realidad (vea Proverbios 23:7). "Donde la mente va, el hombre la sigue" es uno de mis dichos favoritos.

Hoy pongo la mira en ser fuerte, dinámica y alegre. He decidido disfrutar este día y ser de bendición a dondequiera que vaya. ¡Cuanto más cosas positivas pienso, más emocionada y fortalecida me siento!

Recientemente enseñé acerca de esto en la oficina de nuestra iglesia, y una empleada vino a trabajar al día siguiente y dijo: "Tengo muchos problemas en casa, especialmente con mi hijo adolescente quien discute conmigo constantemente. Después de escuchar a Joyce hablar sobre esperar que sucedan cosas buenas, decidí intentarlo. En lugar de conducir a mi hogar sintiéndome amedrentada por la llegada de la noche, fui a casa esperando algo bueno. Cuando llegué a mi hogar, mi hijo me miró y me dijo que me amaba, algo que no había oído en mucho, mucho tiempo".

¡Tener una expectativa agresiva es fe en acción! Libere su fe para recibir lo mejor de Dios para su vida y prepárese para mayores bendiciones.

Oración: Padre, lamento haber sido tan pasivo sobre mis pensamientos. Perdóname y ayúdame a aprender a pensar de una manera que libere lo mejor que tienes para mi vida.

✳ Saque el máximo provecho ✳

Compórtense sabiamente con los que no creen en Cristo, aprovechando al máximo cada momento oportuno.

COLOSENSES 4:5 (NVI)

Intento aprovechar cada oportunidad que se me presente, porque algunas oportunidades solo llegan una vez en la vida. Cada momento que Dios nos da es especial y deberíamos siempre valorar nuestro tiempo. No se apresure a vivir su vida porque la perderá.

> Si toma decisiones sabias acerca de cómo vivir este día, no tendrá nada de qué arrepentirse el día de mañana.

Declaración: Redimo mi tiempo con sabiduría y aprovecho cada buena oportunidad que Dios me da.

✳ Mire con los ojos de la fe ✳

*Este es el día que hizo Jehová; nos gozaremos y alegraremos
en él.* SALMO 118:24

Cuando me desperté esta mañana, no me sentía bien. Estaba cansada y me habría encantado regresar a la cama y quedarme allí un largo rato, pero no era posible porque tenía un día ocupado por delante. Cuando no estamos bien, es fácil sentirse abrumados y comenzar a pensar de manera negativa. ¡Pero no tiene que ser así!

Debido a que entiendo el poder de nuestros pensamientos, mientras me lavaba el rostro, cepillaba mis dientes y me preparaba el café, pensaba y declaraba: "Hoy va a ser un día grandioso. Estoy fuerte y gozosa. Soy bendecida y soy de bendición para otros".

Hoy tengo que llevar a mi madre de ochenta y nueve años al oftalmólogo. En el pasado, ha sido todo un desafío. Está perdiendo la vista, pero insiste en que los doctores no saben lo que hacen, y tratar de convencerla de cualquier otra cosa suele terminar en una escena embarazosa. En lugar de sentirme amedrentada por el viaje, me he propuesto esperar que la consulta médica sea una experiencia pacífica y placentera. ¡Le contaré mañana cómo fueron las cosas!

Sin importar lo que pueda enfrentar en este día, puede adelantarse a que las cosas le vayan bien al colaborar con Dios y creer que Él está de su lado y que algo bueno está por suceder.

Oración: Padre, tú eres bueno y espero que te hagas presente hoy en mi vida y manifiestes tu bondad. ¡Gracias!

✴ *Dé un informe positivo* ✴

Entrad por sus puertas con acción de gracias, por sus atrios con alabanza; alabadle, bendecid su nombre.

SALMO 100:4

Es muy importante que recordemos expresar nuestra gratitud por todo lo que Dios hace por nosotros. ¡Debemos dar un reporte positivo! Nos beneficia a nosotros y a todos aquellos que lo oigan, y es lo que Dios nos instruyó a hacer. Jesús sanó a diez leprosos, pero solo uno regresó para darle gracias (vea Lucas 17:11–19). ¡Asegurémonos de ser ese uno y no los otros nueve! Piense en algo que Dios haya hecho por usted y dé testimonio de inmediato.

He aquí mi informe del día: Mi viaje al oftalmólogo con mi mamá fue de maravilla. El doctor no podría haber sido más adecuado para ella y, si bien ha perdido la vista en un ojo, pudieron realizar un procedimiento para mejorar la vista del otro ojo. Estoy tan contenta de que me propuse esperar algo bueno en lugar de sentirme amedrentada por el viaje.

Qué gran manera de vivir. *Espere cosas buenas y, cuando sucedan, dé un buen informe.* Es fácil quejarse sobre lo que creemos que Dios no está haciendo, pero es mucho mejor hablar sobre lo que sí ha hecho, lo que está haciendo ahora mismo y aquello que esperamos que haga en el futuro.

Oración: Padre, estoy arrepentido por todas las veces que me he quejado en lugar de notar todas las cosas buenas que haces por mí. Ayúdame a ser la persona más agradecida del planeta, porque verdaderamente eres muy bueno conmigo.

✳ *Todo para Dios* ✳

Y todo lo que hagan, de palabra o de obra, háganlo en el nombre del Señor Jesús, dando gracias a Dios el Padre por medio de él.

COLOSENSES 3:17 (NVI)

Quisiera recordarle que todo lo que vaya a hacer en este día, hágalo como para Dios. Por lo general hacemos las cosas para las personas, cuando en realidad al único que estamos sirviendo es a Cristo el Mesías. Si hacemos todo para Dios y esperamos nuestra recompensa de parte de Él, nunca seremos decepcionados. A Dios le agrada cuando hacemos incluso las cosas más insignificantes como para Él. Haga incluso la tarea más tediosa y piense: *Señor, hago esto para ti.*

No cometa el error de pensar que Dios solo está interesado en su actividad espiritual, como la oración, el estudio bíblico, la asistencia en la iglesia o las buenas obras. A Él le interesa todo lo que haga y quiere ayudarlo en todo.

Hoy parto para otro viaje ministerial, algo que he hecho miles de veces durante mi vida. Estos viajes incluyen cientos de pequeños detalles que no son para nada emocionantes, pero me recuerdo a mí misma que lo hago todo para Dios. Confío en que Él me dará la energía y la creatividad y que de Él recibiré la recompensa (vea Colosenses 3:24). Cuando cumplo con mis tareas con esta clase de actitud, aumenta mi entusiasmo. Dios derrama su vida en todo lo que hagamos, cuando lo hagamos para Él y con Él.

Oración: Padre, te ofrezco todo lo que vaya a hacer en este día a ti y para tu gloria. Te amo y quiero agradarte en todo tiempo. Gracias por ayudarme y estar conmigo en cada detalle de mi día.

✳ *Piense en todo lo que Dios ha hecho* ✳

Me acordé de los días antiguos; meditaba en todas tus obras; reflexionaba en las obras de tus manos.   SALMO 143:5

Anote cinco cosas que recuerde que Dios haya hecho por usted y reflexione sobre ellas a lo largo del día. Si surge la oportunidad, compártalas con alguien más y pregúnteles qué ha hecho Dios por ellos. Si piensa más en aquello que Dios ha hecho que en lo que queremos que Él haga, nuestra fe se fortalecerá y aumentará nuestro gozo.

> ¡Si Dios puede hacer cosas buenas por otros, puede hacerlas por usted también!

Declaración: Meditaré en la bondad de Dios más de lo que medito en mis problemas.

✳ Alabe en tiempos de tribulación ✳

Esperad en él en todo tiempo...   SALMO 62:8

Es importante que demos gracias, alabemos y amemos a Dios tanto en los tiempos de tribulación como en los tiempos de bendición. Y quizá sea hasta más importante en esos momentos. Cualquiera puede estar agradecido y gozoso cuando todo va bien, porque están presentes muchas emociones buenas, pero en tiempos difíciles, tenemos que sobrepasar nuestros sentimientos y alabar a Dios en espíritu.

Concluí una serie de tres mensajes en una iglesia la semana pasada, y al día siguiente me desperté con gastroenteritis. No era lo que había planeado, de eso puede estar seguro. Decidí alabar a Dios con acción de gracias y decirle que lo amaba incluso más de lo usual aquel día. La mayor parte del día, en diferentes intervalos, declaré en voz alta mi gratitud. No estaba agradecida por la gastroenteritis, pero tenía muchas razones por las que agradecer en medio de mi circunstancia.

Uno de los beneficios fue que permanecí en cama todo el día, ¡lo cual es algo que casi *nunca* hago! El descanso probablemente fue bueno para mí. Asimismo, me compadecí por aquellas personas que están enfermas, entre ellas algunos conocidos quienes están actualmente siendo tratados con sesiones de quimioterapia. Creo que si podemos continuar alabando a Dios en medio de las circunstancias adversas, le estamos ofreciendo la clase más alta de adoración.

Oración: Padre, eres bueno y deseo bendecirte en todo tiempo. Ayúdame a recordar que no tengo que sentir ganas de agradecer para darte gracias. Ayúdame a alabarte aún más en los tiempos de tribulación que en los tiempos de bendición.

✳ *La enfermedad del apresuramiento* ✳

Estad quietos, y conoced que yo soy Dios. SALMO 46:10

Debemos sin piedad eliminar el apuro de nuestras vidas, porque es uno de los mayores enemigos de la vida espiritual. Me he encontrado a mí misma apurada sin ninguna razón. Jesús nunca se apresuró. Tenía mucho por hacer y lograr en su vida, pero la Biblia nunca menciona que corría de una cosa a la otra.

Estar apurados físicamente ya es bastante malo, pero he descubierto que apresurarse espiritualmente es aún peor. Nos impide meditar el tiempo suficiente sobre algo para incorporar su valor. Cuando vivimos apresurados, rozamos la superficie de la vida, pero nunca entramos en sus profundidades. Jesús nos concedió la vida para que la disfrutemos, no solo para sobrevivir mientras corremos de una cosa a la otra sin ir a ninguna parte. El apresuramiento no solo nos quita el gozo, sino que además es perjudicial para nuestra salud. También daña las relaciones porque acabamos sin poder tomarnos el tiempo para las personas.

Cuando ayunamos, nos privamos de algún aspecto que es importante para nosotros, así que he decidido ayunar por el apresuramiento, comenzando con un compromiso a la vez. Creo que si lo afronto un día a la vez, quizá lo logre. Estoy emocionada por descubrir qué clase de diferencia hará en mi vida. Si usted siente que también necesita implementarlo, puede acompañarme, y nos embarcaremos juntos en vivir la vida como Jesús lo hizo.

Oración: Padre, me arrepiento de haberme perdido tanto en la vida por andar apurado. ¡Perdóname y ayúdame a ir más lento!

✳ Un nuevo día ✳

*He aquí se cumplieron las cosas primeras, y yo anuncio
cosas nuevas; antes que salgan a luz, yo os las haré notorias.*

ISAÍAS 42:9

¿Necesita un nuevo comienzo? ¡Jesús le ofrece uno hoy! Él
no mora en el pasado y no quiere que nosotros lo hagamos.
Sin importar cuántos errores haya cometido, el Señor los tor-
nará a su favor si se lo pide. Dios tiene un gran futuro planeado para usted, pero no puede arrastrar allí su pasado.
Debe dejarlo ir para poder avanzar.

> ¡Dado que no puede deshacer las obras del pasado,
> puede hacer algo grandioso con su presente!

Declaración: ¡Dejo el pasado atrás y pongo mis emociones en el presente!

✳ La disciplina ✳

Es verdad que ninguna disciplina al presente parece ser causa de gozo, sino de tristeza; pero después da fruto apacible de justicia a los que en ella han sido ejercitados.
HEBREOS 12:11

La disciplina es nuestra amiga, no nuestra enemiga. Nos ayuda a ser la persona que decimos que nos gustaría ser pero que nunca seremos sin la asistencia de la disciplina y el dominio propio. Constituye un fruto del Espíritu Santo que radica en nosotros como creyentes en Jesucristo, pero al igual que todos los demás frutos del Espíritu, debe desarrollarse y crecer a través de su uso.

La disciplina es la capacidad de someter las cosas de menor importancia a las de mayor importancia. Por ejemplo, pasar tiempo con mis amigos es importante, pero no tan importante como pasar tiempo con Dios. Como sus hijos, Dios nos ha dado libre albedrío. Su Palabra nos enseña cuáles cosas obrarán para bien y producirán buenos resultados, pero tenemos la responsabilidad de escoger lo que haremos. El libre albedrío es maravilloso y todos lo disfrutamos, pero también necesitamos darnos cuenta de que somos responsables por el resultado de esas elecciones, ya sean buenas o malas.

Le ruego que abrace la disciplina como su amiga. No se queje cuando piense en la disciplina. Al presente puede no parecer ser causa de gozo, pero luego de haber sido aplicada, disfrutará de sus frutos.

Oración: Padre, por favor concédeme tu gracia para vivir una vida de disciplina y dominio propio; una vida guiada por tu Santo Espíritu, en lugar de mis propios deseos carnales.

✳ *Tenga en alta estima su tiempo* ✳

Recuerda cuán breve es mi tiempo...   SALMO 89:47

Me entristece cuando le pregunto a alguien qué están haciendo y me responden: "Matando el tiempo". Significa que no están haciendo nada en particular, excepto esperar que el tiempo transcurra. También escucho a otros, entre los cuales me incluyo, decir: "Fue una pérdida de tiempo". El tiempo es demasiado valioso y preciado para matarlo o perderlo. Se acaba más pronto de lo que pensamos. Cuando tenemos veinte años, creemos que tendremos una eternidad, pero al acercarnos a los cincuenta, sesenta o setenta, nos damos cuenta de que hemos vivido más tiempo del que nos queda por delante.

Lo animo a aprovechar su tiempo con sabiduría, a fin de no acabar arrepintiéndose por las cosas que no hizo en la vida. Siempre tómese el tiempo para desarrollar su relación personal con Dios, tome tiempo para su familia y amigos y tome tiempo para descansar, reír, celebrar y gozar de la vida. Dedicamos mucho de nuestro tiempo al trabajo, por tanto, es importante hacer aquello que nos haga sentir plenos y satisfechos, no vacíos y agotados.

Si hay algo que siente en su corazón que debería hacer o conseguir, lo animo a que no lo siga postergando. Pase tiempo con sus padres mientras pueda. Haga las paces con la persona con quien se encuentre enojado. Dígales a sus seres amados cuánto significan para usted. El tiempo que *ahora* posee es valioso, así que téngalo en alta estima y no lo malgaste.

Oración: Padre, ayúdame a redimir bien mi tiempo. El tiempo que me has concedido es un regalo y no quiero desaprovecharlo. Guíame en todas mis decisiones para poder producir buenos frutos para tu gloria.

✳ La paz de Dios ✳

Y la paz de Dios, que sobrepasa todo entendimiento, guardará
vuestros corazones y vuestros pensamientos en Cristo Jesús.
FILIPENSES 4:7

¿Sabía que cuando haya perdido la paz tiene el poder de recuperarla? Cada vez que se sienta preocupado, temeroso o ansioso, deje sus cargas delante de Dios a través de una oración simple pero sincera y piense en algo digno. Preocuparse resulta completamente inservible. Lo agota mental, emocional y físicamente y no mejora en absoluto su problema.

La paz mental es valiosa, y es casi imposible disfrutar la vida sin la misma. Busque y persiga la paz que le pertenece por medio de Cristo Jesús. No se deje engañar al creer que no puede evitar lo que piensa, porque ciertamente puede. ¡Puede cambiar de parecer sobre lo que quiera! Practique pensar "a propósito" en lugar de ser pasivo y simplemente esperar a ver cuáles pensamientos llegan a su mente.

Puedo testificar que experimento las mismas batallas mentales que la mayoría de la gente y tengo que practicar proponerme tener paz. Usted es un hijo de Dios, y su paz mora en usted. Le sugiero que comience a reconocer las cosas que le roban la paz y ocúpese de las mismas, a fin de que ya no puedan atormentarlo.

Oración: Padre, te amo y quiero gozar de tu paz. Sé que no sirve de nada preocuparse, pero a menudo lo hago y me arrepiento por ello. Obra en mí y enséñame a confiar en ti lo suficiente para gozar de tu paz en todo tiempo.

✳ Ría ✳

Entonces nuestra boca se llenará de risa, y nuestra lengua de alabanza; entonces dirán entre las naciones: Grandes cosas ha hecho Jehová con éstos. SALMO 126:2

Los cristianos felices son una gran propaganda para el cristianismo. Sea tan feliz como pueda en todo tiempo; iría, ría y luego vuelva a reír! Aproveche cada oportunidad para reír, porque de hecho puede mejorar su salud. El ser humano es la única creación de Dios que tiene la capacidad de reír, así que con certeza es algo que Él quiere que hagamos.

> La risa comienza con una sonrisa, y puede decidir sonreír en cualquier momento.

Declaración: Aprovecharé cada oportunidad que tenga para reír.

✳ *Servir a otros* ✳

Mas entre vosotros no será así, sino que el que quiera hacerse grande entre vosotros será vuestro servidor.

MATEO 20:26

Es casi imposible para una persona egoísta servir a otros, en especial con cosas pequeñas o en secreto. La razón principal por la que Jesús nos enseña a servir no radica en su falta de poder para suplir las necesidades de las personas, sino porque es imperativo que nosotros podamos hacerlo. Nos beneficiamos más que ningún otro cuando servimos. ¡Dios es el siervo supremo! ¡Jesús se humilló a sí mismo y se convirtió en siervo! (Vea Filipenses 2:7).

No es algo nato para mi naturaleza servir, así que escojo hacerlo adrede. Tengo que pensar sobre las cosas que puedo hacer por otras personas y oro regularmente, pidiéndole a Dios que me muestre maneras (grandes o pequeñas) en las que pueda servir; tales como apagar la luz del vestidor de Dave, limpiar lo que otra persona ensució (con una buena actitud), dejar que alguien pase delante de mí en la fila si está apurado o proveer alguna cosa que un miembro de la familia o un amigo necesite o desee.

Servir a otros de manera discreta añade gozo y satisfacción a nuestras vidas. Enfocarnos en servir a otras personas nos ayuda a derrotar el egoísmo y el egocentrismo. Propóngase buscar algunas maneras para servir a los demás, y de seguro experimentará una intimidad mayor con Dios, así como también con aquellos a quienes sirva.

Oración: Padre, renuncio al egoísmo y al orgullo y deseo con todo mi corazón servir a otros conforme a tu voluntad. Hazme consciente de las necesidades a mi alrededor y que pueda gozarme al servir.

❊ Doble bendición ❊

Volveos a la fortaleza, oh prisioneros de esperanza; hoy también os anuncio que os restauraré el doble. ZACARÍAS 9:12

La esperanza es una fuerza poderosa que lo sacará de cualquier tormenta. Nuestra esperanza está puesta en Dios; por lo tanto, podemos tener esperanza sin ninguna razón natural. La esperanza es la expectativa positiva para alcanzar lo que se desea. Practique decir: "Algo bueno me va a suceder hoy y algo bueno va a suceder a través de mí hoy". Dios es bueno y Él desea derramar su bondad sobre usted.

Existen tiempos de dificultad, pérdida, enfermedad y decepción en la vida; pero si los sobrellevamos con esperanza en nuestros corazones, se nos recompensará con una doble bendición. Permítame animarle a que se rehúse a perder las esperanzas. Ponga su esperanza en Dios y todo siempre se resolverá a su debido tiempo. No puedo garantizarle cuánto tiempo llevará, y puede que no sea rápido; pero la esperanza lo fortalecerá para afrontar la vida con gozo, aun en medio de la aflicción.

Viva a diario pensando: *Hoy puede ser el día en que obtenga la victoria. Puede suceder repentinamente...en cualquier momento.* La esperanza es el ancla de nuestra alma. Nos impide ceder ante las emociones desenfrenadas que intentan conducirnos a hacer cosas de las cuales nos arrepentiremos después. El hombre sabio pone su esperanza en Dios. Escucha la voz de Dios y la sigue, sabiendo que siempre hay una luz al final del túnel. Dios es esa luz y le exhorta a ser un prisionero de esperanza.

Oración: Padre, cada vez que me sienta desanimado o cargado, ayúdame a recordar que siempre hay esperanza. Lléname con esperanzas en ti y expectativas positivas. Tú eres bueno, y creo en tu bondad en mi vida.

✳ Ame a Dios ✳

Nosotros le amamos a él, porque él nos amó primero.
1 JUAN 4:19

¡Dígale a Dios a menudo que lo ama! Él nos creó porque nos quiso y nos ama de manera incondicional. El amor de Dios fluye de continuo hacia nosotros, y podemos experimentar su amor al recibirlo y luego devolvérselo a Él con palabras desde nuestro corazón. "Te amo, Señor" es por lo general una de las primeras cosas que digo cuando me levanto cada mañana. ¡Si usted aún no lo hace, debería considerar intentarlo! Creo que al Señor le encanta escucharnos cuando se lo decimos a Él, del mismo modo que a nosotros nos encanta escuchar a nuestros hijos cuando nos dicen que nos aman.

> ¡Amar a Dios es nuestra prioridad
> número uno en la vida!

Declaración: Amo al Señor con todo mi corazón, con toda mi alma, con toda mi mente y con todas mis fuerzas.

✳ ¿Su "levántate y anda" se ha levantado y se ha ido? ✳

En lo que requiere diligencia, no perezosos; fervientes en espíritu, sirviendo al Señor.   ROMANOS 12:11

Hay días cuando me canso de hacer lo que hago. A todos nos sucede. Independientemente de cuál sea su posición en la vida, habrá momentos cuando no tendrá ganas de hacerlo. Incluso puede que atraviese un período más extenso en el cual se sienta indiferente y desinteresado en casi todo. Quizá haya razones subyacentes que necesitará descubrir por medio de la oración; pero por lo general solo necesitamos sacudirnos y volver a avanzar.

La gratitud es una ayuda. Cuando cuento todas mis bendiciones, me asombro ante la bondad de Dios en mi vida. Me hace sentir agradecida, y eso siempre me motiva y hace que la vida luzca más prometedora. Tener grandes expectativas también me impulsa y me motiva. No tenemos que esperar y ver si algo bueno sucede en nuestras vidas; sino que agresivamente podemos esperar que algo bueno suceda. David manifestó que si no creyese que vería la bondad del Señor, lo habría afectado de manera perjudicial. Él dijo: "Hubiera yo desmayado, si no creyese que veré la bondad de Jehová " (Salmo 27:13).

La tercera cosa que me motiva es separar mi mente de mis sentimientos y ponerla en algo que pueda hacer para ser de bendición a alguien más. Cuando lo hago, siempre funciona. En poco tiempo, me encuentro a mí misma entusiasmada con la vida y emocionada por reanudar mi servicio al Señor.

Oración: Padre, quiero vivir la vida en su plenitud. Quiero vivir con pasión, fervor y gratitud por cada oportunidad que me has dado. Ayúdame a afrontar este día con entusiasmo y hacer todo como para ti.

✳ *Aprenda a contentarse* ✳

No lo digo porque tenga escasez, pues he aprendido a contentarme, cualquiera que sea mi situación.

FILIPENSES 4:11

Hoy regreso a mi hogar después de haber estado de viaje por dos semanas escribiendo y encargándome de una variedad de asuntos del ministerio. Estaré contenta cuando llegue a casa, pero también estoy feliz ahora mismo, sentada en el avión escribiendo este devocional. En cinco días me volveré a marchar hacia otro destino. También estaré contenta allí, porque he decidido contentarme cualquiera sea el estado en el que me encuentre (Florida, Misuri, Arizona).

Podemos pasar una gran parte de la vida pensando: *Voy a ser feliz cuando*... Pero la verdad es que podemos ser felices ahora si queremos. El contentamiento no debe basarse en el lugar en donde me encuentre o en qué cosas esté haciendo, sino en saber que dondequiera que esté, ¡Dios está conmigo! Él es nuestro hogar en la vida y *en Él*, podemos hallar gozo y contentamiento.

Quizá no *disfrute* estar en el trabajo tanto como estar en su hogar, pero puede estar igualmente *alegre* en cualquier sitio. Aquellas cosas que *disfrutamos* están determinadas por las circunstancias a nuestro alrededor, pero nuestro *gozo* está determinado por la actitud que decidamos tener en la vida. Tome la decisión de disfrutar cada cosa que haga y cada lugar en donde esté, porque Cristo es su vida y Él está presente en todo lugar, en todo tiempo.

Oración: Padre, quiero dejar de dividir mi vida en las cosas que disfruto y las cosas que no disfruto. Ayúdame a contentarme con cualquiera que sea mi situación, mientras sepa que tú estás conmigo.

✳ Oír a Dios ✳

Y cuando ha sacado fuera todas las propias, va delante de ellas;
y las ovejas le siguen, porque conocen su voz.   JUAN 10:4

¿Quiénes pueden oír a Dios? ¿Le habla solamente a una élite espiritual o puede cada creyente tener una relación coloquial con Dios? Estuve muchos años en el cristianismo sin que nadie me enseñara que podía oír a Dios. Solía hablar con Él, mayormente cuando necesitaba algo, pero nunca se me había ocurrido que Él quizá quisiera contentarme.

Por suerte, desde entonces he aprendido que podemos y debemos oír a Dios. Él no desea darnos instrucciones minuto a minuto sobre cada decisión que tomemos, pero nos habla regularmente y debemos esperar escucharle. La educación es vital en cualquier área, y en especial en esta. He leído varios libros sobre el tema y también he escrito uno, pero ahora mismo estoy leyendo otro a causa de su gran importancia.

Dios, por supuesto, habla a través de su Palabra. ¡La Biblia es Dios hablándonos! Asimismo, nos habla a través de las circunstancias, las personas, la paz, la sabiduría y la naturaleza, solo por mencionar algunas de las maneras en que podemos aprender a percibir lo que nos está diciendo. Normalmente, no escuchamos a Dios con nuestros oídos naturales; lo oímos en nuestro espíritu a través de su silbo apacible y delicado. Podemos discernir, percibir o saber con certeza aquello que Dios nos está comunicando y, sin embargo, no escuchar ninguna voz. O, si en verdad oímos sus palabras, por lo general se oyen como nuestra propia voz porque nuestra mente interpreta aquello que nuestro espíritu conoce.

Si esta es una nueva revelación para su vida, lo animo a que estudie con diligencia esta área. Hay personas quienes hacen cosas ridículas e incluso malvadas afirmando que

57

Dios les dijo que las hicieran, pero no debemos permitir que sus comportamientos pecaminosos nos perturben y nos quiten el maravilloso privilegio que tenemos disponible. Aprender a escuchar es la primera regla para oír. Cuando hoy hable con Dios, tome algún tiempo para escucharle. Permita que lo conforte, sienta su paz y óigalo decirle cuánto lo ama.

Oración: Padre, perdóname por haber pasado tan poco tiempo escuchándote. Quiero escuchar tu voz y creer que es tu voluntad que pueda oírte. Enséñame en esta área. Estoy ansioso por aprender.

✳ Primero lo primero ✳

Mas buscad primeramente el reino de Dios y su justicia, y todas estas cosas os serán añadidas. MATEO 6:33

Mantener nuestras prioridades en el orden correcto ayuda a abrir puertas de bendición en nuestras vidas. Buscar a Dios siempre debería ser nuestra prioridad número uno. Ponerlo a Él y su manera de obrar por sobre todas las cosas añaden paz y gozo a nuestras vidas, y luego Dios añadirá todas las demás cosas que necesitemos. Nunca luche para tratar de obtener "bienes", en cambio, busque primeramente agradar a Dios y, en el momento oportuno, recibirá de Él bendiciones hasta que sobreabunden.

> ¡Anhele a Dios más que cualquier otra cosa y todo lo demás le será añadido!

Declaración: Pongo a Dios en primer lugar, y Él suplirá todas mis necesidades.

✳ Produzca buenos frutos ✳

En esto es glorificado mi Padre, en que llevéis mucho fruto, y seáis así mis discípulos. JUAN 15:8

No se nos concedió la vida para malgastarla. Dios desea que llevemos buenos frutos a diario. Hacer el bien, ser creativa, ayudar al prójimo, cumplir objetivos y otras cosas semejantes me brindan un sentimiento de satisfacción y debo admitir que se siente realmente bien. Por otra parte, no se siente bien cuando pierdo un día sin hacer nada, sintiendo lástima por mí misma, enojada o perezosa.

No estoy sugiriendo que necesitamos pasar todo nuestro tiempo trabajando, pero deberíamos ser productivos con regularidad. Orar por otros en medio de su día es productivo. Ser amigable y animar a otros es una manera sencilla de producir buenos frutos. Ayer fui al hospital a visitar a mi madre, y cuando llegué allí una mujer joven se encontraba en su habitación llevando a cabo un examen cardiológico. Tenía una piel y un cabello hermosos y una sonrisa encantadora. También era muy amable. En lugar de solo pensar en estas cosas, le dije que era muy hermosa. La expresión en su rostro me hizo saber que no lo escuchaba muy a menudo y que la hizo sentir realmente bien.

Es fácil enfocarse en los defectos de las personas y pasar totalmente por alto las cosas buenas sobre ellas, pero no tenemos que ser así si nos proponemos a llevar buenos frutos al destacar cada cosa buena que notamos sobre la gente. Usted y yo tenemos el poder para hacer que el día de alguien sea increíble, al ser la voz de Dios y permitirles oír a través de nosotros las cosas buenas que Él ve en ellos. Haga de este día y de cada día un día especial al producir buenos frutos que honren a Dios.

Oración: Padre, te amo mucho. Quiero producir frutos buenos y para ello necesito de tu ayuda, al igual que en todos los demás aspectos de mi vida. Confío y dependo de ti para que me ayudes a buscar las distintas maneras en que puedo hacer que este día y cada día sean fructíferos.

✸ Sabiduría ✸

Para entender sabiduría y doctrina, para conocer razones prudentes…   PROVERBIOS 1:2

Creo que las personas sabias escogen hacer hoy aquello con lo que estarán satisfechas más adelante en la vida. Todas nuestras decisiones influencian nuestro futuro, por tanto, jamás deberíamos vivir como si no existiera el mañana, porque de cierto llegará. Hay muchas cosas que cada uno de nosotros desea haber hecho en el pasado, pero ahora es demasiado tarde. Hagamos lo correcto hoy, ¡a fin de no arrepentirnos el día de mañana!

> Si invierte hoy, cosechará los beneficios mañana.

Declaración: Escojo hacer hoy aquello que producirá buenos frutos en mi futuro.

✳ Ninguna condenación ✳

Ahora, pues, ninguna condenación hay para los que están en Cristo Jesús, los que no andan conforme a la carne, sino conforme al Espíritu.

ROMANOS 8:1

En las últimas semanas, he hecho algunas cosas de las cuales me arrepiento. Mostré ser extremadamente impaciente en una situación específica, y mi comportamiento no fue un buen ejemplo para mis hijos. También tomé una decisión y comencé a involucrar a otras personas en mi plan, solo para darme cuenta de que no tenía paz en mi corazón. Ni siquiera había orado al respecto; solo actué por mi propia cuenta. ¡Vaya! Debería haber sabido mejor en ambas situaciones.

¿Alguna vez hace cosas y luego piensa: *No puedo creer que hice eso?* Darse cuenta de nuestros errores es el primer paso hacia el arrepentimiento. Gracias a Dios, podemos acercarnos a Jesús con todos nuestros errores y debilidades y estar seguros de que Él nunca nos rechazará. Estoy apenada por mi necedad, pero al mismo tiempo estoy muy contenta de que no tenga que perder varios días sintiéndome culpable.

En este día, lleve todos sus pecados y errores a Jesús. Hable con Él abierta y honestamente sobre ellos, reciba su perdón y regocíjese de que no hay ninguna condenación. Estoy segura de que, al igual que yo, quiere cambiar, y Dios ciertamente nos transformará a su imagen mientras continuemos en su Palabra y pongamos nuestra confianza en Él.

Oración: Padre, me arrepiento de todos mis pecados y te pido que me fortalezcas en cada área de debilidad. Estoy emocionado por el crecimiento espiritual y confío en que me transformarás para ser cada vez más como tú.

✸ Recupere su vida ✸

Y si alguno de vosotros tiene falta de sabiduría, pídala a Dios, el cual da a todos abundantemente y sin reproche, y le será dada.
SANTIAGO 1:5

A veces sentimos que nuestra vida se ha vuelto confusa o desequilibrada. No nos satisface y, sin embargo, no sabemos bien qué hacer. Lo primero que debe hacer es pedirle a Dios que le conceda sabiduría y dé por seguro que Él lo hará. En segundo lugar, prepárese para tomar medidas. Saber lo que debemos hacer y ejecutarlo son dos cosas diferentes.

Recientemente, sentía que algunas áreas en mi vida estaban desequilibradas y ni siquiera estaba segura de cómo había sucedido, pero sabía que necesitaba hacer algo. Me oí quejarme sobre esta insatisfacción en algunas áreas y finalmente me di cuenta de que era la única quien podía hacer algo al respecto. Es bastante común querer culpar a las circunstancias o a otras personas por nuestros problemas; pero con los años he aprendido que por lo general soy yo quien necesita tomar la responsabilidad.

Necesitaba orar y buscar la dirección de Dios y luego tomar algunas medidas. Determiné en mi corazón recuperar mi vida. Noté que debía ser más organizada, porque la desorganización causa confusión.

Si usted siente que su vida se le ha ido de las manos y está preparado para recuperarla, Dios lo ayudará. Sin embargo, la dirección de Dios no cumplirá su buen propósito si no la seguimos. ¡Si se lo propone, obtendrá la victoria!

Oración: Padre, ruego por tu sabiduría para saber qué cambios hacer en mi vida que sean agradables a ti, y que me permitan ser la persona que tú quieres que sea. ¡Gracias!

✳ Sentimientos inconstantes ✳

Y los que viven según la carne no pueden agradar a Dios.
ROMANOS 8:8

Cuando nos dejamos llevar por los impulsos siempre cambiantes de nuestra naturaleza carnal, no podemos agradar a Dios, porque tiene preparada una vida mucho mejor para nosotros. Todos tenemos momentos cuando las emociones cambian abruptamente, por lo que es importante aprender a controlarnos en ese tipo de ocasiones. Si simplemente seguimos nuestros sentimientos, de seguro acabaremos tomando decisiones y medidas que lamentaremos más tarde.

El domingo pasado, Dave y yo invitamos a algunas personas a nuestra casa. Me sentía llena de energía y grandiosa. Sin embargo, al día siguiente, sin ninguna razón aparente, me levanté sintiéndome embotada y un poco deprimida. *¿Por qué? ¿Qué me ocurre?* Esas son las primeras preguntas que me hago. No obtuve ninguna respuesta, así que tuve que tomar una decisión. ¿Debería continuar tratando de averiguar la razón de mi extraño humor y terminar más confundida que antes o debería orar, pidiéndole a Dios que me revele aquello que quiera mostrarme y seguir con las actividades del día, pidiéndole a Dios que me ayude a vivir por encima de mis sentimientos?

He aprendido a lo largo de los años que ser una persona estable y constante implica que controle mis sentimientos, en lugar de que ellos me controlen a mí. En otras palabras, puedo tenerlos, pero no puedo permitir que se apoderen de mí. Los sentimientos son inconstantes. Cambian con frecuencia y, por lo general, sin previo aviso. A veces entendemos por qué, pero la mayor parte del tiempo no.

Nuestra condición física puede afectar las emociones. Aspectos como *¿Dormí lo suficiente?* o *¿Comí algo que me cayera mal?* o *¿Es una época de alergias?* Nuestra condición espiritual también puede causar fluctuaciones en nuestro humor. *¿He pasado suficiente tiempo con Dios? ¿He encubierto un pecado que debe salir a la luz? ¿Está Dios regañándome por algo?*

Recomiendo orar primeramente para ver si Dios le revela alguna cuestión y, si no lo hace, entonces permanezca firme en la tormenta. No trate excesivamente de comprender sus sentimientos, porque se volverá cada vez más enfocado en estos. Confíe en Dios, practique extra dominio propio y muy pronto se sentirá mejor.

Oración: Padre, deseo ser una persona emocionalmente estable en todo tiempo. Ayúdame a permanecer firme cuando mis emociones fluctúen. Quiero vivir una vida que sea siempre agradable a ti y confío en que continuarás enseñándome en esta área.

✳ La vida es lo que haga de ella ✳

Y renovaos en el espíritu de vuestra mente.   EFESIOS 4:23

Dos personas pueden tener el mismo problema, pero una es amable con su prójimo y alegre, mientras que la otra tiene un trato hostil con las personas y está siempre desanimada. La diferencia se halla en la actitud que escojan tener hacia la vida y sus problemas. Nuestra calidad de vida no está determinada por nuestras circunstancias sino por cómo decidimos ver dichas circunstancias. La vida puede ser buena si decidimos pensar y declarar cosas buenas en lugar de encontrar fallas y quejarnos.

> Si necesita un cambio, deje de quejarse
> o permanecerá en el mismo lugar.

Declaración: Quejarse es una pérdida de tiempo. Jamás mejorará mi situación.

✳ Confianza ✳

Porque Jehová será tu confianza, y él preservará tu pie de quedar preso. PROVERBIOS 3:26

Me considero una persona bastante segura de mí misma, pero últimamente he estado un poco indecisa con algunas de mis decisiones. Dios me ha recordado la importancia de tener seguridad en todo tiempo, porque la persona de doble ánimo no puede recibir la ayuda que el Señor quiere darle (vea Santiago 1:6–8). Quizá usted a veces experimente esta falta de confianza. De ser así, le recuerdo, como el Señor me recordó a mí, estar firme en sus decisiones y no dudar.

Ore acerca de todo y luego siga la guía del Espíritu Santo como mejor pueda. Pida sabiduría y siga la paz en la toma de sus decisiones, pero no tenga temor de equivocarse cuando necesite tomar una decisión. Si no sabemos qué hacer en las situaciones que enfrentemos, debemos pedirle a Dios sabiduría y confiar en que nos la dará, pero debemos pedir con fe, no dudando ni vacilando (vea Santiago 1:6). La persona de doble ánimo no recibe cosa alguna de parte del Señor. Dios quiere que nos acerquemos a Él confiadamente, sabiendo que siempre está dispuesto a ayudarnos, aun en medio de nuestras imperfecciones.

Suelo decir que debemos "salir y descubrir". Quizá no siempre tomemos las decisiones correctas, pero vivir en temor y no tomar ninguna decisión no es la manera de descubrir si estamos o no en lo cierto. Dé un paso de fe y permita que Dios lo guíe. Él es fiel y lo guiará en su caminar.

Oración: Padre, deseo hacer tu voluntad. Guíame y oriéntame en todas mis decisiones. Concédeme sabiduría, amado Señor. Lléname con confianza para no ser de doble ánimo e inconstante en mis caminos.

✳ *Despojarse de toda preocupación* ✳

Echando toda vuestra ansiedad sobre él, porque él tiene cuidado de vosotros.
1 PEDRO 5:7

¡Por nada esté afanoso! La preocupación no puede cambiar nuestras circunstancias, pero puede cambiarnos a nosotros. Puede transformarse en problemas de salud y, por lo general, nos vuelve malhumorados y cascarrabias. Preocuparse no sirve de nada. Nos mantiene ocupados, pero no nos conduce a ningún sitio. El Señor a menudo me recuerda que no debo inquietarme por nada.

Confiar en Dios no debería ser nuestro último recurso después de haber probado todo lo que sabemos hacer. Debería ser lo primero que hagamos en cada situación que pueda ser causal de inquietud o preocupación. Debemos echar toda nuestra ansiedad sobre el Señor, y Dios responderá cuidando de nosotros. Dios puede hacer más en un instante que lo que nosotros podamos hacer en una eternidad.

Cuando nos preocupamos, damos infinitas vueltas sobre los mismos pensamientos, tratando de entender qué podemos hacer para mejorar determinada situación. En primer lugar, deberíamos orar y confiar en que si Dios quiere que hagamos algo, Él nos mostrará la respuesta y nos dará la gracia (capacidad) para hacerlo sin luchas. Si Él no nos muestra ninguna acción alternativa para tomar, podemos tener la certeza de que Él tiene un plan y que lo ejecutará en el tiempo oportuno. El reposo de Dios le espera, y puede entrar en el mismo al confiar en lugar de preocuparse.

Oración: Padre, escojo confiar en ti en lugar de preocuparme por las situaciones problemáticas. Ayúdame a despojarme de toda ansiedad y preocupación y entregártelas a ti. Creo que me amas y cuidas de mí. Mi corazón está agradecido.

✳ *Las personas cambian* ✳

Jesucristo es el mismo ayer, y hoy, y por los siglos.

HEBREOS 13:8

Jesús es el único en quien podemos confiar en que siempre será el mismo. Las personas y las circunstancias están sujetas al cambio, y no debemos permitirnos esperar que nunca cambien. La gente atraviesa por diferentes etapas en sus vidas y, al hacerlo, vemos que se producen cambios en ellos que pueden o no agradarnos. A fin de no sentirse devastado, mantenga sus ojos puestos en Jesús, porque Él es la Roca firme e inmutable.

> Las expectativas poco realistas son el origen de muchas de nuestras frustraciones.

Declaración: Pongo mis expectativas en Dios porque Él es siempre fiel.

✳ *Cuente sus bendiciones* ✳

Así que, ofrezcamos siempre a Dios, por medio de él, sacrificio de alabanza, es decir, fruto de labios que confiesan su nombre.

HEBREOS 13:15

Recientemente, he estado anotando diez cosas cada día por las cuales estoy agradecida, y cada día intento renovarlas. Literalmente, estoy contando mis bendiciones, lo cual ha sido un proyecto muy entretenido.

Es asombroso cuántas cosas podemos comenzar a dar por hechas, a menos que nos propongamos recordar cuán bendecidos somos. Al pensar en diez cosas diferentes cada día, he ido más allá de las cosas en las que normalmente pienso y me he sorprendido gratamente de todas las bendiciones en mi vida y que ciertamente no querría vivir sin ellas, incluso cosas tales como el aroma de una buena vela o el agua corriente fría y caliente. ¡Seamos audaces al ofrecerle a Dios fruto de labios que confiesan con gratitud su nombre!

Oración: Padre, ayúdame a darme cuenta de que tengo mucho por lo cual agradecer. ¡Gracias por recordarme ser agradecido!

✳ *Rehúsese a transigir* ✳

No nos cansemos, pues, de hacer bien; porque a su tiempo segaremos, si no desmayamos. GÁLATAS 6:9

Elegir siempre hacer el bien puede en ocasiones ser desafiante, especialmente porque vivimos en un mundo con un sentido de excelencia y moralidad en decadencia. Transigir significa consentir en parte con lo que no se cree justo. Si bien vivimos rodeados de personas quienes sí transigen y tienen poco o ningún nivel de santidad en sus vidas, podemos mantenernos firmes. Como dice la escritura que se menciona anteriormente, no nos cansemos de hacer bien.

Dios recompensa a quienes toman buenas decisiones, pero a veces debemos tomarlas una y otra vez antes de comenzar a obtener el resultado esperado. Comprométase con un nivel de rectitud en su vida y rehúsese a transigir. Si no cede, tendrá una recompensa maravillosa y, mientras tanto, tendrá la consciencia tranquila.

¡Jamás escoja hacer lo malo solo porque los demás lo hagan! ¡Sea un ejemplo a seguir en lugar de alguien que incluso usted mismo se avergüence de conocer! Viva de tal manera que su comportamiento ponga una sonrisa en el rostro de Dios y su reputación sea digna en el cielo.

Oración: Padre, enséñame tus caminos y dame la fortaleza para tomar siempre las decisiones correctas. Perdóname por haber transigido en el pasado y ayúdame a mantenerme firme conforme a tu estándar de excelencia.

✳ Resista, la ayuda viene en camino ✳

Oh Dios, no te alejes de mí; Dios mío, acude pronto en mi socorro.

SALMO 71:12

Cuando oramos y le pedimos a Dios que haga algo por nosotros, se requiere fe y paciencia para recibir una respuesta. El diablo trata de hacernos pensar que Dios no va a acudir en nuestro socorro, pero simplemente debemos resistir, porque la ayuda viene en camino.

Creo que desde el momento en que oramos en fe, Dios comienza a obrar. He desarrollado el hábito de decir: "¡Dios está obrando en mi vida ahora mismo!". Hacer esa declaración me recuerda mantener la calma y libra al aire palabras de fe con las que Dios puede obrar.

El diablo odia escuchar una declaración que esté llena de fe. Él quiere que expresemos palabras de duda y temor. Pablo enseñó a los romanos que servimos a un Dios quien llama las cosas que no son, como si fuesen (vea Romanos 4:17). Deberíamos hacer las cosas del modo en que Dios las hace, si queremos obtener resultados piadosos.

Por lo general, los avances y las respuestas a nuestras oraciones llevan más tiempo del que nos gustaría, pero solo porque no veamos nada no significa que Dios no esté obrando. Mientras creamos en Dios y confiemos en Él, ¡Él está obrando! Cuando el temor llame a su puerta o cuando la duda lo visite, simplemente declare en voz alta: "¡Estoy resistiendo porque mi ayuda viene en camino!".

Oración: Padre, por favor ayúdame a mantenerme firme en la fe hasta que obtenga la victoria. Sé que tú eres fiel y creo que estás obrando en mi vida.

✳ El tiempo ✳

Entonces Jesús les dijo: Mi tiempo aún no ha llegado...
JUAN 7:6

Jesús sabía que todo tiene su tiempo y disciplinó sus emociones para esperar a que ese tiempo se cumpliera. Todos podemos esforzarnos por hacer lo mismo. Generamos muchas complicaciones en nuestras vidas al hacer las cosas en nuestro tiempo en lugar de esperar el tiempo justo, el cual es el tiempo de Dios. La impaciencia nos roba el gozo y la paz, pero podemos aprender a disfrutar de este día mientras esperamos.

> Aproveche al máximo cada día, porque
> cada nuevo día es un regalo de Dios.

Declaración: Este día es un regalo de Dios y no lo voy a desaprovechar.

✳ *Descanse con Dios* ✳

Venid a mí todos los que estáis trabajados y cargados, y yo os haré descansar.
MATEO 11:28

Esta mañana estaba pensando en cuán maravilloso es descansar con Dios. Pasar tiempo con Él debería ser una experiencia placentera y agradable, no rígida ni llena de reglas ni listas de cosas que pensamos que debemos hacer. No tenemos que leer durante una cantidad de tiempo específica y luego orar por un tiempo determinado. Podemos acercarnos a Él tal cual somos. Nuestro tiempo con Él consistirá en orar (hablar y escucharle a Él), y debería consistir en leer y estudiar, porque la Palabra de Dios nos enseña y nos alimenta. ¡Nos mantiene fuertes! Pero es importante ser guiados por el Espíritu Santo y seguir el deseo de su corazón en lugar de tener una lista de reglas y verificarlas una por una.

Aun si no hemos tenido un comportamiento perfecto, no tenemos que acobardarnos ante su presencia. Podemos acercarnos confiadamente, amarle y recibir su amor y su perdón. Podemos pedirle que supla nuestras necesidades porque Él es bueno, no porque nosotros hayamos sido buenos.

Por suerte, no tenemos que tener miedo de que Dios se enoje con nosotros porque hemos fallado o no fuimos perfectos. Él es un Dios lleno de misericordia y bondad ¡y está esperando derramarlas sobre usted!

Acérquese a Dios y dígale que lo ama, porque eso es lo que desea más que nada. ¡Imagínese a Dios sonriéndole con sus brazos abiertos! Permita que su presencia sea el lugar más agradable y acogedor que conozca. Fuimos hechos aceptos ante Dios por medio de nuestra fe en Jesús, y Él nos recibe tal cual somos y nos ayuda a convertirnos en quienes debemos ser.

Oración: Padre, necesito ser renovado y librado de toda carga. Me presento hoy delante de ti en fe, creyendo que tú me aceptas tal cual soy. Ayúdame a disfrutar y a descansar siempre en tu presencia.

✳ *Reciba el perdón* ✳

Para que abras sus ojos, para que se conviertan de las tinieblas a la luz, y de la potestad de Satanás a Dios; para que reciban, por la fe que es en mí, perdón de pecados y herencia entre los santificados. HECHOS 26:18

Dios ha provisto el perdón de nuestros pecados por medio de Jesús, pero debemos aprender a recibir este don maravilloso que Él nos ha dado. Si se encuentra enfadado consigo mismo a raíz de pecados del pasado, entonces no ha recibido el perdón que Dios ha provisto para usted. No importa por cuánto tiempo se sienta culpable, nunca podrá pagar por sus pecados. Lo único que cualquiera de nosotros debe hacer es confesarlos, estar dispuesto a volverse de sus malos caminos y después con gozo y gratitud recibir el asombroso don del total y completo perdón.

Imagínese cómo se sentiría si se sacrificara y pagara un alto precio por un regalo que quisiera entregarle a alguien, pero cuando se los ofreció, se negaron a recibirlo. Quizá sintieron que no eran merecedores o que era demasiado costoso para recibirlo.

Todo el esfuerzo que había hecho para proveer el regalo no serviría de nada a menos que lo recibieran. Ocurre lo mismo cuando no recibimos el don del perdón que Dios ha provisto para nosotros. Al recibirlo, se levantarán las cargas que ha estado llevando; la culpa y la condenación ya no tendrán lugar y el gozo regresará a su vida.

Oración: Padre, gracias por el don maravilloso del perdón. Sé que no lo merezco, pero por fe, lo recibo. Renuncio a mis pecados y a la culpa y a la condenación que han causado. ¡Estoy agradecido de que soy perdonado!

✳ En armonía con Dios ✳

Y todo esto proviene de Dios, quien nos reconcilió consigo
mismo por Cristo, y nos dio el ministerio de la reconciliación.
2 CORINTIOS 5:18

Como maestra de la Palabra de Dios, no es mi trabajo predicar sermones asombrosos para impresionar a las personas, sino más bien compartir la Palabra de Dios de tal manera que puedan desear entrar en armonía con Él. Dios nos ha reconciliado consigo mismo, y su deseo es obrar a través de nosotros para que hagamos lo mismo por las multitudes que están separadas de Él y viviendo en tinieblas.

¡Qué gran privilegio es acercar a las personas a Dios! Una vida que se vive separada de la armonía con Dios es una vida miserable, la cual está llena de pecados, tinieblas, temores, ira, confusión y decepciones incesantes. Es una vida sin el conocimiento de Dios. Recuerdo tener una vida como esa, y estaré por siempre agradecida por la vida nueva que Jesús me ha provisto y a la cual me ha introducido. Seamos hoy agradecidos de que conocemos a Dios y que podemos acercarnos a Él sin temor al rechazo.

Hágase esta pregunta: ¿Se acercan las personas a Dios por medio de mis palabras y mis acciones? ¡Espero que así sea! Tenemos la oportunidad maravillosa de ser colaboradores de Dios en la reconciliación de las personas perdidas en este mundo. Somos embajadores en nombre de Dios y, como tales, sus representantes hoy en la tierra. Dios está llamando al mundo por medio de nosotros (vea 2 Corintios 5:20). Trabajar con y para Dios es el privilegio más alto que cualquier hombre pueda tener. En este día, permita que las personas a su alrededor vean a Jesús brillar a través de su vida.

Oración: Padre, estoy emocionado de ser parte del ministerio de la reconciliación con la raza humana. Concédeme la gracia para vivir mi vida de tal manera que pueda ser un reflejo de tu amor. Ruego que mi vida pueda producir buenos frutos para tu reino.

✳ Constancia ✳

Y tenemos confianza respecto a vosotros en el Señor, en que hacéis y haréis lo que os hemos mandado.

2 TESALONICENSES 3:4

No es lo que hagamos solo una vez lo que cambia nuestra vida, sino lo que continuemos haciendo vez tras vez. La constancia es la clave para el éxito en cualquier área de la vida. El apóstol Pablo tenía confianza en que aquellos a quienes había enseñado seguirían haciendo lo que les había mandado, y nosotros debemos hacer lo mismo si queremos ver el cumplimiento de la plenitud de las promesas de Dios en nuestras vidas.

Ya sea en estudiar la Palabra de Dios, en la oración, en la obediencia, en dar, en ejercitar o en cualquier otra cosa, lo animo a que sea constante.

> Si se niega a rendirse, logrará alcanzar sus metas.

Declaración: ¡No renunciaré! ¡No me rendiré! ¡Seré constante!

✴ Siga su corazón ✴

El temor del hombre pondrá lazo; mas el que confía en Jehová será exaltado. PROVERBIOS 29:25

El temor del hombre ofende a Dios (vea Isaías 8:13), porque Él desea que le sigamos y hagamos todo lo que Él ponga en nuestros corazones. Dios tiene un plan para usted y lo guiará a dar pasos de fe los cuales siempre lo mantendrán en el centro de su voluntad, pero usted deberá ser valiente. Satanás usa el temor, y en particular el temor del hombre, para evitar que sigamos a Dios. Lo animo a que tome la decisión firme en este día de poner su confianza en Dios y nunca permitir que el temor del hombre robe su destino.

Podemos recibir el temor que Satanás nos ofrece o podemos asirnos de valor, sabiendo que Dios es mayor que todos y que Él está siempre con nosotros. Sí, Dios está de nuestro lado, entonces ¿por qué debemos temer al hombre? El hombre puede rechazarnos, mas Dios nos acepta. El hombre puede desaprobarnos, mas Dios nos aprueba. Dios tiene un destino maravilloso que espera por usted. No permita que el diablo se lo robe a causa del temor de lo que el hombre pueda decir, pensar o hacer.

Si seguimos nuestro corazón, nos sentiremos realizados y satisfechos. Sentiremos un respeto hacia nosotros mismos por haber seguido lo que creemos que es la dirección de Dios. Si ha permitido que el temor del hombre dirija su vida, tome hoy la decisión de seguir a Dios.

Oración: Padre, estoy arrepentido por todas las veces que he permitido que el temor del hombre me haya impedido obedecerte. Perdóname, Señor, y concédeme un nuevo comienzo. Pon tu voluntad en mí y dame el valor para seguirte siempre.

✳ Jehová es mi fortaleza ✳

Jehová es mi fortaleza y mi escudo; en él confió mi corazón, y fui ayudado…   SALMO 28:7

No dejo de asombrarme ni de estar agradecida por el poder de Dios en nuestras vidas. Por medio de Él, verdaderamente podemos hacer todas cosas que nos ha mandado hacer. A lo largo de mi caminar con Dios, puedo declarar sin duda alguna que Dios es fiel, y quiero asegurarle que Él le permitirá hacer todo lo que necesite hacer.

Mantener una buena actitud y guardar la fe abre la puerta para que Dios le conceda la fuerza, la capacidad y la sabiduría que usted requiera. Quizá no siempre sienta que posee tales cosas, pero cuando dé el primer paso, descubrirá que Dios está en usted, otorgándole la capacidad para hacer lo que necesite hacer.

Lo animo a creer que usted "puede" en lugar de temer que "no puede". Dios nos concede su gracia (capacidad y fortaleza) un día a la vez, por tanto, no es sabio adelantarse tanto en la vida. Si lo hacemos, podemos sentirnos abrumados con respecto a todo lo que tengamos por hacer. Cualquiera de nosotros puede tomarse el tiempo para reflexionar sobre aquellas cosas que Dios ya nos ha permitido hacer y de dónde nos ha traído, y tendremos la seguridad de que por medio de Cristo podemos hacer todo lo que necesitemos hacer en este día y en el futuro.

¡Usted es más fuerte de lo que cree! Dios vive en usted; Él está a su favor y nunca lo dejará ni lo abandonará, así que viva valientemente y siempre recuerde que *¡Jehová es su fortaleza!*

Oración: Padre, valoro mi relación contigo y estoy agradecido por tu fortaleza y tu poder. A veces, la vida parece abrumadora, pero confío en que siempre me ayudarás a hacer lo que necesite hacer. ¡Tú eres mi fortaleza!

✳ Reconocimiento ✳

Os rogamos, hermanos, que reconozcáis a los que trabajan entre vosotros...   1 TESALONICENSES 5:12

Los exhorto a que reconozcan a las personas en su vida y a aquellos que trabajan para usted y con usted. No dé por sentado a las personas, en especial a su familia y amigos cercanos. Hágales saber cuán importantes son en su vida y siempre agradézcales por todo lo que hacen por usted. Nunca sabremos con certeza por cuánto tiempo alguien estará con nosotros, así que es conveniente no esperar hasta que sea demasiado tarde para decir las cosas que debemos decir.

> La única manera de vivir el mañana sin arrepentimientos es hacer hoy lo correcto.

Declaración: Soy bendecido sin medida y siempre reconoceré a todas las personas que Dios ha puesto en mi vida.

✷ De la decepción y la esperanza ✷

*Dios mío, en ti confío; no sea yo avergonzado, no se alegren
de mí mis enemigos.*   SALMO 25:2

Recientemente, me he sentido decepcionada al saber que
uno de mis libros no se vendió en el mercado tan bien como
había esperado, pero no permanecí en ese estado por mucho
tiempo. He aprendido que en la vida podemos estar decepcionados o "esperanzados". Podemos enfocarnos en lo que no
sucedió o en lo que puede suceder en el futuro, por medio del
amor y de la misericordia de Dios. Mientras no perdamos las
esperanzas, siempre tendremos algo por lo que aspirar.

Cuando vemos las cosas desde la perspectiva de Dios,
nos damos cuenta de que los finales siempre proporcionan
nuevos comienzos. Una puerta se cierra y otra se abre. No
debemos permanecer en lo que no sucedió, sino enfocarnos
en lo que puede suceder. Podemos cambiar la decepción
por la esperanza. Si algo no resultó según lo planeado, siga
adelante con una buena actitud, esperando que el próximo
intento sea asombrosamente maravilloso.

Todos atravesamos por decepciones en la vida, pero no
tenemos que vivir decepcionados. La Escritura dice que
todo aquel que cree en Jesús, no será avergonzado o decepcionado (vea Romanos 10:11). Podemos experimentar
decepciones, pero gracias a Dios no viviremos vidas decep-
cionadas. Confíe en Dios y siga adelante.

Oración: Padre, te pido que me ayudes a vivir con una
actitud expectante. Incluso cuando las circunstancias
me decepcionen, ayúdame a recordar que en ti todas
las cosas obran para bien. Ayúdame a siempre esperar
las cosas buenas que tengo por delante y no permanecer en las cosas que no resultaron como las había
planeado.

❋ *Aprender a recibir* ❋

Porque de su plenitud tomamos todos, y gracia sobre gracia.
JUAN 1:16

Cuando le entrego a alguien un regalo y me responde algo como: "No tenías que hacerlo" o "No, no, no puedo aceptarlo" o "Oh, es demasiado", realmente no me agrada. Prefiero que me digan: "Muchísimas gracias. Lo aprecio mucho". ¡Creo que sucede lo mismo con Dios! Él es un dador y los dadores necesitan receptores o reprimen su deseo de dar.

La Palabra de Dios dice que recibimos la gracia, el favor, el perdón, la misericordia y muchas otras bendiciones de parte de Dios. ¿Desea usted ciertas cosas, pero no sabe cómo pedir? O peor aún, ¿pide y luego no recibe? Debemos pedir y recibir, para que nuestro gozo sea cumplido (vea Juan 16:24).

La bondad de Dios ciertamente es asombrosa, y no merecemos todas las cosas maravillosas que Él hace por nosotros, pero desea que gentilmente las recibamos con una actitud de gratitud. ¡Aprenda a ser un buen receptor!

Oración: Gracias, Padre, por todas las cosas maravillosas que haces por mí. Enséñame a ser un receptor agradecido y a siempre apreciar tu bondad.

✳ Intenciones puras ✳

...porque Jehová no mira lo que mira el hombre; pues el hombre mira lo que está delante de sus ojos, pero Jehová mira el corazón.
1 SAMUEL 16:7

Algo que Dios me enseñó a comienzo de mi caminar con Él, y de lo que me recuerda a menudo, es que Él no está ni siquiera interesado o impresionado con lo *que* hacemos como lo está con la razón de *por qué* lo hacemos. Si damos a los pobres a fin de ser vistos por el hombre, perdemos nuestra recompensa, porque Dios solo se complace de las buenas obras cuando se realizan por las razones correctas. Si ayunamos u oramos a fin de llamar la atención o de ser admirados, perdemos nuestra recompensa, porque Dios no admira las obras buenas que se realizan por las razones equivocadas.

Asegurémonos de hacer todo lo que hagamos para Dios y para su gloria porque le amamos y queremos ser de bendición para otras personas, ¡y no para *obtener* nada a cambio! Ha habido momentos en mi vida cuando he hecho lo correcto pero por las razones equivocadas. He hecho cosas creyendo que podría ganar el favor de Dios. He hecho cosas para agradar a las personas sin pensar en agradar a Dios. He hecho cosas para llamar la atención y conseguir aceptación. A menudo, me preguntaba por qué no era realmente feliz, a pesar de que estaba haciendo cosas buenas; pero con el tiempo aprendí que el verdadero gozo solo viene por servir a Dios con un corazón puro.

Suele ser difícil examinar de manera profunda y honesta las verdaderas intenciones detrás de las cosas que hacemos, pero lo animo fuertemente a que pueda intentarlo. Quizá aprenda una verdad acerca de sí mismo que transformará su vida y lo hará libre. No seremos verdaderamente libres hasta que dejemos de tener la necesidad de impresionar a otros y hasta que las intenciones detrás de cada acción sean puras. Este es un proceso continuo y permanente, pero agradable a Dios. ¡Todos los demás podrán ver nuestras acciones, mas Dios ve nuestro corazón!

Oración: Padre, te pido que me perdones por hacer cosas con motivos impuros. Quiero servirte con un corazón puro y ruego por tu discernimiento. ¡Ayúdame a ser honesto conmigo mismo sobre el porqué hago las cosas!

✳ Espere el favor de Dios ✳

Porque tú, oh Jehová, bendecirás al justo; como con un escudo lo rodearás de tu favor. SALMO 5:12

Podemos esperar que Dios cumpla con aquello que prometió; por lo tanto, podemos afrontar nuestros días esperando su favor. Cuando Dios nos corona con su favor, abre puertas en nuestra vida y hace que las personas hagan cosas que por lo general no se inclinarían a hacer. A modo de ejemplo simple, hace poco tiempo me encontraba en una tienda de ropa a la que voy a menudo, y cuando fui a pagar mi factura, el dueño decidió otorgarme un descuento del veinte por ciento en mi compra del día. ¡Eso es el favor! ¡Anímese y espere hoy el favor de Dios!

> Prefiero pedir mucho y obtener una parte
> que no pedir nada y perderlo todo.

Declaración: ¡El favor de Dios me acompaña a dondequiera que vaya!

✳ ¿De dónde vienen las guerras? ✳

¿De dónde vienen las guerras y los pleitos entre vosotros? ¿No es de vuestras pasiones, las cuales combaten en vuestros miembros?
                                            SANTIAGO 4:1

Podemos pedirle a Dios lo que queramos, creyendo que si es su voluntad, nos será dado en el momento oportuno. Si nos deleitamos en Dios, Él nos concederá los deseos de nuestro corazón (vea Salmo 37:4). Sin embargo, las pasiones son deseos impíos que provocan las guerras.

Dios nos ha llamado a tener paz, y es importante hacer todo lo que esté a nuestro alcance para guardar siempre la paz en nuestros corazones y en nuestras vidas diarias.

No hay nada que este mundo pueda ofrecer por lo que valga la pena perder nuestra paz. Busque primeramente a Dios en todo tiempo, pídale las cosas que desee y permita que Él le conceda aquello que sea bueno para usted.

Oración: Padre, te pido que me concedas todo aquello que sea bueno para mí y ayúdame a guardar la paz mientras espero en ti.

✳ Gracia sobre gracia ✳

Pero él da mayor gracia. Por esto dice: Dios resiste a los soberbios, y da gracia a los humildes. SANTIAGO 4:6

La gracia no solo constituye el favor inmerecido de Dios que nos provee del perdón y de la misericordia cuando pecamos, sino que además es su poder el cual nos permite hacer todo aquello que necesitemos hacer en la vida. Pero Él solo la da a todo aquel que sea lo suficientemente humilde para admitir que necesita ayuda. Todos necesitamos ayuda, pero una actitud orgullosa e independiente nos conducirá a tratar de hacer las cosas en nuestras propias fuerzas, en lugar de admitir nuestra incapacidad y depender completamente de Dios.

Debería cambiar "tratar" por "confiar". En vez de luchar y frustrarnos porque nuestros esfuerzos no producen lo que queremos, podemos pedir la ayuda de Dios desde el comienzo y durante cada cosa que emprendamos en la vida. Podemos aprender a confiar en Dios y, al hacerlo, se levantará la presión de nuestros hombros. Él puede hacer más en un instante que lo que nosotros podamos hacer en una eternidad. La fe como un grano de mostaza puede hacer más que toda la fuerza de voluntad y la autodeterminación en el mundo (vea Mateo 17:20).

La frustración siempre es igual a las obras de la carne; cuando tratamos de hacer en nuestras propias fuerzas y empeño aquello que solo Dios puede hacer. Somos colaboradores de Dios y, como tales, Él nos asignará cosas para hacer, pero no podremos llevarlas a cabo sin depender enteramente de Él; sin mencionar tratar de hacer cosas que Él ni siquiera nos haya mandado hacer. Por ejemplo, no es nuestro trabajo cambiar a nuestra familia y amigos, pero sí es nuestra responsabilidad orar por ellos y ser representantes de Cristo en todas nuestras interacciones con ellos.

Si está preparado para recibir ayuda, humíllese a sí mismo, admita que nada puede hacer sin Jesús y reciba su sabiduría, fortaleza y asistencia.

Oración: Separado de ti, Jesús, nada puedo hacer. Fracasaré completamente si tú no estás conmigo, por eso te pido tu ayuda y te glorificaré por cada logro que alcance.

✳ Plenitud de gozo ✳

Me mostrarás la senda de la vida; en tu presencia hay plenitud de gozo; delicias a tu diestra para siempre.

SALMO 16:11

Buscamos muchas cosas en la vida que creemos que nos darán gozo y placer, pero a menudo omitimos buscar lo único que nos dará *plenitud* de gozo. Si procuramos buscar primeramente a Dios como nuestra necesidad vital, su presencia nos permitirá gozar de las demás cosas; pero sin Él de algún modo no serán suficientes. Invite al Señor en todo lo que haga y hable con Él a lo largo del día. ¡Él es su gozo!

> Dios es nuestro todo, y sin Él nada somos.

Declaración: Buscaré primeramente a Dios como mi necesidad vital en la vida, y experimentaré plenitud de gozo.

✳ *Oraciones contestadas* ✳

Si algo pidiereis en mi nombre, yo lo haré. JUAN 14:14

Mi experiencia con Dios me ha enseñado que Él está interesado en todo lo que concierne a nosotros y le agrada ser parte de nuestras vidas si tan solo lo invitamos y le damos la bienvenida. Mi perra de doce años tuvo que ser sacrificada y realmente la extraño. Empecé a tener ganas de querer otro, pero para que tenga un perro con toda mi rutina de viajes, tendría que ser casi el perro perfecto: dulce, obediente, tranquilo, inteligente, fácil de adiestrar y capaz de estar en muchos lugares con muchas personas diferentes. Me dijeron que sería muy difícil de conseguir, pero las cosas difíciles y aun imposibles se vuelven sencillas cuando Dios obra a nuestro favor.

En efecto conseguí el perro perfecto, y me refiero a "perfecto". Mi historia, no obstante, no se trata en realidad sobre el perro sino más bien sobre el hecho de que Dios se interesa tanto por mis necesidades como para involucrarse. También se preocupa por usted y sus necesidades. Las mismas no tienen que ser "espirituales" para que Dios se interese. Esta verdad es una de las revelaciones más emocionantes sobre mi caminar con Dios. Disfruto completamente verlo obrar en mi vida en los detalles de cada día, muchos de los cuales son importantes solo para mí. No dejo de asombrarme de que el Dios de todo el universo se haya tomado el tiempo para hallarme el perro perfecto.

Llamé por un anuncio en internet, y la criadora *resultó* ser socia de nuestro ministerio y estaba dispuesta a cuidar el cachorro por cuatro semanas hasta que viajáramos hasta su zona para llevar a cabo una conferencia allí. Ella y toda su familia asistieron a la conferencia y su hija volvió a entregar su vida a Cristo. Dios nos estaba bendiciendo a cada uno de nosotros y todo comenzó a raíz de un perro. Le recomiendo que no haga nada sin involucrar a Dios; ¡y verá cosas asombrosas!

Oración: Gracias, Padre, por interesarte en cada área de mi vida y porque puedo pedirte que me ayudes con absolutamente todo. Levántate con poder en mi vida, Señor, y haz tu obra de manera sorprendente.

✳ *Demasiado ocupado para no orar* ✳

Jehová es mi fortaleza y mi escudo; en él confió mi corazón, y fui ayudado, por lo que se gozó mi corazón, y con mi cántico le alabaré.
SALMO 28:7

Estoy en una etapa de mi vida ahora mismo en la que siento que tengo demasiado por hacer. Estoy segura de que es mi culpa, y planeo esforzarme para que no se vuelva a repetir en el futuro, pero mientras tanto estoy comprometida con varias fechas límites con las que debo cumplir. ¿Qué puedo hacer para cumplir con todo y no terminar frustrada en el proceso?

Jesús dijo que si estamos trabajados y cargados nos acerquemos a Él (vea Mateo 11:28). Cuando estamos ocupados, solemos pensar que no tenemos tiempo para orar o estudiar la Palabra de Dios, pero es precisamente cuando debemos hacernos del tiempo. Escuché a un hombre decir que tenía mucho por hacer como nunca antes, así que decidió orar una hora extra al día. Cuando se le preguntó cómo podía encontrar el tiempo para orar con todo lo que debía hacer, respondió: "Es la única manera en que podré lograrlo. ¡Estoy demasiado ocupado para no orar!".

He aprendido que si confío en Dios y hago las cosas un día a la vez, Él me ayudará y me enseñará a manejar mi vida de una mejor manera en el futuro. La gracia que necesitamos siempre está disponible cuando la necesitemos, no antes. Quizá mire todo lo que tiene que afrontar en las próximas semanas y se sienta abrumado, pero ore más, confíe más en Dios, viva un día a la vez ¡y logrará hacer todo!

Oración: Padre, necesito tu ayuda para lograr hacer todo lo que me he comprometido a hacer. Quiero hacerlo sin frustración. ¡Ayúdame a ser más sabio en el futuro al momento de hacer planes!

✳ Esperar en Dios ✳

En Dios solamente está acallada mi alma; de él viene mi salvación. SALMO 62:1

Esta mañana, he pasado mucho tiempo leyendo, releyendo y reflexionando sobre esperar en Dios. Isaías prometió que los que esperan en Jehová tendrán nuevas fuerzas; correrán y no se cansarán (vea Isaías 40:31). En otras palabras, podrán hacer todo lo que necesiten hacer sin importar cuán difícil sea y aún tendrán fuerzas. Esto me suena muy bien, y estoy segura de que a usted también.

A menudo, nos cansamos de correr en nuestras propias fuerzas, pero nunca es suficiente, porque Dios nos ha creado de tal manera que le necesitemos. Dios espera que acudamos a Él y, cuando lo hacemos, siempre acude a nuestro socorro y nos concede la capacidad para hacer aquello que debamos hacer. Podemos vivir en la fortaleza de Dios si tomamos el tiempo para hacerle saber que le necesitamos y que nos rehusamos a actuar sin primeramente asegurarnos de su presencia y asistencia por medio de la fe.

Esperar en Dios implica buscarle a Él, contar con Él y tener esperanza en Él. Esperamos en Él para recibir fortaleza, sabiduría, creatividad y todo lo que necesitemos. Todas nuestras necesidades son suplidas en Él; por lo tanto, si le hemos buscado, tenemos todo lo que necesitamos. Jesús dijo: "Separados de mí no pueden ustedes hacer nada" (Juan 15:5 [NVI]). Tome algún tiempo cada mañana antes de comenzar sus actividades y siéntese en quietud en la presencia de Dios; susúrrele que lo necesita, que lo quiere y que lo desea más que a ninguna otra persona o cosa. Por fe, espere en su presencia y confíe en que recibirá la fuerza que necesita para llevar a cabo aquello que tiene que hacer en ese día o cualquier cosa que pueda surgir de improviso.

¡Recuerde que Dios espera que lo quieran! Búsquele,

porque Él ha prometido que aquellos que se acerquen a Él, no les echará fuera (vea Juan 6:37).

Oración: Padre, perdóname por todas las veces que he corrido en mis propias fuerzas y te he ignorado. Espero en ti para que me des las fuerzas para hacer todo lo que necesite hacer y convertirme en todo lo que tú quieres que yo sea.

✳ *Comportamiento santo* ✳

Este pueblo de labios me honra; mas su corazón está lejos de mí.
MATEO 15:8

No deberíamos asistir a la iglesia el domingo ni cantar alabanzas ni hacer oraciones, reconociendo nuestra fe en Dios, y luego pasar los días de semana comportándonos como el mundo. Jesús le dijo a su pueblo que no sean hipócritas, y eso significa que no debemos decir una cosa y después hacer otra. Somos llamados a ser adoradores, quienes adoran a Jesús todo el tiempo, no solo cuando nos encontremos en un entorno donde no nos rechazarán por hacerlo.

> No intente ser tan relevante para el mundo
> que se vuelva irrelevante para Dios.

Declaración: Buscaré a Dios con todo mi corazón y me esforzaré por asegurarme de que mis acciones estén en concordancia con mis palabras.

✴ El momento presente ✴

...y he aquí yo estoy con vosotros todos los días, hasta el fin del mundo.   MATEO 28:20

Si alguien le preguntara cuál ha sido el momento más importante de su vida, quizá piense en algún hecho grandioso o emocionante. Tal vez piense en el día de su boda o en el nacimiento de un hijo o en su graduación de la universidad o en el día en que recibió la salvación. Me gustaría sugerirle que si bien estos fueron momentos magníficos, no fueron los más importantes, porque el momento más importante de su vida en el momento presente. Este momento es cuando Dios es. Él es el gran "Yo Soy".

A menudo, pensamos en el pasado o el futuro, pero he descubierto a través de los años que pierdo la mayor parte de mi vida si no me dedico al presente. Puedo atravesar el día, pero no lo vivo verdaderamente si no me dedico a lo que actualmente haga.

Dios está siempre con nosotros. No hay ningún momento en nuestras vidas cuando Él no esté presente y, sin embargo, a menudo nos sentimos solos. No desperdicie su vida en busca de algo que ya tiene. ¡Dios está con usted ahora mismo! Créalo y comience a disfrutar cada momento. El momento presente puede no ser perfecto —incluso puede ser doloroso— pero reconocer que Dios está presente con usted lo confortará y lo animará. Lo fortalecerá para hacer aquello que necesite hacer y atravesar su día con valentía.

Descubrir a Dios en los detalles más pequeños de su vida tal vez sea lo más grandioso que le haya ocurrido jamás.

Oración: Padre, lamento haberme perdido tantos momentos contigo, pero te pido que me ayudes a vivir en tu presencia cada momento que me queda. Que pueda cada instante ser especial, y ayúdame a recordar siempre que tú estás conmigo en todo momento y que jamás me dejarás.

99

✳ Oportunidades divinas ✳

El corazón del hombre piensa su camino; mas Jehová endereza sus pasos. PROVERBIOS 16:9

Cuando su día no resulta como lo había planeado, ¿se irrita porque algo o alguien lo ha interrumpido? A veces yo también. ¿Y si vemos estos cambios de planes como oportunidades divinas en lugar de interrupciones irritantes? ¿Podría ese llamado de último momento de parte de un amigo pidiéndonos ayuda ser una oportunidad para servir a Cristo?

No hay nada de malo con tener un plan, de hecho, creo que es prudente tenerlo, pero deberíamos estar dispuestos a abandonar nuestros planes en cualquier momento y seguir a Dios. A menudo, nos ofrece oportunidades para ayudar a otros o para seguirle en una aventura que traerá bendición a nuestras vidas, pero fácilmente podemos pernos del plan que Él diseñó para nosotros si no estamos dispuestos a soltar las riendas de nuestra vida y entregárselas a Dios.

También hay ocasiones que aquello que parece una interrupción es en realidad la protección de Dios contra algún peligro oculto, con el cual nos enfrentaríamos si continuásemos por el camino que habíamos planeado. ¿Puede acaso el tráfico pesado que trastorna nuestro plan salvarnos de ser víctimas de un accidente? ¿Podría la demora en el aeropuerto ser una bendición encubierta? La respuesta a estos ejemplos es sí, si confiamos en Dios con cosas semejantes y creemos que en su mano está nuestro tiempo (vea Salmo 31:15), gozaremos de una paz mayor y tendremos menos estrés.

Oración: Padre, ayúdame a seguir tu guía en todo tiempo. Quiero que tu voluntad sea hecha en mi vida y siempre estar dispuesto para ti cuando me necesites. ¡Ayúdame a nunca perder una oportunidad divina contigo!

✳ *El poder de Dios* ✳

Pero él da mayor gracia.   SANTIAGO 4:6

Dios me reveló esta escritura en un tiempo de mi vida cuando estaba a punto de dejar de creer en que mi vida podía ser transformada y convertirme en la persona que sabía que Dios quería que fuera. Trataba de cambiarme a mí misma en lugar de depender del Espíritu Santo. Quisiera animarlo a que pida por gracia, gracia y mayor gracia cada día, y vea el obrar de Dios a su favor, haciendo aquello que para usted era imposible.

> La gracia es el poder del Espíritu Santo para hacer con facilidad aquello que usted nunca podría hacer en sus propias fuerzas sin dificultad ni esfuerzo alguno.

Declaración: No puedo cambiarme a mí mismo, pero por gracia de Dios soy transformado.

✳ Dios lo oye ✳

Jehová ha oído mi ruego; ha recibido Jehová mi oración.
SALMO 6:9

¿Alguna vez se ha preguntado si Dios oye sus oraciones? Cuando Él parece tomarse mucho tiempo en responder, es fácil dudar. Es bueno recordar que una demora no es una negación. Tenga por seguro que Dios escuchó su oración y que Él responderá a su debido tiempo.

Algunas respuestas a nuestras oraciones llegan muy rápido, pero por razones que no podemos plenamente comprender, otras pueden tomar años para ver su cumplimiento. Oré para que mi padre aceptara a Cristo por casi treinta años antes de que finalmente lo hiciera.

¿Está esperando alguna respuesta ahora mismo? De ser así, lo animo a recordar que Dios escuchó su oración y, si bien puede tomarse más tiempo del que quisiera, ¡Él nunca llega tarde!

Oración: Padre, gracias por siempre oír mis oraciones. Ayúdame a recordar que una demora no siempre constituye una negación.

✳ Decida no quejarse ✳

Haced todo sin murmuraciones y contiendas...

FILIPENSES 2:14

Ayer por la noche estaba recostada en mi cama y de pronto sentí una necesidad imperiosa de arrepentirme por cualquier tipo de queja que haya manifestado en mi vida. Estuve mirando una película en la cual el personaje principal había sufrido una gran tragedia y atravesado por dificultades tremendas y, sin embargo, decidió mantener una actitud positiva. A veces solemos quejarnos y murmurar ante el menor inconveniente y dificultad y, en realidad, son nada en comparación con lo que algunas personas padecen.

Dentro de algunos días emprenderé un viaje misionero a África y ya sé que presenciaré sufrimientos y carencias inimaginables. Siempre es bueno realizar estos viajes para recordar cuán bendecida soy y renovar mi determinación de vivir mi vida para ayudar a otros.

¿Se queja por cosas que no son tan importantes en un contexto más amplio de la vida? ¿Es usted, en realidad, extremadamente bendecido, pero ha caído en la trampa de enfocarse en lo que no tiene en lugar de lo que sí tiene? A veces también me sucede, por eso agradecí que el Señor me recordara dar gracias en todo (vea 1 Tesalonicenses 5:18) y sé que Él aborrece la queja. Comprometámonos a ser agradecidos cada día de nuestras vidas y expresarle a Él nuestra gratitud.

Oración: Padre, perdóname por toda queja en mi vida, y ayúdame a darme cuenta de cuán bueno tú eres para mí. Quiero ser extremadamente agradecido por todas las bendiciones que me has dado.

✳ Así también haga con otros ✳

Así que, todas las cosas que queráis que los hombres hagan con vosotros, así también haced vosotros con ellos...
MATEO 7:12

Anoche estuve despierta por algunas horas debido al desfase horario del viaje a África, y mientras yacía en la oscuridad, las palabras de Jesús —"Y como queréis que hagan los hombres con vosotros, así también haced vosotros con ellos"— vinieron a mi mente. Medité en ellas hasta quedarme dormida, y entonces esta mañana continué reflexionando al respecto. Abrí mi Biblia y estudié este pasaje y su contexto, y recibí entendimiento sobre esta escritura; la misma está conectada con las respuestas a nuestras oraciones.

Antes de la porción sobre cómo debemos tratar a otros, encontramos una invitación de parte del Señor Jesús a pedir, a buscar y a llamar. También promete que los que piden recibirán buenas cosas. Recibiremos, hallaremos y las puertas serán abiertas (vea Mateo 7:7–8). Él nos asegura de su bondad y buena disposición para ayudarnos y luego declara: "Así que, todas las cosas que queráis que los hombres hagan con vosotros, así también haced vosotros con ellos" (Mateo 7:12). La frase "así que" significa que existe una conexión entre las respuestas a nuestras oraciones y la manera en que tratamos a otras personas.

Creo que nos sorprendería la diferencia que habría en todos los aspectos de nuestra vida si verdaderamente tratáramos a otros de la manera que nos gustaría que nos traten. De seguro, cambiarían muchas cosas sobre nuestra manera de responder y de vivir nuestra vida. De hecho, ¡cambiaría el mundo! He decidido concentrarme más en este aspecto, y oro para que usted me acompañe. A la Escritura se la suele llamar la Regla de Oro, pero yo prefiero llamarla la "Llave de Oro" la cual librará y soltará las bendiciones de Dios en nuestras vidas.

Oración: Padre, ayúdame a tratar a las personas como me gustaría que me traten. Perdóname por fallar en el pasado en esta área tan importante y concédeme un nuevo comienzo. Necesito de tu gracia porque sé que volveré a fracasar sin tu ayuda.

✳ Ayudar a los huérfanos ✳

Y cualquiera que reciba en mi nombre a un niño como este, a mí me recibe.   MATEO 18:5

Al escribir estas líneas, me encuentro en Madagascar, ministrando a niños quienes viven en las calles porque carecen de un hogar. Algunos viven con sus padres, pero la mayoría de ellos son huérfanos. Comen lo que pueden juntar, duermen en cualquier sitio, están sucios más de lo que podríamos llegar a imaginar y usan ropas andrajosas y mugrientas. En la ciudad, se afirma que hay más de cincuenta mil niños como estos.

Tuvimos el privilegio de ser anfitriones de un evento que convocó a más de cuarenta mil de estos niños en el cual compartimos el evangelio mediante representaciones teatrales, los alimentamos, les otorgamos artículos de higiene personal y cada uno recibió una chaqueta para los meses de invierno. Asimismo organizamos puestos de servicios médicos móviles especialmente para ellos, y nuestro equipo les lavó los pies a más de mil niños y se les entregaron zapatos nuevos.

Debo decir que he estado en muchos lugares alrededor del mundo y he visto cosas despreciables, pero esta es una de las peores. Hoy, en nuestro último día con ellos, por la gracia y misericordia de Dios, inauguramos un albergue el cual hospedará a cincuenta de estos niños desafortunados. Allí recibirán una ducha, podrán usar las instalaciones de los baños, comer dos comidas al día y tener ropa limpia. En la inauguración, de hecho, se les tuvo que enseñar a muchos niños a lavarse las manos antes de la comida en los lavabos que proveímos y conducirlos a la fila de la comida.

Debemos responder ante esta situación desesperante, la cual no es un hecho aislado en Madagascar, sino que se repite en muchos lugares alrededor del mundo. Necesitamos responder con oración, con ayuda y con un mayor agradecimiento por la vida maravillosa que le fue dada.

Antes de volvernos a quejar, seamos agradecidos de que sabemos cómo lavarnos las manos y que no estamos durmiendo a orillas de un camino de tierra cubiertos con plásticos, papel o cartón.

Oración: Oh, Dios, por favor conforta y provee para los niños sin hogar, hambrientos y solos. Muéstrame qué puedo hacer para marcar una diferencia y ayúdame a darme cuenta que al hacerlo, te estoy ministrando a ti. ¡Gracias por las bendiciones más insignificantes en mi vida!

✳ Enfóquese en Jesús ✳

Deléitate asimismo en Jehová, y él te concederá las peticiones de tu corazón. SALMO 37:4

Pídale a Dios lo que usted quiera y luego enfóquese en amarle y servirle en lugar de aquello que quiere que Él haga por usted. Busque la presencia de Dios, ¡no sus presentes! ¡Su rostro, no sus manos! Cuando busca el rostro de Dios (su presencia), hallará que su mano siempre está abierta para usted.

> ¡Anhele y busque a Dios como un hombre hambriento quien ansía y desespera por la comida!

Declaración: Busco a Dios con todo mi corazón y como mi primera necesidad, y Él me concederá los deseos de mi corazón.

✳ Libres ✳

…me ha enviado…a publicar libertad a los cautivos, y a los presos apertura de la cárcel.   ISAÍAS 61:1

Le escribo desde Namibia, África, mientras me preparo para visitar una cárcel de hombres. Intentaré compartirles que pueden estar en la cárcel pero aún ser libres y que muchas personas en el mundo, si bien no están en una cárcel, son prisioneros.

Yo fui prisionera la mayor parte de mi vida porque estaba llena de temor, culpa, vergüenza, amargura y odio, incluso de autodesprecio. No vivía tras barrotes de hierro, pero definitivamente era prisionera de esas emociones que me atormentaban. Si usted o alguien que conozca está atado a tales cosas, puede ser libre. Jesús vino para darnos libertad y ayudarnos a descubrir y a disfrutar de una nueva vida; una vida abundante y llena de gran gozo (vea Juan 10:10).

Espero poder animar a los hombres en la cárcel con las Buenas Nuevas del evangelio. También espero animarle a usted a saber que mientras continúe en la Palabra de Dios, conocerá la verdad y la verdad lo hará libre (vea Juan 8:31–32). No importa cuáles sean sus circunstancias, si tiene libertad en su corazón y en su mente, entonces es verdaderamente libre. Examine su corazón y pídale a Dios que lo ayude con cualquier emoción perturbadora que lo mantenga cautivo. Si su alma fue quebrantada debido a experiencias dolorosas en su pasado, ¡Jesús lo sanará y lo librará!

Oración: Padre, gracias por Jesús quien vino a hacernos libres, y reclamo esa libertad para cada área de mi vida. Muéstrame las áreas en las que tú quieres obrar y ayúdame a cooperar con el Espíritu Santo cuando traiga sanidad y libertad a mi vida.

✳ *Nunca diga "nunca"* ✳

Jesús le dijo: Yo soy el camino, y la verdad, y la vida; nadie viene al Padre, sino por mí.   JUAN 14:6

A menudo, oigo que la gente dice: "De ninguna manera va a funcionar" o "No hay manera de que pueda lograrlo" o "Nunca voy a salir de las deudas". He dicho frases similares en mi vida, pero tales declaraciones son incorrectas, ¡porque Jesús es el camino! Para los hombres, muchas cosas son imposibles, pero para Dios *todo* es posible (vea Mateo 19:26).

¿Se encuentra ahora mismo enfrentando una situación aparentemente imposible? En caso afirmativo, no se desanime ni diga: "¡No hay salida!" Isaías dijo que Dios incluso abriría camino en el desierto, y ríos en la soledad (vea Isaías 43:19). Siempre hay una respuesta a cualquier problema cuando Jesús obra a su favor. Nuestra tarea es creer, y cuando creemos, Dios obrará y nos maravillaremos al presenciar las cosas que solo Él puede hacer.

Después de haber sido abusada sexualmente por muchos años por mi padre y abandonada por mi madre, creí que no había manera de que pudiera volver a tener una vida feliz y normal, pero estaba equivocada. ¡Dios sana al quebrantado de corazón! Él hace nuevas todas las cosas y nos da una vida digna. ¡Solo crea, y verá la gloria de Dios! (Vea Juan 11:40).

Dude de sus dudas, enfrente sus temores y cuando todos los motivos humanos de esperanza se hayan desvanecido, ¡espere en fe que Dios abrirá camino!

Oración: Gracias, Jesús, porque tú siempre abres caminos, incluso cuando no parece haber una salida. Tú eres el "Creador de los caminos".

✳ Siga la paz ✳

Apártate del mal, y haz el bien; busca la paz, y síguela.
SALMO 34:14

La paz es una de las cosas más valiosas que podamos tener, pero si la queremos, debemos buscarla y seguirla. Pasé una gran parte de mi vida queriendo que mis circunstancias y las personas a mi alrededor cambiaran a fin de tener paz, y con el tiempo aprendí que podía incrementar mi paz en gran manera si estaba dispuesta a adaptarme a las personas y a las circunstancias.

¿Qué cambios podría hacer los cuales le darían más paz de inmediato?

¡Dios está más interesado en cambiarlo a usted, de lo que está en cambiar sus circunstancias!

Declaración: Estoy dispuesto a cambiar lo que Dios me muestre que cambie porque significa que puedo tener más paz.

✳ *Poder* ✳

Jehová dará poder a su pueblo; Jehová bendecirá a su
pueblo con paz.   SALMO 29:11

Es maravilloso tener la confianza de que sin importar lo que necesitemos hacer en la vida, Dios nos fortalecerá y nos dará poder para llevarlo a cabo. Todos tenemos debilidades, pero el poder de Dios también está disponible para todos. Le pido a Dios su poder cada día a primera hora de la mañana y, en ocasiones, más de una vez al día. Quizá sea temprano en la mañana y aún no sepa qué acontecerá en mi vida ese día, pero sí sé que necesito el poder de Dios para afrontar cualquier situación.

Cuando simplemente "tratamos" de ser fuertes, siempre al final fracasaremos, pero si confiamos en que Dios es fuerte en nosotros, nuestras fuerzas nunca se agotarán. Desconozco lo que usted pueda estar atravesando en este día, pero sí sé que Dios lo ama y está presto para ayudarle. ¡Quiere darle poder y bendecirlo con su paz! Tome algunos minutos varias veces al día y espere en Dios para que le dé poder, capacidad y sabiduría. Los que esperan a Jehová tendrán nuevas fuerzas (vea Isaías 40:31). Y todo lo podrá en Cristo quien lo fortalece (vea Filipenses 4:13).

Oración: Padre, me complace saber que siempre puedo depender de tu poder. ¡Ayúdame a recordar que separado de ti, nada puedo hacer!

✳ Los pensamientos y las palabras ✳

Sean gratos los dichos de mi boca y la meditación de mi corazón delante de ti, oh Jehová, roca mía, y redentor mío.
SALMO 19:14

Cuanto más nuestros pensamientos y nuestras palabras estén alineados con la voluntad de Dios, mejor será nuestro día. El poder de los pensamientos y de las palabras es verdaderamente asombroso, y Dios nos exhorta en muchos pasajes de su Palabra a escoger ambos con prudencia.

¡Piense en esto! ¿Cuán diferente sería su día si todos sus pensamientos y sus palabras fueran agradables, gratos y llenos de fe? ¿Y si pudiéramos vivir nuestro día sin pronunciar ni una palabra de queja? ¿Y si acaso no halláramos defecto alguno en las personas, pero en cambio le diéramos a cada persona que se cruzara en nuestro camino un cumplido? ¡Creo que la vida sería realmente asombrosa! Estoy convencida de que disfrutaríamos nuestro día más de lo que imaginamos.

La muerte y la vida están en poder de la lengua (vea Proverbios 18:21) y como el hombre piensa en su corazón, tal es él (vea Proverbios 23:7) ¡Vaya! No me extraña que David haya orado que los dichos de su boca y los pensamientos de su corazón fueran gratos a Dios. A menudo, hago la misma oración, y lo animo a que me acompañe. Dos de las tantas maneras en que podemos glorificar a Dios son a través de nuestros pensamientos y de nuestras palabras, y por medio de su gracia sublime, ¡podemos hacerlo!

Oración: Padre, te pido que me ayudes a resistir la tentación de pensar y decir cosas que estén llenas de muerte. En cambio, ¡permíteme pensar y declarar la vida! Te entrego mi mente y mis labios a ti y te pido que los llenes con tu sabiduría.

✳ La palabra de Dios ✳

Porque la palabra de Dios es viva y eficaz…

HEBREOS 4:12

He estado meditando acerca del poder de la palabra de Dios esta mañana y de todos los cambios que he visto en mi vida y en miles de otras vidas a causa de ella. Jesús es el Verbo hecho carne, por tanto, cuando leemos, estudiamos y meditamos en la Palabra de Dios, estamos en comunión con Jesús. Cuando su Palabra se vuelve parte de nosotros, somos transformados a su imagen (vea 2 Corintios 3:18). Su Palabra tiene un poder inherente que nos hace cambiar.

La Biblia nos instruye a meditar en la Palabra de Dios, lo cual simplemente significa pensar acerca de ella, escudriñarla cuidadosamente, declararla y saber que al hacerlo, renueva nuestras mentes y nos enseña a pensar como Dios piensa. Nuestros pensamientos son de extrema importancia porque preceden nuestras palabras y todas nuestras acciones. Dios tiene planes de bien para cada uno de nosotros, y veremos su cumplimiento por medio de la renovación de nuestro entendimiento (vea Romanos 12:2).

Nos resulta muy fácil meditar en nuestros problemas. ¡Lo llamamos preocupación! Es un hábito dañino el cual fácilmente se puede eliminar de nuestras vidas al aprender a meditar en la Palabra de Dios. Cada vez que una preocupación o un temor entre a su mente, encuentre una escritura que le enseñe que Dios se encargará del problema por usted y medite en ello en lugar de preocuparse. Por ejemplo, si está teniendo dificultades financieras, puede preocuparse día y noche sobre ello o puede pensar en lo que dice la Palabra de Dios con respecto a su cuidado:

Echando toda vuestra ansiedad sobre él, porque él tiene cuidado de vosotros (1 Pedro 5:7)

La Palabra de Dios tiene una respuesta para cada una

de nuestras necesidades. Hoy me propongo pasar mucho tiempo pensando sobre el poder que tiene la Palabra de Dios, y espero que usted quiera acompañarme. La Palabra de Dios contiene el poder que necesitamos para ser exitosos en todas las áreas de nuestra vida.

Oración: Padre, ayúdame a tener autodisciplina para meditar en tu Palabra. Permite que se convierta en un hábito en mi vida. Te pido que continúes enseñándome tu Palabra y por consiguiente renovando mi entendimiento.

✳ Permita que Dios lo ayude ✳

Encomienda a Jehová tu camino, y confía en él; y él hará.
SALMO 37:5

Mi suegra me obsequió mi primera Biblia hace cuarenta y nueve años y dentro de la portada escribió el Salmo 37:5. No tenía idea acerca de lo que significaba y terminé teniendo por lo menos veinte años muy frustrantes, antes de aprender que preocuparme y afanarme no resuelven nada excepto volvernos miserables. Si se encuentra preocupado por algo, no pierda su tiempo. Entrégueselo a Dios y permita que Él se encargue.

> ¡La preocupación y el apresuramiento son el dúo que puede robarle la salud!

Declaración: ¡Por la gracia de Dios, no estaré preocupado ni estaré apurado!

✳ Gracia y paz ✳

Gracia y paz a vosotros, de Dios nuestro Padre y del Señor
Jesucristo.   FILIPENSES 1:2

Cuando comencé mi tiempo de oración esta mañana, le pedí al Señor que hablara a mi corazón algo importante para mi vida. El pensamiento que oí en mi corazón fue: *Ten paz, ¡siempre ten paz!*

Muchas veces, las cartas escritas por el apóstol Pablo a la Iglesia y a otros apóstoles comienzan con: "Gracia y paz os sean multiplicadas, en el conocimiento de Dios y de nuestro Señor Jesús". Las palabras pueden variar, pero el mensaje es el mismo: la paz siempre es precedida por la gracia. ¡La gracia de Dios nos da paz! Se puede definir la gracia de muchas formas. Es el favor inmerecido y la bendición de Dios. Yo la suelo definir como el poder de Dios que viene a nosotros gratuitamente para ayudarnos a hacer con facilidad lo que nunca podríamos lograr por nosotros mismos. La gracia se manifiesta como el perdón, la misericordia, la fortaleza para nuestras debilidades y probablemente en miles de maneras diferentes.

A causa de su gracia, Dios perdona nuestros pecados, y eso nos conduce a tener paz con Él y libertad de culpa. Por la gracia, podemos enfrentar nuestras debilidades y aún saber que Dios nos ama y que nuestras debilidades no nos descalifican para su reino. Quisiera sugerirle que se examine a sí mismo si no tiene paz en algún área de su vida. De ser así, entonces atrévase a creer que la gracia de Dios (bondad, favor y poder) es suficiente para suplir esa necesidad por medio de su fe en Cristo.

Si no tiene paz sobre su propio crecimiento espiritual, puede entregarle su proyecto de reconstrucción a la gracia de Dios, porque solo Él puede verdaderamente cambiarnos. Si anhela ver cambios en sus seres amados o en sus

117

circunstancias, ellos también deben volverse a Dios. Pídale a Dios todo lo que necesite y confíe en sus tiempos. Afortunadamente, no tenemos que ser perfectos para recibir la ayuda de Dios. La gracia también puede definirse como las riquezas de Dios a expensas de Cristo, y eso es exactamente lo que Dios ha dispuesto para nosotros a diario por medio de la fe.

Oración: Padre, te agradezco por la gracia que conduce a la paz. Ayúdame a recibir siempre tu gracia en lugar de luchar en mis propias fuerzas.

✳ ¡Dios está obrando! ✳

*Estando persuadido de esto, que el que comenzó en vosotros
la buena obra, la perfeccionará hasta el día de Jesucristo.*

FILIPENSES 1:6

¡Buenas noticias! Usted no tiene que esforzarse para hallar la perfección. Somos perfeccionados en Cristo y Él está obrando en nosotros de continuo, ayudándonos a que su carácter sea cada vez más manifiesto. Dios nos ama justo donde estamos y camino hacia donde Él sabe que estaremos. Él ve el final desde el principio y conoce todas las cosas. Dios ve y conoce aspectos de nuestras vidas que aun nosotros mismos no nos hemos dado cuenta, y está completamente comprometido a terminar la obra en nosotros, la cual comenzó en el momento que colocamos nuestra fe en Él y lo recibimos como nuestro Salvador. Puede descansar al saber que no hay nada acerca de usted que sorprenda a Dios. ¡Él sabe todas las cosas y lo ama de todos modos!

Qué reposo bendito hallamos al saber que incluso en nuestro peor día Dios continúa haciendo su obra y jamás nos abandonará. Nuestro deber es creer y el deber de Dios es obrar en nosotros y a través de nosotros. Ya sea que se mire a sí mismo y considere los cambios que desee para su vida o mire a otros por quien haya estado orando, ¡Dios ha prometido terminar aquello que comenzó!

Disfrute hoy su vida exactamente donde está o, como suelo decir: "Disfrute donde está, camino a donde va".

Oración: Padre, gracias por nunca perder la fe en mí y por obrar en mi vida a diario para ser transformado a tu imagen. Ayúdame a confiar y a disfrutar mi reposo en ti.

119

✳ ¡La fortaleza de Dios en usted! ✳

Para que os dé, conforme a las riquezas de su gloria, el ser
fortalecidos con poder en el hombre interior por su Espíritu.
EFESIOS 3:16

Cuando nuestro hombre interior es fuerte —en determinación, pensamientos y actitudes— al igual que en la fe, podemos lograr lo que nos propongamos en la vida. Esta es
una oración que hago casi a diario para mi familia y para
mi vida. No solo "trate" de ser fuerte, sino acuda a Dios por
su fortaleza, sabiendo que por medio de Él no hay nada que
no pueda hacer.

> Cuando el Espíritu Santo mora en nuestro interior,
> su fortaleza se manifestará en nuestro exterior.

Declaración: ¡Dios me llena con sus fuerzas a diario, y
todo lo puedo hacer con gozo!

❋ Consuelo divino ❋

En la multitud de mis pensamientos dentro de mí, tus consolaciones alegraban mi alma.   SALMO 94:19

Esta mañana, mi corazón está entristecido. A una amiga mía le informaron esta semana que tiene cáncer. Es bastante grave y, al momento, el pronóstico es incierto. Ella y su esposo tienen dos hijos jóvenes y ambos están entre la mitad y finales de los treinta. Es trágico, como mínimo.

Cuando nos enteramos de noticias como estas, ¿cómo deberíamos responder? Mi primera reacción fue llamar a su esposo, quien ha trabajado para nosotros desde que tenía diecisiete años. Después comencé a orar, lo cual lo he estado haciendo varias veces al día. Cada vez que vienen a mi mente —que sucede con frecuencia— ¡oro! Oro para que el consuelo divino de Dios y su gracia tomen el control de esta situación. Oro por sanidad (preferiblemente un milagro), los doctores adecuados, el diagnóstico preciso y sabiduría para las decisiones que tenga que tomar la familia. Me ofrecí a hacer todo lo que esté a mi alcance para ayudarlos, aunque sé que no hay mucho que pueda hacer excepto "estar presente".

Les prometí que estaríamos a su lado en cada etapa del camino, y creo que eso significa más para la gente de lo que podamos comprender. No tenemos que sentir la presión de dar respuestas o consejos cuando no los tenemos. Una de las maneras de ayudar a las personas quienes están sufriendo es no "olvidarnos" de ellos en su dolor, especialmente si aquello por lo que están atravesando llevará algún tiempo.

La Palabra de Dios nos enseña que somos más que vencedores (vea Romanos 8:37) y yo creo que es verdad. Para mí, significa que podemos tener la certeza de que incluso antes de que comiencen las dificultades, al final tendremos la victoria, y Dios nos confortará en todo tiempo. Él nos facultará, nos fortalecerá y nos sostendrá en cada paso del camino. Sí, lloramos, sentimos un dolor inimaginable y podemos sentirnos confundidos y hacer preguntas que no tendrán respuestas en ese momento, pero en medio de nuestra aflicción, Dios está allí, dándonos la seguridad de que nos ama.

Oración: Padre, te pido que consueles a todos aquellos que hoy están sufriendo. Tú eres aquel quien nos conforta en nuestra aflicción, y confiamos en que nos concederás gracia sobre gracia para mantenernos firme, aun en medio de la aflicción.

✳ Falta algo ✳

...y no sólo ella [la creación], sino que también nosotros mismos, que tenemos las primicias del Espíritu, nosotros también gemimos dentro de nosotros mismos, esperando la adopción, la redención de nuestro cuerpo.

ROMANOS 8:23

Debo admitir que a veces siento que algo le falta a mi vida y no sé realmente qué es. Luego me siento frustrada conmigo misma porque soy increíblemente bendecida en tantas maneras y pienso que no debería sentir que necesito o quiero "más" para estar satisfecha por completo.

Después de mucho reflexionar y orar al respecto, me complace decir que Dios me ha dado entendimiento y ahora tengo paz. Fuimos creados para estar en el huerto (vea Génesis 2:7–8), ¡pero vivimos en el mundo! Anhelamos el cielo, nuestro verdadero hogar, y nunca nos sentiremos cien por ciento establecidos hasta ver a Cristo y vivir en su presencia. Mientras vivamos en este mundo, es como si estuviéramos en un largo viaje, viviendo en un motel y anhelando llegar a casa.

Fuimos creados para la perfección y, no obstante, se nos asignó estar en un lugar donde nada ni nadie, incluyéndonos a nosotros, es perfecto. Dado que fuimos creados para la perfección, cada vez que somos confrontados con la imperfección, sentimos una decepción la cual he aprendido que no está mal sentir. Cuanto más comprendamos esta verdad, mayores serán las posibilidades de disfrutar lo que tenemos y de amar a las personas, incluso con sus imperfecciones.

Oración: Padre, gracias porque algún día volveré a casa y, hasta entonces, tenemos con nosotros la presencia del Espíritu Santo, trayéndonos a memoria la perfección que ha de llegar.

✳ Los pacificadores ✳

*Bienaventurados los pacificadores, porque ellos serán llamados
hijos de Dios.*   MATEO 5:9

Un pacificador es alguien que obra a favor y guarda la paz.
Comprenden cuán vulnerable es la paz y son agresivos en
mantenerla. Si deseamos vivir en paz, no podemos pretender que los demás se adapten a nosotros; en cambio, debemos estar dispuestos a adaptarnos a ellos, especialmente
en asuntos que no son muy importantes cuando se consi-
deran las demás cosas. Por ejemplo, ¿vale la pena prolongar
una discusión solo para que usted tenga la última palabra
o para demostrar que "está en lo correcto" cuando suscite
alguna discrepancia? Es mejor humillarse a sí mismo y permanecer pacífico, lo cual es la voluntad de Dios. Será una
hija o un hijo maduro y abrirá las puertas para mayores bendiciones en su vida.

"Paz = Poder" y "Falta de paz = Falta de poder".

Declaración: ¡Seré un hacedor y guardador de la paz
en todo tiempo!

✻ Vivir en la verdad ✻

. . . sino que siguiendo la verdad en amor, crezcamos en todo en aquel que es la cabeza, esto es, Cristo.

EFESIOS 4:15

Satanás es un engañador, y su objetivo es evitar que caminemos en la verdad. Mas Jesús vino para que conozcamos la verdad, y Él dijo que la verdad nos haría libres (vea Juan 8:32).

Cuando comencé a estudiar la Palabra de Dios, descubrí que mi vida estaba edificada en el engaño y en la mentira. Creía muchas cosas que simplemente no eran verdad, sin embargo, eran verdad para mí porque yo las creía. ¡Las mentiras se convierten en nuestra realidad si las creemos! Por ejemplo, creía que nunca podría superar mi pasado, pero la Palabra de Dios me enseñó que podía olvidar lo que quedaba atrás y aprender a disfrutar de la vida que Dios había planeado para mí (vea 2 Corintios 5:17).

Es fundamental conocer la verdad y aplicarla en nuestras vidas. Asimismo, es importante decir siempre la verdad y ser honestos con nosotros mismos sobre nuestras intenciones y acciones. Toda persona que se comprometa a "vivir en la verdad" descubrirá muchas cosas acerca de sí misma, algunas de las cuales podrían no ser agradables. Si bien a veces es difícil enfrentar la verdad, también es maravilloso ser libre de toda mentira y engaño. Pasé muchos años culpando a otros por mis problemas, pero la verdad era que yo tenía una mala actitud y cargaba con mucha amargura de mi pasado. Fue doloroso enfrentarla, pero esa verdad con el tiempo me hizo libre y trajo sanidad a mi vida.

Lo animo a que me acompañe a orar a diario, para que Dios nos revele la verdad en cada situación y nos conceda el valor para enfrentarla. Hace algunos días, Dave y yo tuvimos una conversación acalorada, y yo estaba convencida

125

de que había sido su culpa hasta que le pedí a Dios que me mostrara la verdad en esa situación. Cuando lo hice, Dios me reveló que yo había creado la situación al expresar muchas cosas que eran totalmente inservibles y que puse a Dave a la defensiva. Eso no era lo que quería escuchar, ¡pero me ayudará a no volver a cometer el mismo error! La verdad es muy valiosa. ¡Comprometámonos a vivir en la verdad!

Oración: Padre, te pido que me reveles la verdad en cada situación de mi vida y que pueda tener el valor para enfrentarla. ¡Gracias!

✳ Dios en nuestros pensamientos ✳

Amarás al Señor tu Dios con todo tu corazón, y con toda tu alma, y con toda tu mente.　　　MATEO 22:37

Mientras estudiaba sobre estar cerca de Dios, recordé que Él siempre está a solo un pensamiento de distancia. Podemos estar con Dios en cualquier momento solamente con pensar en Él. Dios quiere que pensemos en Él, y sus pensamientos hacia nosotros son más que los granos de arena de todas las playas en el mundo (vea Salmo 139:17–18). ¡Esos son muchos pensamientos!

A través de nuestra mente podemos vivir en interacción consciente con Dios. Podemos acercarnos a Él en cualquier momento al conversar con Él o al pensar en Él. A veces dejo de hacer lo que estoy haciendo y simplemente pienso: *¡Dios está aquí ahora mismo!* Después tomo un momento para incorporar lo que eso significa para mí. Dios está con nosotros, pero si nunca o rara vez tenemos el conocimiento consciente de su presencia, es como si Él no estuviera allí en absoluto.

Algunos factores sobre los que puede pensar serían lo último que puede recordar que Dios haya hecho por usted o todas las bendiciones en su vida. También puede pensar en su carácter. Él es bueno, justo, misericordioso, compasivo, sufrido, paciente y sabio, ¡y de hecho una persona muy divertida! Dios es su amigo, por tanto, le recomiendo que piense en Él con frecuencia y hable con Él acerca de todo. ¡Él siempre está interesado en usted y en lo que tenga para decir!

Oración: Padre, quiero vivir y gozar de tu presencia. Ayúdame a hablar contigo en todo tiempo y a pensar en ti.

❉ ¡Nunca se rinda! ❉

Porque siete veces cae el justo, y vuelve a levantarse...
PROVERBIOS 24:16

Tengo un cartel decorativo en mi hogar el cual dice: "¡Nunca, nunca, nunca se rinda!". Cada vez que lo miro, me alienta y me recuerda de la importancia de ser una persona determinada, para continuar haciendo aquello que sé que fui destinada para hacer. Todos tenemos momentos cuando sentimos que no podemos continuar y se levanta la tentación para que nos rindamos. Satanás estaría encantado si lo hiciéramos, pero podemos decidir decepcionarlo. Una vez oí que la palabra "resistir" significa "aguantar más que el diablo". ¡Me agrada ese pensamiento! El apóstol Pablo nos enseña a vestirnos de benignidad pase lo que pase (vea Colosenses 3:12). Suena desafiante, ¡pero podemos lograrlo!

Si hoy se encuentra en aflicción o quizá sintiéndose débil en su determinación de perseverar a causa de ciertos problemas que se han prolongado más de lo esperado, lo animo a enfocar su mente en las cosas de arriba (vea Colosenses 3:2), a fin de que nunca, nunca, nunca se rinda. Cuando fijamos nuestros pensamientos en la dirección correcta, ¡somos muy difíciles de vencer!

Incluso si ocasionalmente tiene un día emocional, no se sienta condenado, solo vuelva a levantarse y continúe avanzando. ¡No importa cuántas veces caigamos, nos volveremos a levantar, y Dios estará con nosotros para ayudarnos a alcanzar nuestros objetivos!

Oración: Padre, tú eres mi fortaleza, y te necesito en cada momento. Ayúdame a nunca rendirme y a siempre ser renovado en tu presencia.

✳ Vencer la duda ✳

Pero pida con fe, no dudando nada...   SANTIAGO 1:6

Cuando tome una decisión, no comience a dudar de sí mismo y luego termine cambiando de parecer varias veces hasta volverse completamente confundido. No permita que el temor a equivocarse o a cometer un error lo lleve a ser indeciso. ¡Haga su mejor esfuerzo para decidir y luego avance! Incluso si comete un error, no será el fin del mundo. Puede aprender de sus errores y volver a intentarlo.

> El hombre de doble ánimo es
> torturado por su indecisión.

Declaración: ¡Tomaré decisiones devotas y luego permaneceré firme en lo que haya decidido!

✳ Guardar la paz ✳

Si es posible, en cuanto dependa de vosotros, estad en paz
con todos los hombres. ROMANOS 12:18

Recientemente, me trataron de una manera bastante grosera y, por supuesto, hirió mis sentimientos. ¡Tenía que tomar una decisión! ¿Permanecería enfadada, los confrontaría, les contaría a otras personas sobre cómo me habían tratado (habladuría) u oraría por ellos y estaría en paz?

Estoy segura de que está familiarizado con el escenario que acabo de describir, y cuando estas cosas nos acontecen, no nos atrevamos a seguir nuestras emociones. Aquello que "sentimos" y lo que Dios quiere que hagamos por lo general son dos cosas muy diferentes. Descubrí que es mejor permanecer callada por un momento, dejar que mis emociones se calmen y pensar en la situación de manera racional.

¿Me han herido a propósito o quizá estaban bajo cierto tipo de presión que los volvió insensibles a mis sentimientos? La persona quien me hirió estaba teniendo un día muy difícil, y a pesar de que sabía que estaba siendo grosera y se disculpó, tenía dificultades para ser amable con cualquiera. La Palabra de Dios nos anima a creer siempre en lo bueno de las personas (vea 1 Corintios 13:7), y si estamos dispuestos a intentarlo, constituye una de las mejores maneras de guardar nuestra paz en situaciones semejantes a estas.

Estar en paz con los demás es muy importante y le recomiendo que lo intente, si es posible. Confronte a quien lo maltrate cuando tenga una dirección de parte de Dios, pero evite ser susceptible y que hieran sus sentimientos con facilidad. Cuando lo hieran, perdone.

Oración: Padre, ayúdame a estar en paz en todo tiempo. Quiero siempre creer lo mejor y perdonar a otros como tú me has perdonado.

✷ *Permita que Dios sea su protección* ✷

*He aquí que en las palmas de las manos te tengo esculpida;
delante de mí están siempre tus muros.* ISAÍAS 49:16

La mayoría de nosotros pasamos más tiempo tratando de protegernos a nosotros mismos de ser heridos que de construir relaciones saludables. Levantamos muros invisibles alrededor de nuestras vidas para evitar que la gente nos haga daño, pero Dios quiere ser nuestro muro de protección. Cuando levantamos muros para separarnos de los demás, también nos aislamos a nosotros mismos. A menudo, tenemos vidas aisladas y solitarias porque nos han herido en el pasado y no queremos volver a atravesar por la misma clase de sufrimiento.

La escritura antes mencionada muestra el interés de Dios por nuestra protección. Él siempre cuida de nosotros y nos protegerá si confiamos en Él. Nadie podrá vivir toda su vida sin que lo hieran, pero Dios es poderoso para consolarnos y sanarnos en nuestro dolor y aflicción. Es mucho mejor amar y ser herido ocasionalmente, que nunca amar por miedo a que lo lastimen.

Querer protegernos a nosotros mismos del dolor es una reacción natural, pero Dios no quiere que vivamos en temor. Él desea que nos disfrutemos unos a otros y confiemos en que Él nos sanará si nos hacen daño. Si lo han herido gravemente en el pasado y se da cuenta de que evita las relaciones cercanas o se aísla de los demás, creo que Dios le está pidiendo que derribe sus muros de autoprotección y le permita a Él ser su protección divina. Esto nos significa que nunca lo volverán a herir, ¡pero sí significa que será libre!

Oración: Padre, ayúdame a poner en ti mi confianza para que seas mi protección. Renuncio a la autoprotección y te entrego a ti la tarea de cuidarme.

✳ *Medite sobre sus caminos* ✳

Así ha dicho Jehová de los ejércitos: Meditad sobre vuestros caminos.   HAGEO 1:7

El pueblo en el libro de Hageo sentía que había sembrado mucho y cosechado poco, y cuando se quejaron contra Dios, Él les respondió que meditaran sobre sus caminos. En realidad habían estado viviendo en desobediencia a Dios por dieciocho años, edificando sus propias casas en lugar de la casa de Jehová como Él les había ordenado. Si no está conforme con la cosecha que recoge en su vida, quizá sea prudente que medite sobre sus caminos. Si hay áreas de desobediencia en su vida, corríjalas de inmediato y creo que las cosas cambiarán para bien.

> ¿Está esperando que Dios cambie algo o está Él esperando que usted cambie?

Declaración: Seré obediente a Dios en todo tiempo, y gozaré de una cosecha bendecida en mi vida.

✽ Sea feliz ✽

El corazón alegre constituye buen remedio; mas el espíritu triste seca los huesos.
PROVERBIOS 17:22

Es fácil enfocarnos en los problemas y perder nuestro gozo, pero lo animo a que sea feliz sin importar lo que pueda suceder, porque el gozo del Señor es nuestra fortaleza y tiene poder sanador. Cuando atraviese por una situación difícil prolongada, no solo ore para que Dios quite la dificultad, sino pídale poder tener un corazón animado y alegre mientras espera que Él obre conforme a su voluntad.

Una de las maneras de mantenerse alegre en los tiempos de tribulación es enfocarse en otra cosa aparte de la dificultad. Ore por otros que sabe que lo necesitan o salga a dar un paseo o mire una película; haga otra cosa además de estar afligido. También trae gozo a mi corazón recordar aquello que Dios ha hecho por mí en el pasado. Me ayuda a saber que si Él lo hizo una vez, puede hacerlo otra vez.

Oración: Padre, gracias por el don del gozo. Ayúdame a estar alegre en todo tiempo y a escoger pensamientos que añadan gozo en lugar de robarlo.

✳ ¡Haga lo que pueda! ✳

Porque los que menospreciaron el día de las pequeñeces se alegrarán...   ZACARÍAS 4:10

Hace poco comencé a caminar para ejercitar mi cuerpo, y después de más o menos diez días lograba alcanzar tres millas (cinco kilómetros) por día. Transcurrieron algunos días más y comencé a sentir un dolor en la ingle. Se gravó tanto que apenas podía caminar tres cuartos de milla. Estuve tentada a abandonar todo porque no iba a conseguir lograr lo que pretendía alcanzar, y comencé a pensar que caminar tan poco no serviría de nada. ¡Pero estaba equivocada! Al continuar haciendo lo poco que podría, con el tiempo reuní valor para llegar a las cinco millas (ocho kilómetros) por día.

Si usted no puede ejercitar tres días a la semana, pero puede ejercitar un día, entonces comience con uno y vea qué sucede. Quizá descubra que hacer aquello que sí puede hacer es una puerta abierta para que con el tiempo pueda ser capaz de hacer lo que ahora no puede. Si no puede estudiar la Biblia una hora por día, pero puede hacerlo por quince minutos, comience con lo que pueda y verá su crecimiento. Muchas personas nunca llegan a comenzar con las cosas que quieren hacer porque quieren comenzar en la línea final. Mi filosofía es: "¡Puede que no sea capaz de hacer todo, pero me niego a no hacer nada!". ¡Si no comenzó en la dirección correcta, jamás llegará al destino esperado!

Oración: Padre, quiero estar activo y siempre hacer lo que esté a mi alcance. Ayúdame a valorar el poder hacer incluso cosas pequeñas para tu gloria. Ayúdame a dar pasos de fe, aun si son pasos pequeños y a llegar a donde necesite estar.

✳ Crea ✳

...¿No te he dicho que si crees, verás la gloria de Dios?

JUAN 11:40

Es nuestra decisión qué elegimos creer. Dios desea no solamente que creamos que Él existe, sino que creamos en su Palabra. Creer que Dios cumplirá sus promesas lo hará entrar en su reposo. Los que han creído entrarán en el reposo de Dios, de acuerdo con Hebreos 4:3. Cuando me siento frustrada, ansiosa, temerosa o molesta, siempre descubro que el origen radica en no creer en lo correcto.

Tengo un cartel en mi oficina que simplemente dice "Creer". Me recuerda examinar mi corazón y mi mente y asegurarme de que mi confianza esté puesta en Dios en todo tiempo. El gozo y la paz se encuentran en el creer (vea Romanos 15:13). Jesús dijo que si creyéramos, veríamos su gloria, la cual es la manifestación de su excelencia en nuestras vidas. Estoy convencida de que le gustaría ver la buena voluntad de Dios manifestada en su vida, como la quiero ver en la mía.

Si Dios lo instruye a hacer (o dejar de hacer) algo, ¡crea y obedezca! Cuando Dios dice en su Palabra que Él cuidará de usted y suplirá todas sus necesidades, ¡créalo! Crea antes de ver. En la economía del reino de Dios, siempre creemos primero y luego vemos el resultado de lo que creímos. ¡Los buenos pensamientos conducen a una buena vida! ¡Creer en lo correcto conduce a una vida de paz, gozo y satisfacción! Mi mensaje para usted en este día es muy simple: *¡Crea!*

Oración: Padre, sé que todos tus caminos son buenos y justos. Creo en que tu Palabra es verdadera, y te pido que me ayudes a creer en todo tiempo. Recuérdame creer cuando comience a dudar y ayúdame a caminar siempre en fe.

✳ *Permita que Dios sea su guía* ✳

Te haré entender, y te enseñaré el camino en que debes andar; sobre ti fijaré mis ojos. SALMO 32:8

Creo que todos queremos estar seguros de que estamos tomando la decisión correcta, pero si no somos cuidadosos, podemos preocuparnos por nuestras decisiones y volvernos temerosos y de doble ánimo.

El Espíritu Santo es nuestro maestro y nuestro acompañante fiel. Él conoce la mente de Dios y nos la revelará al confiar y depender de Él. Ayer, tenía dolor de muelas y necesitaba ir al dentista, pero estaba fuera de la ciudad y no conocía a nadie a donde asistir. Comencé a buscar un odontólogo por internet y localicé uno. Tenía un aviso llamativo y estaba ubicado cerca de donde yo me encontraba, pero aún no podía decidir si ir a verlo. Mientras tanto, le pedí a Dios que me guiara, y pronto mi asistente administrativa llamó para hablarme sobre el compromiso que había cancelado debido a mi dolor de muelas. Me dijo que la mujer con la que habló recomendó un dentista al que ella asiste, y cuando me dio su nombre era el mismo dentista que había visto antes en internet. Era una confirmación para seguir adelante y realizar la cita. Eso hice y ¡todo salió bien!

Solo se requieren algunos segundos pedirle a Dios que lo guíe cuando necesita tomar una decisión. Confiar en Dios por su guía le permitirá relajarse. Simplemente puede sentir en su corazón la dirección que debe seguir y tener paz sobre la misma, o puede recibir una confirmación como me sucedió a mí con el dentista. Sin importar la manera en que Dios quiera guiarlo, puede descansar y confiar en que Él lo hará.

Oración: Padre, decido confiar en que tú guías mi vida y me ayudas con cada decisión. Enséñame a escuchar tu voz y a descansar con respecto a las decisiones que necesite tomar.

✴ Piense como Dios piensa ✴

No os conforméis a este siglo, sino transformaos por medio de la renovación de vuestro entendimiento, para que comprobéis cuál sea la buena voluntad de Dios, agradable y perfecta.
ROMANOS 12:2

Dios me recordó esta mañana guardar mis pensamientos y pensar como Él. Es un gran desafío, pero es algo a lo que todos deberíamos aspirar a diario. Cuanto más pensemos en concordancia con la Palabra de Dios, experimentaremos un mayor gozo.

La Palabra de Dios nos enseña el modo correcto de pensar y nos dice que podemos escoger nuestros propios pensamientos al prestarles gran atención y al llevar cautivos aquellos pensamientos que se levanten en contra de la Palabra de Dios y de su voluntad (vea 2 Corintios 10:5).

¡Cada día que persevera es un día que progresa!

> Escoja sus pensamientos. ¡No permita que el diablo use su mente como un basurero!

Declaración: Tengo la mente de Cristo y estoy aprendiendo a pensar como Él lo hace.

✻ Cambie su enfoque ✻

Así que, no os afanéis por el día de mañana, porque el día
de mañana traerá su afán. Basta a cada día su propio mal.

MATEO 6:34

¿Cuál es su actitud ante la vida? ¿Mira todas las cosas que le depara el futuro y comienza a entrar en pánico y a preocuparse? ¿O vive la vida un día a la vez, sin preocuparse por los problemas que traerá el día de mañana?

Ahora mismo, tengo seis proyectos muy importantes que necesito terminar y, al pensar en ellos, comienzo a sentirme presionada. Entonces me di cuenta de que los proyectos no eran los que me presionaban, lo que me presionaba era pensar en todos ellos al mismo tiempo en lugar de en el único que necesitaba tener listo para hoy. A menudo, tengo que recordarme afrontar la vida un día a la vez, ¡y pensé que quizá usted podría necesitar también ese recordatorio!

Dios le concederá la gracia que necesite el día de mañana cuando el día de mañana llegue, por tanto, disfrute su presente.

Oración: Padre, ayúdame a vivir mi vida un día a la vez y a no desperdiciar mi día preocupándome por el día que vendrá. ¡Gracias!

✳ Vivir con propósito ✳

Por tanto, no seáis insensatos, sino entendidos de cuál sea la voluntad del Señor.   EFESIOS 5:17

Dios desea que llevemos mucho fruto (vea Juan 15:1–5). Eso solo podrá suceder si somos personas que viven la vida con propósito. Cada día, deberíamos pensar bien sobre qué nos gustaría lograr en ese día y luego proponernos conseguirlo. Si somos ambiguos y descuidados, es muy probable que no logremos hacer mucho en absoluto. Las personas ambiguas esperan ver cómo se sienten antes de actuar, pero la gente resuelta lleva a cabo su cometido sin importar cómo se sientan al respecto.

Vivimos en un mundo de distracciones y aun las personas decididas necesitan ser sabias para no desviarse. Muchas cosas llaman a gritos nuestra atención y, sin embargo, depende de cada uno decidir en qué cosas invertir nuestra atención. Si necesito limpiar hoy mi casa, ¿debería concentrarme en la limpieza o ir de compras con una amiga quien me llamó a último momento con su invitación? Si tengo que pagar las cuentas y hacer un balance de mi cuenta bancaria, ¿debería llevarlo a cabo o distraerme con la televisión y quedarme sentada en el sofá la mayor parte del día? Muchas personas tienen vidas frustradas porque no viven con propósito.

Cuando mi día se termina, necesito sentir que he logrado algo provechoso. Quiero haber progresado en algún área de mi vida, y creo que es un deseo que Dios ha plantado en cada uno de nosotros. Nos sentimos realizados cuando tenemos la seguridad de que hemos hecho lo que debíamos hacer, pero nos sentimos frustrados si sentimos que solo hemos desperdiciado el día. Aun si decidiéramos descansar todo el día, lo cual también puede ser productivo para nuestra salud en general, necesitamos hacerlo deliberadamente. En resumen, mi consejo es: ¡Ore, planifique y manténgase enfocado!

139

Oración: Padre, quiero llevar mucho fruto en mi vida y necesito tu ayuda en la planificación y en el seguimiento. Ayúdame a no distraerme por causa de los malgastadores del tiempo que me desvían de mi propósito y me hacen sentir frustrado.

✳ *Jesús viene pronto* ✳

Vuestra gentileza sea conocida de todos los hombres. El Señor está cerca.   FILIPENSES 4:5

Jesús ha prometido regresar y llevarnos con Él al cielo por la eternidad. Nadie conoce con exactitud cuándo será el día, pero si leemos lo que la Escritura nos revela sobre las señales de los últimos tiempos (vea Mateo 24), podemos fácilmente reconocer que el tiempo está cerca. Los apóstoles no revelaron esta verdad enfrente del pueblo porque querían que vivieran como si verdaderamente creyeran que Él vendría en cualquier momento.

¿Hay algo que cambiaría si supiera que Jesús viene esta noche? De ser así, le recomiendo que lo cambie ahora mismo, porque ciertamente viene pronto.

> ¡No espere hasta que sea demasiado tarde
> para hacer lo que debería hacer ahora!

Declaración: Espero ansiosamente la venida del Señor y vivo como si fuera a venir en cualquier momento.

❋ Sentados con Cristo ❋

Y juntamente con él nos resucitó, y asimismo nos hizo sentar
en los lugares celestiales con Cristo Jesús…   EFESIOS 2:6

Cuando Cristo efectuó la purificación de nuestros pecados y la liberación de nuestra culpa, la Palabra de Dios declara que Él se sentó a la diestra de Dios en los lugares celestiales (vea Hebreos 1:3). El hecho de que se haya sentado significa que su obra había terminado y entró en el reposo de Dios. Por medio de la fe nosotros estamos en Él y, por consiguiente, también estamos sentados en las alturas. Tenemos una oportunidad a diario de entrar en el reposo de Dios. Podemos trabajar estando sentados. Podemos llevar a cabo nuestra responsabilidad de ser padres desde una posición de reposo. Podemos dirigir nuestro negocio o pastorear una iglesia desde una posición de reposo. No tenemos que vivir preocupados, temerosos ni ansiosos, sino que podemos confiar en Dios y entrar en su maravilloso reposo.

Cuando me siento en una silla, todo mi peso es quitado de mi cuerpo y pasa a la silla. Si imaginamos a Cristo como nuestra silla, podemos ser liberados de toda carga y peso que nos asedia al echar nuestra ansiedad sobre Él.

Lo exhorto a "sentarse" y a entrar en el reposo de Dios. Tenga paz en su interior. Hable con Dios, permita que sus peticiones sean conocidas delante de Él, agradézcale que Él esté obrando en su vida y ¡disfrute su día!

Si comienza a sentirse frustrado o agobiado en cualquier momento, solo recuerde que necesita tomar su lugar en Cristo y reposar en Él.

Oración: Padre, soy tan privilegiado de estar sentado contigo en los lugares celestiales. Que pueda ser esta una realidad en mi vida cada día. Enséñame a hacer todo lo que haga viviendo en tu reposo.

✳ *El cielo* ✳

...y no sólo ella [la creación], sino que también nosotros mismos, que tenemos las primicias del Espíritu, nosotros también gemimos dentro de nosotros mismos, esperando la adopción, la redención de nuestro cuerpo.

ROMANOS 8:23

El Señor me ha estado guiando a estudiar sobre la eternidad y el cielo, y lo encuentro muy alentador. Parece que será más maravilloso de lo que jamás podríamos llegar a entender. Dios ha puesto la eternidad en nuestros corazones (vea Eclesiastés 3:11). Pareceríamos anhelar algo mejor de lo que experimentamos aquí en la tierra. Si bien gozamos de las bendiciones que provienen de nuestra relación con Dios, la Biblia dice que son solo las arras de nuestra herencia (vea Efesios 1:14).

La eternidad es el lugar en donde el tiempo nunca acaba, y cada uno de nosotros entraremos en esta eternidad cuando nuestro tiempo en esta tierra llegue a su fin. Los que creen en Cristo Jesús se irán al cielo y, sin bien hay mucho que desconocemos sobre este, la Palabra de Dios nos revela muchas cosas positivas.

No habrá más llanto ni lágrimas ni dolor ni enfermedad ni dolencias. No habrá pecado ni miseria de ningún tipo. Sabremos todo en el cielo y amaremos a todos. Es una ciudad hermosa, con un río de agua de vida, resplandeciente como el cristal, que fluye del trono de Dios. Las calles son de oro puro y los muros están adornados con toda clase de piedra preciosa. Doce puertas dan entrada a la ciudad y cada una de las puertas es de una sola perla. Aun mejor que la belleza de la ciudad es que viviremos en la misma presencia de Dios. Él será la luz de la ciudad.

Ansiar una eternidad con Dios fue lo que les ayudó a los cristianos primitivos a atravesar la persecución que sufrieron con tal asombrosa fe, y también nos fortalecerá a nosotros. Sin importar cuán desafiante la vida a veces pueda ser, esperamos ansiosamente la recompensa del cielo. Disfrutemos la vida que tenemos hoy, mientras anhelamos las cosas buenas que han de venir.

Oración: Padre, estoy agradecido por mi vida y ansío pasar la eternidad en el cielo contigo. ¡Gracias por todo lo que has hecho por mí a través de Jesús!

✳ Regocíjese ✳

Regocijaos en el Señor siempre. Otra vez digo: ¡Regocijaos!
FILIPENSES 4:4

Todo lo que dice la Palabra de Dios es muy importante, pero cuando veo que algo se repite dos veces en la misma oración, presto mayor atención. Pablo dijo dos veces: "Regocíjense en el Señor". Creo que el gozo es el combustible que necesitamos para permanecer fuertes. De acuerdo con Nehemías, el gozo del Señor es nuestra fuerza (vea Nehemías 8:10). Cuando Satanás nos ataca, es más un ataque dirigido a robar nuestro gozo que a cualquier otra cosa. Jesús murió para que tengamos una vida llena de gozo (vea Juan 10:10), pero Satanás trabaja para robárnoslo. Podemos mantener una actitud de gozo en toda circunstancia si nos enfocamos en Jesús en lugar de en nuestros problemas. Incluso si ahora mismo se encuentra atravesando un tiempo de aflicción, puede regocijarse de que lo está *atravesando* y que saldrá victorioso.

> No todas las tormentas están en el pronóstico, pero por encima de las nubes siempre brilla el sol.

Declaración: Me rehúso a permitir que el diablo me robe el gozo. Jesús murió para que pueda tenerlo y no lo voy a entregar.

✳ "Si solo..." ✳

Y no solo en esto, sino también en nuestros sufrimientos,
porque sabemos que el sufrimiento produce perseverancia...
ROMANOS 5:3

Solemos creer que podríamos ser felices "si solo" tuviéramos menos problemas o más beneficios, pero no es sabio postergar la felicidad. Esté lleno de gozo ahora, porque el "ahora" es todo lo que tiene. Todos esperamos tener muchos mañanas, pero nuestra única garantía es el hoy. Este día es un regalo de Dios y sería lamentable desaprovecharlo siendo infeliz.

Incluso si sus circunstancias no pudieran brindarle gozo, permita que Jesús sea su gozo. ¡Solo imagine tener sus problemas y no conocerle a Él! A ninguno de nosotros nos gusta enfrentar situaciones dolorosas en la vida, pero podemos regocijarnos y confiar en la promesa de Dios de que todas las cosas obran para bien (vea Romanos 8:28). Vivimos en un mundo en el cual rige el principio del pecado, y debemos enfrentar el hecho de que nada aquí es perfecto ni nunca lo será.

Dios nos invita a una vida en donde, aunque no podamos evitar todas las dificultades, podemos hallar en Él un lugar para vivir por encima de estas. ¡La Biblia lo denomina el poder de la resurrección! (Vea Filipenses 3:10). Lo exhorto a no perder su tiempo creyendo que estaría contento "si solo" las cosas fueran diferentes en su vida. ¡Sirva al Señor con alegría y siempre recuerde que el gozo del Señor es su fortaleza!

Oración: Padre, me has coronado con muchas bendiciones y siempre quiero estar gozoso por ti y por lo que has hecho por mí. Perdóname cuando postergo mi felicidad hasta otro momento y ¡ayúdame a siempre regocijarme!

✳ ¡Tenga cuidado con lo que diga! ✳

No hablaré ya mucho con vosotros; porque viene el príncipe de este mundo, y él nada tiene en mí. JUAN 14:30

Con frecuencia Dios me recuerda ser cuidadosa con lo que digo, especialmente cuando estoy bajo presión. Nuestra escritura del día nos revela que en el momento que Jesús estaba entrando en su mayor sufrimiento, les dijo a los discípulos que no hablaría mucho. Esto siempre me ha resultado muy interesante. Él conocía el poder de las palabras y también sabía cuán tentador sería decir cosas imprudentes durante los tiempos difíciles.

Satanás no tenía parte en Él, y Él no le iba a dejar a Satanás una puerta abierta por hablar cosas que fueran contrarias a la voluntad de su Padre celestial.

¿Se encuentra atravesando por una dificultad ahora mismo? En caso afirmativo, tome la decisión de hablar menos y quizá evitará meterse en problemas. Mantenga firme la profesión de su fe en Dios en todo tiempo (vea Hebreos 10:23). Recuerde que la muerte y la vida están en poder de la lengua (vea Proverbios 18:21). ¡Escoja siempre la vida!

Oración: ¡Padre, por favor ayúdame a hablar palabras que estén llenas de vida, hoy y siempre!

✳ La oración específica ✳

Por nada estéis afanosos, sino sean conocidas vuestras peticiones delante de Dios en toda oración y ruego, con acción de gracias.   FILIPENSES 4:6

La oración no constituye una obligación religiosa que hacemos por deber moral, sino que es un privilegio tremendo. Dios nos invita a acercarnos a Él confiadamente y a pedirle de manera específica lo que necesitamos o queremos, no solo para nosotros mismos, sino que podemos interceder por otros y sus necesidades. Le recomiendo meditar sobre aquello que quiera que Dios haga por usted y acercarse a Él en fe con sus peticiones.

Creo que a veces tenemos miedo de ser muy específicos con nuestras oraciones, pero Dios nos invita a llevarle peticiones concretas. Si pedimos mal, Dios no nos concederá nuestras peticiones (vea Santiago 4:3), pero no debemos tener tanto temor de equivocarnos en lo que queremos que ni siquiera se lo pidamos. No necesita tener temor en su relación con Dios. Él lo ama, lo entiende aún mejor de lo que se entiende a sí mismo, y quiere que esté completamente seguro y cómodo con Él.

Mis hijos no son tímidos al pedirme lo que quieren y, por lo general, lo obtienen a menos que sienta que no será bueno para ellos. Podemos confiar en que Dios es del mismo modo con nosotros. Saber que Él nos ama nos hace libres para ser audaces. Pida y reciba, para que su gozo sea cumplido (vea Juan 16:24).

Oración: Padre, gracias por el maravilloso privilegio de la oración. Enséñame a orar con seguridad y confianza, sabiendo que tú me amas y que quieres bendecirme.

✴ Dar a Dios el primer lugar ✴

Hijitos, guardaos de los ídolos.   1 JUAN 5:21

Cualquier persona o cosa pueden fácilmente volverse un ídolo. Puede ser un cónyuge, un hijo, un buen amigo, una posesión, su hogar o su profesión. Cuando algo se vuelve más importante que Dios, quien siempre merece la pree-minencia en nuestras vidas, debemos de manera agresiva confrontarlo y regresarlo a donde pertenece. Por ejemplo, si resulta ser su trabajo, sería conveniente cambiar de trabajo si mantener el que tiene significa alejarse de Dios. Tenga presente que algún día todo en esta tierra pasará, ¡por tanto no pase su vida adorando algo que siempre está en el proceso de volverse polvo!

> Dios es el Alfa y el Omega, el principio y el fin, y también debe ser todo lo que hay entre medio.

Declaración: No dejaré que nada ocupe el primer lugar en mi vida excepto Dios, y haré lo que tenga que hacer para asegurarme de que sea donde siempre esté.

✳ La justicia ✳

*Al que no cometió pecado alguno, por nosotros Dios lo trató
como pecador, para que en él recibiéramos la justicia de Dios.*
2 CORINTIOS 5:21 (NVI)

¿Se siente mal consigo mismo? Sé que me sentí así durante mucho tiempo en mi vida, y me arruinó por completo. Me frustraba tratando de hacer cosas buenas con la esperanza de sentirme mejor sobre mí misma, pero nunca era una solución permanente.

Dios nos ofrece una nueva manera de vivir a través de la fe en Cristo Jesús. Nos ofrece la justicia como un regalo, para recibirla por fe. Podemos sentirnos bien con nosotros mismos, no porque hagamos lo correcto, sino porque hemos sido justificados por un acto de gracia y misericordia de Dios. En cuanto crea esta verdad, la carga que ha estado llevando será levantada y la paz y el gozo entrarán a su vida.

Sus pecados fueron perdonados cuando Jesús los cargó sobre Él y se llevó el castigo que usted merecía cuando Él murió en la cruz. Véase con sus vestiduras limpias porque ha sido justificado en presencia de Dios. ¡Crea en la Palabra de Dios más que en cualquier otra cosa y comience a vivir una nueva vida!

Oración: Padre, te agradezco por tu gracia abundante. Ayúdame a recibirla por fe y a vivir sin condenación.

✳ Cómo resistir la tentación ✳

Cuando llegó a aquel lugar, les dijo: Orad que no entréis en tentación.
                                                          LUCAS 22:40

Se les instruyó a los discípulos a orar para no *entrar* en tentación; ¡no se les dijo que oraran para que no fueran tentados! La tentación nos llega a todos y, de hecho, la Palabra de Dios dice que la tentación de seguro vendrá (vea Lucas 17:1). Incluso Jesús fue tentado y, sin embargo, no pecó (vea Hebreos 4:15). ¡La tentación no constituye un pecado si se resiste apropiadamente!

Resistimos a través de la oración y la disciplina. Una no funciona sin la otra. No tenemos la disciplina suficiente para resistir en nuestras propias fuerzas sin la ayuda de Dios. Debemos orar y pedirle su ayuda —por fortaleza y gracia— para vencer la tentación, y cuando esta venga, esté preparado para resistirla y hacerle frente. Dios no hará todo por nosotros, y nosotros no podemos hacer todo sin Él. Somos colaboradores con Dios, y Él está dispuesto a ayudarnos con toda tentación que enfrentemos si se lo pedimos.

Ninguna tentación nos sobrevendrá que sea más de lo que podamos resistir, porque juntamente con la tentación, Dios siempre dará la salida (vea 1 Corintios 10:13). ¡Conozca sus debilidades y ore diligentemente que cuando sea tentado, no entre en la tentación!

Oración: Padre, gracias por darme las fuerzas para enfrentar la tentación. ¡Ayúdame a reconocer y a resistir toda tentación a pecar!

✸ Usted es especial ✸

Y creó Dios al hombre a su imagen, a imagen de Dios lo creó; varón y hembra los creó.   GÉNESIS 1:27

Usted es especial porque fue creado a imagen de Dios. Ninguna otra cosa en la tierra —ni los árboles o las plantas, ni los peces o los animales— fue creada a imagen de Dios, solo el hombre. Dios tiene libre albedrío y nos lo ha dado también a nosotros. Podemos tomar decisiones acerca de lo que haremos con nuestras vidas. Dado que fue creado a imagen de Dios, nada podrá realmente satisfacerlo excepto Dios. Sírvalo con todo su corazón y recuerde que Dios lo formó minuciosamente con sus propias manos en el vientre de su madre (vea Salmo 139:13). ¡Usted es especial!

> Usted no es raro por no ser como todos los demás;
> ¡usted es único! ¡Y las cosas únicas tienen gran valor!

Declaración: ¡Dios me creó con un propósito y soy especial!

✳ La gratitud ✳

Dando siempre gracias por todo al Dios y Padre, en el nombre de nuestro Señor Jesucristo. EFESIOS 5:20

¡Una persona agradecida es una persona feliz! Si queremos aumentar nuestro gozo, todo lo que realmente necesitamos hacer es pensar más en aquello por lo que tenemos que estar agradecidos. Lamentablemente, es fácil caer en el hábito de pensar sobre lo que queremos, lo que no tenemos o lo que otras personas tienen y que desearíamos tener. Pero eso no agrada a Dios y roba nuestro gozo.

La Palabra de Dios nos enseña que no debemos estar afanosos por nada, sino presentar nuestras peticiones delante de Dios, con acción de gracias (vea Filipenses 4:6). Dudo de que Dios esté interesado en darnos más si ya nos estamos quejando por lo que tenemos o no tenemos. Me da la impresión de que cuanto más agradecidos y apreciativos seamos por todo lo que Dios ya ha hecho por nosotros, Él estará más dispuesto a obrar. Piense hoy en cinco cosas por las cuales está agradecido y exprese su gratitud a Dios.

Oración: Padre, me arrepiento por las veces que me he quejado por mi vida. Soy bendecido, y te pido que me ayudes a recordar cuán bueno eres para mí en todo tiempo.

✹ Sea excelente ✹

Y todo lo que hagáis, hacedlo de corazón, como para el Señor y no para los hombres. COLOSENSES 3:23

Ser excelente simplemente significa que todo lo que hagamos sea hecho de la mejor manera posible. Dios es un Dios de excelencia y nos ha llamado a ser excelentes. Por tanto, nunca deberíamos quedar satisfechos con solo hacer lo que tengamos que hacer para salir del paso. Siempre deberíamos realizar un esfuerzo adicional y ejecutar un trabajo de excelencia en todo lo que se nos encomiende hacer.

La mediocridad parece algo normal en nuestra sociedad hoy en el día, pero no es la voluntad de Dios. Si vamos a realizar un trabajo, podemos y debemos dar lo mejor de nosotros. Podemos cuidar de manera excelente todo lo que tengamos. Podemos tener actitudes excelentes, tratar a las personas como valiosas y darnos cuenta de que representamos a Dios en todo tiempo.

Es importante no solo esforzarnos por hacer lo mejor cuando la gente esté mirando, sino cuando nadie nos mira. Dios ve todo lo que hacemos y sería prudente recordar que nuestra recompensa viene de Él.

Oración: Padre, sé que eres excelente en todos tus caminos. Ayúdame a ser una persona de excelencia quien traiga gloria a tu nombre.

✳ Sea usted mismo ✳

De manera que, teniendo diferentes dones, según la gracia que nos es dada…
ROMANOS 12:6

He perdido muchos años de mi vida tratando de ser alguien que no era. Debido a la inseguridad que había en mí, intentaba ser como otras personas quienes tenían dones y talentos que yo no tenía, y fue una pérdida de tiempo. Dios nunca nos ayudará a ser alguien más excepto nosotros mismos, por tanto, lo animo a que pueda aprender a ser la mejor versión de "usted".

Dios lo formó con sus propias manos de manera minuciosa y compleja (Salmo 139:13–15). ¡No es un error! Dios nos diseñó a todos diferentes, y no debemos compararnos con los demás ni competir con ellos. Lo animo a que deje de mirar lo que piensa que no es y comience a ver los dones que Dios le ha dado.

Todos formamos parte del plan maravilloso de Dios, y cada uno de nosotros es importante. Mientras no tratemos de exceder la gracia (capacidad) que Dios nos ha dado, seremos felices, fructíferos y disfrutaremos nuestras vidas.

Oración: Padre, ayúdame a ser mi mejor versión. Ayúdame a enfocarme en mis fortalezas y a confiar en que tú obrarás en medio de mis debilidades.

✳ *Todo saldrá bien* ✳

Y sabemos que a los que aman a Dios, todas las cosas les ayudan a bien, esto es, a los que conforme a su propósito son llamados.
ROMANOS 8:28

En este día, Dios quiere animarle a saber que las circunstancias difíciles por las que está atravesando ahora mismo y las que no logra entender le ayudarán a bien. Aquello que le esté sucediendo quizá no sea bueno, pero Dios es bueno y, a causa de su bondad, Él puede tomar una situación difícil, injusta o incluso trágica y tornarla para bien.

Las situaciones dolorosas constituyen solo una parte de los ingredientes en nuestra vida. Pero vienen otros ingredientes que al mezclarlos con los ya existentes, se combinan para lograr un resultado digno. ¡Crea que cosas buenas le esperan por delante!

Su dolor se convertirá en su ganancia si confía en Dios.

Declaración: ¡Sin importar lo que pueda suceder en mi vida, todo me ayudará a bien!

✳ El razonamiento ✳

Fíate de Jehová de todo tu corazón, y no te apoyes en tu propia prudencia.
PROVERBIOS 3:5

"¿Por qué?" parece ser la pregunta que nunca se agota. Hay muchas cosas que suceden en la vida que no entendemos, las cuales parecen injustas, desleales y hasta trágicas. Estos no son tiempos para confundirnos ni frustrarnos al querer razonar sobre cosas que exceden nuestra capacidad mental para comprenderlas. ¡Estos son tiempos para confiar en Dios! La fe no es solo para las cosas que sí entendemos, sino más bien para aquellas que no entendemos. Una vida de fe implica algunas preguntas sin respuestas.

Vivimos la vida mirando hacia adelante, pero solo la entendemos mirando hacia atrás. Pasamos por muchas situaciones desconcertantes, y si bien en el momento no entendemos "por qué", a menudo podemos mirar hacia atrás y ver más claramente. A pesar de todo lo que pueda estar enfrentando ahora mismo, lo exhorto a tener paz al confiar en Dios sin límites. No deberíamos confiar en Dios hasta que algo ocurra que no logremos entender y luego apoyarnos en nuestra propia prudencia; debemos confiar en Dios *especialmente* cuando no entendamos. Él ve todas las cosas de principio a fin y Él es bueno, ¡aun cuando nuestras circunstancias no lo sean!

Oración: Padre, ayúdame a confiar en ti, especialmente cuando sucedan cosas que no comprenda.

✱ Permanecer firmes ✱

Por tanto, tomad toda la armadura de Dios, para que podáis
resistir en el día malo, y habiendo acabado todo, estar firmes.
EFESIOS 6:13

La Palabra de Dios nos exhorta a estar firmes en Él en todo tiempo. Es fácil cuando las cosas nos van bien, pero cuando sobrevienen las dificultades o quizá incluso una crisis, nuestra fe es probada. Con la ayuda de Dios, siempre podemos hacer aquello que Él nos haya encomendado y habiendo acabado todo, estemos firmes, lo cual significa habitar en Él y entrar en su reposo con respecto a nuestras circunstancias.

Nuestra capacidad para cambiar las cosas es limitada, pero para Dios todo es posible. Él puede hacer en un instante lo que a nosotros nos llevaría una eternidad. Dios es fiel y, mientras sigamos creyendo, podemos tener la certeza de que Él continuará obrando a nuestro favor.

¡Le hará bien disfrutar la vida mientras Dios se encarga de sus problemas! El gozo, la risa y el regocijo le dan fuerzas para permanecer firme hasta el día de su victoria. Mientras Pablo se encontraba en prisión, dijo: "Regocijaos en el Señor siempre. Otra vez digo: ¡Regocijaos!" (Filipenses 4:4).

Oración: Padre, ayúdame a estar firme en ti en todo tiempo y a gozar de cada momento al entrar en tu maravilloso reposo.

✳ Dios lo está guiando ✳

*Entonces tus oídos oirán a tus espaldas palabra que diga:
Este es el camino, andad por él; y no echéis a la mano derecha, ni tampoco torzáis a la mano izquierda.*

ISAÍAS 30:21

Probablemente confíe en que Dios lo guía, pero es hora de graduarse de creer que Dios lo *guiará* a creer que Él lo *está* guiando. Creo que muchas veces nos enfocamos tanto en aquello que esperamos que Dios algún día haga que no vemos lo que está haciendo ahora mismo. Dios se está moviendo en su vida hoy, así que anímese y comience a moverse con Él.

Cada día, diga varias veces: "¡Creo que Dios me está guiando ahora mismo!". Él puede hacerlo a través de algo tan simple como poner un pensamiento en su mente sobre una dirección que deba tomar o que algún amigo diga algo que confirme lo que usted estaba pensando hacer. Espere en Dios... ¡Él está obrando!

> ¡A donde Dios guía, Él provee!

Declaración: Dios me está guiando en este día y escucho su voz.

✳ *Enfrentar tormentas inesperadas* ✳

Pero se levantó una gran tempestad de viento, y echaba
las olas en la barca, de tal manera que ya se anegaba.
MARCOS 4:37

No todas las tormentas aparecen en el pronóstico. La semana pasada comencé un seminario de cuatro reuniones en Colorado, y después de la primera reunión, noté que tenía dolor de garganta. El dolor empeoraba con cada reunión, y en la última de ellas sonaba con una voz chillona. Quedarme prácticamente sin voz y tener que enfrentar a miles de personas quienes han venido a escucharme no es divertido.

Las cosas no siempre resultan del modo en que quisiéramos, pero es durante esos momentos cuando necesitamos continuar confiando en Dios y creer que nuestras dificultades obrarán para bien. Enseñaba sobre el tema "Correr nuestra carrera y terminar fuertes", ¡lo cual es bastante cómico si lo piensa! Decidí continuar con mi voz chillona hasta el mensaje final, y todo salió mejor que si me hubiese sentido completamente bien.

No se deje distraer por las tormentas de la vida. Manténgase enfocado y haga lo que tenga que hacer ya sea fácil o difícil. ¡Cuanto más usemos nuestra fe, más fuerte se volverá!

Oración: Padre, gracias porque cuando soy débil, tú eres fuerte. Cuando sobrevengan las tormentas de la vida, ayúdame a mirarte a ti y a buscar tu voluntad en mi vida.

✳ Vístase de la justicia ✳

Estad, pues, firmes, ceñidos vuestros lomos con la verdad,
y vestidos con la coraza de justicia.   EFESIOS 6:14

A Satanás se lo conoce como el acusador de los hermanos (vea Apocalipsis 12:10), y sí que lo es. Se esfuerza por hacernos sentir culpables y condenados, y quiere que carguemos con el oprobio de la vergüenza y de la culpa. Por suerte, Jesús nos ha provisto de la justicia (justos ante Dios) por medio de la fe en Él.

Se nos ha concedido la justicia, pero debemos vestirla. Eso significa usarla deliberadamente como un manto de confianza. Satanás quiere separarnos de la comunión con Dios. Él quiere que retrocedamos con temor, mas Dios nos invita a acercarnos confiadamente ante su trono (vea Hebreos 4:16) y recibir la ayuda que necesitemos para cada circunstancia de la vida. ¡Dios nos ayuda aun cuando cometamos errores!

Usted es perdonado, y nunca más Dios se acordará de sus pecados (vea Hebreos 10:17). Pida y reciba, a fin de que su gozo sea cumplido (vea Juan 16:24).

Oración: Padre, gracias por enviar a Jesús a pagar por mis pecados y a justificarme delante de ti. ¡Ayúdame a usar confiadamente mi manto de justicia en todo tiempo!

✳ Nunca abandone sus sueños ✳

Porque de la mucha ocupación viene el sueño, y de la multitud de las palabras la voz del necio.

ECLESIASTÉS 5:3

La gente necia habla mucho acerca de lo que quiere de la vida, pero no se dan cuenta de que los sueños llevan tiempo de desarrollo y requieren de arduo trabajo y diligencia. Si usted tiene un sueño o un objetivo para su vida (y espero que así sea), entonces lo exhorto a que se comprometa y que determine no rendirse.

El éxito de las "estrellas fugaces" raramente persiste, pero las cosas que se desarrollan poco a poco y se logran con arduo trabajo y paciencia perduran. La etapa del establecimiento de las bases de un negocio, un ministerio o una vida exitosos no es necesariamente emocionante, pero es absolutamente necesaria si queremos que sea algo duradero.

¡Sueñe en grande! Dios es poderoso para hacer mucho más abundantemente de lo que pedimos, esperamos o imaginamos (vea Efesios 3:20), por tanto, aférrese a sus sueños. No se rinda cuando se sienta fatigado o impaciente. Perseverancia y constancia son las características que Dios busca en sus campeones.

Oración: Padre, gracias por darme una determinación firme y ayudarme a perseverar en toda situación por el gozo de terminar fuerte.

✳ Cuidaré de usted ✳

Echando toda vuestra ansiedad sobre él, porque él tiene cuidado de vosotros.   1 PEDRO 5:7

El Señor quiere que tenga la seguridad en este día y cada día de que Él tiene cuidado de usted. Él nunca lo dejará, ni siquiera por un momento. Él conoce todo acerca de usted, incluso todos sus defectos y aun así lo ama en gran manera.

El Señor tiene planes de bien para su vida hoy, y puede descansar al saber que todo está bien. Aun si ahora mismo si se encuentra atravesando por un período de dificultad en su vida, tenga la certeza de que su Padre le dará la victoria y que al final todas las le ayudarán a bien.

¡Siga adelante y disfrute este día porque Dios tiene el control!

> Dios todo lo ve, todo lo sabe y está
> en todo lugar todo el tiempo.

Declaración: ¡Estoy confiado en que Dios cuida de mí hoy y cada día!

✳ Escoja la obediencia ✳

Respondiendo Pedro y los apóstoles, dijeron: Es necesario obedecer a Dios antes que a los hombres. HECHOS 5:29

Habían amenazado a los apóstoles con castigarlos si continuaban hablando sobre Jesús, pero estos valoraban más su reputación ante Dios que su reputación ante el hombre. Este mundo no es nuestro hogar, simplemente estamos de paso, y mientras estemos aquí es importante obedecer a Dios en todo tiempo, incluso si eso significa que algunos de nuestros conocidos no estén de acuerdo con nuestra decisión.

Todos enfrentaremos momentos en la vida cuando debamos escoger entre hacer lo que un amigo o un miembro de la familia quiere o hacer aquello que verdaderamente creemos que es la voluntad de Dios. Siempre escoja a Dios y esfuércese por tener la consciencia tranquila. Solo busque hacer aquello que le dé paz y tendrá en su alma un contentamiento que ninguna persona podrá darle. Permita que Dios lo guíe y siempre haga hoy aquello con lo que será feliz más adelante en la vida.

Oración: Padre, cuando tenga que tomar una decisión entre escucharte a ti y escuchar a la gente, dame el valor para siempre elegirte a ti y a tu voluntad.

❋ Busque primeramente a Dios ❋

Mas buscad primeramente el reino de Dios y su justicia, y todas estas cosas os serán añadidas.   MATEO 6:33

Debemos esforzarnos por darle a Dios el primer lugar en nuestras vidas, porque hay muchas otras cosas que intentan desplazarlo. No siempre son cosas malas. A veces son cosas buenas, pero no son lo mejor para nuestras vidas. Ha habido ocasiones cuando he permitido que el ministerio al cual Dios me ha llamado se anteponga a mi relación personal con Él. ¡Trabajaba *para* Dios, pero no estaba pasando mucho tiempo *con* Él!

La única manera de que nuestras vidas prosperen es si estamos dispuestos a dar a Dios el lugar que le pertenece, el cual es el primer lugar en todas las cosas. Nuestro tiempo, talento, finanzas, pensamientos y conversaciones son solo algunas de las áreas en las que necesitamos que Dios tenga la preeminencia. No cometa el error de pedirle a Dios que lo bendiga con algo, y cuando lo hace, deja que dicha bendición robe su atención del dador.

A veces las personas me preguntan cómo mantengo mis prioridades en orden, dado que soy una persona muy activa y productiva. Les respondo: "Siempre las estoy ordenando". Siempre examine qué tiene la prioridad en su vida, y si no es Dios, entonces realice los cambios necesarios.

Oración: Padre, cada vez que permita que algo ocupe el primer lugar en mi vida, por favor revélamelo y ayúdame a cambiar.

✳ *El primer mandamiento* ✳

Jesús le dijo: Amarás al Señor tu Dios con todo tu corazón, y con toda tu alma, y con toda tu mente.   MATEO 22:37

Una vez oí a una gran mujer de Dios decir: "Ame a Dios y luego haga lo que le plazca". Mi primer pensamiento fue que si todos hiciéramos lo que quisiésemos, haríamos un montón de cosas malas. Pero si verdaderamente amamos a Dios, ese no sería el caso. Jesús dijo: "Si me amáis, guardad mis mandamientos" (Juan 14:15). Si le amamos, vamos a querer agradarle. No somos esclavos, sino hijos e hijas.

Un esclavo sigue las reglas para no meterse en problemas, pero los hijos e hijas aprenden los deseos del Padre y se gozan en agradarle. Cuando descubrimos un área de desobediencia en nuestras vidas o sentimos que no podemos resistir la tentación de pecar, en lugar de luchar contra el pecado, tenemos otra opción mejor: podemos acercarnos más a Dios, enamorándonos más profunda e íntimamente de Él y reconociendo su gran bondad. Entonces el pecado ya no será tentador ni atractivo. Cuando nos acercamos a Dios, resistimos el pecado y el mismo no hallará lugar en donde hacer su morada en nuestras vidas.

Oración: Padre, quiero agradarte en todo tiempo. Atráeme a ti y enséñame a conocerte mejor y a amarte más.

✳ Resolver los conflictos ✳

Si es posible, en cuanto dependa de vosotros, estad en paz con todos los hombres.
ROMANOS 12:18

Todos a veces experimentamos conflictos en las relaciones, pero debemos procurar hacer todo lo que esté a nuestro alcance para restaurar la paz. Los conflictos o las contiendas sin resolver con el tiempo pueden convertirse en un gran problema. Lo primero que hay que hacer ante un conflicto es examinar su propio corazón y pedirle a Dios que le revele su parte en el problema. Humíllese a sí mismo y esfuércese por estar en paz con todos. Tener la razón está altamente sobrevalorado, pero el valor de la paz no se puede sobrevalorar. Si se encuentra enfadado con alguien, lo exhorto a ser pacificador, porque donde hay paz, hay poder y unción de Dios.

¡Los pacificadores son los que tienen el poder!

Declaración: Me esforzaré por estar siempre en paz con todos los hombres.

✳ La generosidad ✳

…recordando las palabras del Señor Jesús: "Hay más dicha en dar que en recibir".   HECHOS 20:35 (NVI)

Nuestra tendencia como seres humanos es querer siempre obtener algo. Disfrutamos en gran manera cuando recibimos. Pero la Palabra de Dios nos enseña que es mejor dar que recibir. Cuando recibimos, solo obtenemos un regalo; ¡pero cuando damos, recibimos gozo! Dios es dador, y si verdaderamente deseamos ser como Él, entonces es importante que desarrollemos el hábito de la generosidad.

Existen muchas maneras de dar. Podemos dar ayuda, aliento, cumplidos y ofrendas materiales y financieras. También podemos conceder misericordia y perdón como Dios nos los ha dado a nosotros. La mayoría de las cosas buenas no suceden por accidente. Podemos proponernos hacerlas o "hacerlas a propósito". Tome la decisión de dar algo hoy y cada día. Sea una persona de gran corazón, generosa, abundante y haga más de lo que tenga que hacer. Propóngase ser una bendición a dondequiera que vaya, ¡y será bendecido en muchas maneras!

Oración: Padre, enséñame a ser una persona generosa en todo tiempo. Hazme consciente de las necesidades de los demás y ayúdame a estar dispuesto a suplir esas necesidades.

✷ Olvidar el pasado ✷

No os acordéis de las cosas pasadas, ni traigáis a memoria las cosas antiguas.   ISAÍAS 43:18

Dios nos ofrece una nueva vida, una nueva naturaleza y un nuevo comienzo. Al parecer a Dios le encantan las cosas nuevas, y su Palabra nos anima en varios pasajes a olvidar el pasado. Quizá no tuvo un buen comienzo en la vida, ¡pero puede tener un gran final! Dios tiene un plan para su futuro, y ciertamente es bueno. Olvide lo que de atrás y extiéndase a las cosas buenas que tiene por delante.

Una de las mejores maneras de olvidar es dejar de pensar sobre el pasado y dejar de hablar sobre el mismo. Cuanto más pensemos y hablemos acerca de tales cosas, se vuelve cada vez más imposible olvidar y seguir adelante. Ya sea que su pasado haya sido maravilloso o trágico, se terminó, y hoy le queda el resto de su vida. Entréguese total y completamente a la vida que Dios le ofrece en este día. Hoy es el primer día del resto de su vida, por tanto, haga que valga la pena.

Oración: Padre, gracias por un nuevo comienzo. Ayúdame a olvidar el pasado y a abrazar el futuro con entusiasmo.

✳ Escoja la felicidad ✳

Regocijaos en el Señor siempre. Otra vez digo: ¡Regocijaos!
FILIPENSES 4:4

Ayer me sucedió algo que me hacía sentir triste e infeliz cuando pensaba al respecto, y de pronto oí el susurro del Señor, diciéndome: "No permitas que nada te haga infeliz".

Me recordó cuán importante es el gozo. ¡El gozo del Señor nos fortalece! Toda clase de tristeza, ya sea desánimo, depresión, aflicción o remordimiento nos debilita y nos distrae. Nos hace retraernos y meditar en cuán mal nos sentimos en lugar de servir a Dios de todo corazón.

Parte de servir a Dios con todo nuestro corazón es disfrutar la vida que Él ha provisto para nosotros. La Palabra de Dios señala que debemos servirle con alegría (vea Salmo 100:2). A menudo, se presentan situaciones sobre las que podemos elegir estar tristes, pero no tenemos que hacerlo. ¡Podemos escoger estar alegres!

Tener elección significa que hay más de una opción disponible. Lo exhorto a que escoja la felicidad. Este es el día que ha hecho Dios, ¡por tanto no lo desaproveche estando triste!

Oración: Padre, te pido que me perdones por todos los días que he perdido estando triste. Por favor, ayúdame a disfrutar cada día y a regocijarme en tu bondad para mi vida.

✳ Salga del negocio de la venganza ✳

No os venguéis vosotros mismos, amados míos, sino dejad lugar a la ira de Dios; porque escrito está: Mía es la venganza, yo pagaré, dice el Señor. ROMANOS 12:19

Cuando nos tratan de manera injusta, nuestra reacción natural es querer atacar y herir a la persona que nos hizo daño. Mas Dios nos manda a orar por nuestros enemigos y a confiar en que Él pagará e impartirá justicia.

Es peligroso tener el corazón lleno de amargura y de pensamientos de venganza. Corrompe nuestra actitud y nos roba la paz y el gozo. Guardar rencor nos impide crecer espiritualmente y no nos beneficia de ningún modo. Seamos sabios y pongamos nuestra confianza completamente en nuestro Señor, quien es galardonador de los que le buscan (vea Hebreos 11:6).

> ¿Está guardando rencores y siendo controlado por ellos?

Declaración: Por la gracia de Dios, nunca me vengaré, sino que confiaré en que Dios es mi vindicador.

❋ *La edad es solo un número* ❋

Aun en la vejez fructificarán; estarán vigorosos y verdes.
SALMO 92:14

Hoy cumplo setenta y cuatro años, pero la edad es solo un número; ¡la juventud es un estado mental! He decidido que no voy a envejecer. El número de mi edad aumentará cada año, pero no me volveré "vieja".

Pablo dijo que aunque nuestro hombre exterior se fuera desgastando, el hombre interior no obstante se renueva de día en día (vea 2 Corintios 4:16). Los años eran añadidos a su vida, pero él permanecía joven por dentro. Seguía creciendo espiritualmente y continuó llevando mucho fruto toda su vida. Nosotros podemos seguir su ejemplo.

He visto a una muchacha de veinte años que era vieja y a una mujer de noventa años que era joven. Todo depende de lo que pase en su interior. ¿Cómo se ve a sí mismo?

Mantenga una actitud joven, realice cambios a medida que avance en la vida y no se aferre con desesperación a las cosas viejas que le impidan hacer cosas nuevas. Tengo planes para mi futuro, y mi plan es nunca jubilarme. Quizá descanse más, pero siempre estaré haciendo algo que valga la pena.

Tome la decisión de no tener una mente "vieja", sino en cambio tener una mente "joven". Continúe haciendo cosas nuevas y esté siempre a la vanguardia de una vida emocionante.

Oración: Padre, gracias por ayudarme a permanecer joven. Confío en que renovarás mi juventud al pasar tiempo contigo.

❋ Completos en Cristo ❋

Y vosotros estáis completos en él, que es la cabeza de todo principado y potestad. COLOSENSES 2:10

La mayoría de nosotros a menudo sentimos que deberíamos "hacer" más para ser aceptos ante Dios, pero la verdad es que somos hechos aceptos en Dios por medio de nuestra fe en Jesús (vea Efesios 2:4–8).

A veces he sentido que necesitaba hacer o ser más de lo que soy, y sin embargo no importaba cuánto hiciera, nunca me sentía completa, hasta que finalmente aprendí por la Palabra de Dios que somos "completos" en Jesús. En Él, nada nos falta. En nosotros mismos somos insuficientes, pero en Él tenemos todo lo que Dios requiere.

Algunos discípulos le preguntaron a Jesús qué debían hacer a fin de ser aceptos ante Dios, y Él les respondió: "Esta es la obra de Dios, que creáis en el que él ha enviado" (Juan 6:29). Oh, cuán liberador y reconfortante es finalmente saber que no tenemos que seguir tratando de ser más de lo que somos. Simplemente necesitamos conocer a Dios y poner en Él nuestra confianza y permitirle que haga lo que desee hacer en nosotros y a través de nosotros.

Oración: Padre, gracias porque estoy completo en Jesús por medio de la fe. Ayúdame a depender de ti en todo tiempo y a confiar en ti en cada situación.

✳ Fe como la de un niño ✳

De cierto os digo, que si no os volvéis y os hacéis como niños, no entraréis en el reino de los cielos. MATEO 18:3

La Palabra de Dios nos instruye a acercarnos a Él como niños. Los niños por lo general son simples en su actitud ante la vida y confiados. Recientemente, mi nieto de dos años de edad oró por su mamá quien estaba en cama con un fuerte dolor de espalda. Él la tocó e hizo esta oración: "Jesús mami duele amén".

¡El dolor de espalda de su mamá se fue de inmediato!

No fue la elocuencia de su oración lo que llamó la atención de Dios, sino la simplicidad y la fe de niño que demostró. Dios sabe lo que necesitamos antes de que se lo pidamos, y Él es generoso y está presto a responder. Solo desea que nos acerquemos como niños y confiemos en que Él hará lo que sea necesario.

Cualquiera sea hoy su preocupación, entréguesela a su Padre celestial, quien lo ama con amor perfecto, y simplemente pídale lo que necesite. Despójese de toda carga y disfrute su día.

Oración: Padre, sé que tiendo a complicar las cosas, pero verdaderamente quiero disfrutar la simplicidad de un niño. Por favor, ayúdame a comprender cuán bueno eres y cuán dispuesto estás para ayudarme si solo te lo pidiera.

✳ Renovado ✳

En lugares de delicados pastos me hará descansar; junto a aguas de reposo me pastoreará.   SALMO 23:2

Todos necesitamos momentos para ser renovados. Necesitamos tiempo para alejarnos de la rutina de la vida diaria y hallar descanso. Acabo de terminar de tomarme cinco días lejos de mi rutina habitual y logré hacer una variedad de cosas que disfruté y que me dejaron renovada y lista para regresar a trabajar. Quisiera animarle a que se tome momentos como este en su vida de manera periódica. Podría ser un día o un par de días cada tres meses, pero necesita un tiempo de descanso. Será más productivo y mucho más feliz si renueva su alma de vez en cuando.

> ¡El alma cansada es débil, mas el descanso renueva nuestras fuerzas!

Declaración: Viviré una vida equilibrada, y cuando esté fatigado, tomaré un descanso para renovarme.

✳ Resista la urgencia de actuar demasiado rápido ✳

Mis ovejas oyen mi voz, y yo las conozco, y me siguen.
JUAN 10:27

Me considero una persona que toma decisiones de manera rápida. Creo que es realmente bueno la mayor parte del tiempo, pero a veces puede resultar un problema. En dos ocasiones en los dos últimos días, tomé decisiones sin dedicar el tiempo para orar y ver si el Señor tenía algunas instrucciones para mí, y ambas veces tomé decisiones que más adelante terminaron provocándome estrés.

En una de las ocasiones, confronté una situación demasiado rápido y no estaba en el mejor de los momentos, y la otra vez me comprometí a hacer algo que después tuve que retractarme. Dios me corrigió por esas acciones, y estoy contenta de que lo hiciera. Cuando Dios nos disciplina, es porque nos ama y quiere que tengamos la mejor vida posible. No menosprecie la disciplina del Señor, sino recíbala como una señal de su cuidado sobre su vida (vea Hebreos 12:5–7).

Dios siempre quiere guiarnos, pero la única manera en que podemos saber si Él aprueba o desaprueba una determinada acción es si nos tomamos el tiempo para ver si tenemos paz al respecto. Por lo general, nos lo hace saber dentro de un corto período, pero puede ser más lento de lo que quisiéramos. Si tiende a actuar demasiado rápido, tranquilícese solo un poco cuando tenga que tomar decisiones y de seguro se ahorrará muchas dificultades y estrés.

Oración: Padre, ayúdame a actuar en tu tiempo, ¡no en el mío! Gracias por amarme lo suficiente como para disciplinarme cuando lo necesito.

✳ *Una fe mayor* ✳

Aunque ande en valle de sombra de muerte, no temeré mal alguno, porque tú estarás conmigo...   SALMO 23:4

Cuando experimentamos pruebas en la vida, solemos pedirle a Dios que nos libre de ellas. Queremos que se alejen, y eso es entendible. A veces Dios sí nos libra cuando permanecemos firmes, pero también hay otras veces cuando Él escoge que pasemos por ellas, y allí es cuando se requiere una fe mayor. Es fácil controlar nuestras emociones cuando obtenemos lo que queremos, pero se requiere de una fe mayor en Dios y determinación cuando no es así.

Ya sea que Dios nos libre de una circunstancia difícil o nos conceda la gracia para atravesarla depende de Él, y debemos aceptar su voluntad con amor, sabiendo que sus caminos son siempre mejores. ¡Recibimos la fortaleza en las luchas! Cuando la vida es fácil, realmente no progresamos espiritualmente, pero cuando debemos estar firmes, crecemos.

Vivimos la vida mirando hacia adelante, pero la entendemos mirando hacia atrás. En otras palabras, a menudo no entendemos el "porqué" cuando atravesamos por una situación difícil, pero por lo general lo comprendemos más adelante en la vida.

Sea paciente con las decisiones de Dios y confíe en Él. Sus caminos no son nuestros caminos, ¡pero *siempre* son los mejores!

Oración: Padre, te entrego hoy mi vida y confío en que todas las cosas me ayudarán a bien.

❋ *Bendición en la obediencia* ❋

Y él dijo: Antes bienaventurados los que oyen la palabra de Dios, y la guardan. LUCAS 11:28

Creo que Dios quiere que lo anime a que actúe y sea obediente con aquello que le está pidiendo que haga. Ya sea que su instrucción provenga de estudiar la Palabra o sienta que Él ha puesto algo específico en su corazón que debe o no hacer, es importante que obedezca. Las bendiciones están siempre vinculadas a la obediencia, y Él no quiere que se pierda su bendición. Incluso si ser obediente sea difícil, vale la pena, no solo para mantener la consciencia tranquila, sino especialmente para honrar a Dios y demostrarle cuánto lo ama.

> ¡Un acto de obediencia es mejor que
> mil buenas intenciones!

Declaración: Porque amo a Jesús, le obedeceré, y Él me bendecirá como lo ha prometido.

✱ Relájese ✱

Entonces le dijeron: ¿Qué debemos hacer para poner en práctica las obras de Dios? Respondió Jesús y les dijo: Esta es la obra de Dios, que creáis en el que él ha enviado.

JUAN 6:28–29

¿**Ha** sentido alguna vez que sin importar lo que haga, nunca es suficiente? Sé que me he sentido de ese modo, y tengo que recordarme a mí misma que Dios no está complacido conmigo en función de lo que *yo* haga, sino de lo que *Jesús ha hecho.*

La realidad es que no importa lo que hagamos, nunca será suficiente, y por esa razón Dios envió a su Hijo. ¡Él no solamente es suficiente, Él es más que suficiente! Nuestra meta debería ser mantener la fe en todo tiempo y evitar hacer obras a fin de tratar de ganar de Dios aquello que Él nos da gratuitamente por medio de su gracia.

Que todo lo que hagamos por Dios sea para demostrar nuestro amor por Él y nunca para comprar su amor por nosotros. ¡Dios no está a la venta!

¡Relájese! Entre en el reposo de Dios y rehúsese a vivir bajo la presión de constantemente sentir que necesita estar "haciendo" algo para ser acepto delante de Dios.

Oración: Padre, ayúdame a estar relajado en mi vida y a siempre recordar que tu aceptación por mí no se basa en mis buenas obras sino en recibir tu gracia por la fe. ¡Eres más que suficiente! ¡Gracias!

✳ Evite las contiendas ✳

El que ahorra sus palabras tiene sabiduría; de espíritu prudente es el hombre entendido. PROVERBIOS 17:27

A través del libro de Proverbios, se mencionan referencias frecuentes sobre evitar la contienda al ser cuidadosos sobre nuestros dichos. Se nos exhorta a emplear un discurso excelente, a pensar antes de hablar y a no hablar demasiado.

Se dice que la contienda conlleva a la riña, a la pelea a las disputas acaloradas y a un trasfondo de enojo. La Palabra de Dios nos enseña que es muy peligrosa y que no agrada a Dios. Las palabras incorrectas dichas apresuradamente muy a menudo constituyen el comienzo de una contienda.

La presencia y la bendición de Dios moran donde hay unidad, no luchas ni contiendas, por tanto, deberíamos hacer todo lo que podamos para estar en paz en todo momento. Dios me ha cambiado a lo largo de los años, y ahora prefiero permanecer pacífica en lugar de tener razón en situaciones que realmente no importan de todos modos. ¡Tener razón está sumamente sobrevalorado! A veces discutimos con personas a fin de demostrarles que están equivocadas y que nosotros estamos en lo correcto, pero esto no causa ningún bien excepto quizá alimentar nuestro ego.

La paz es una de las cosas más valiosas que podamos tener, ¡así que hagamos todo lo posible para protegerla!

Oración: Padre, perdóname por las palabras imprudentes que he hablado y que terminaron trayendo contienda. Ayúdame a hacer lo que tenga que hacer para vivir en paz en todo tiempo.

✳ Dé libertad a las personas ✳

¿Y por qué miras la paja que está en el ojo de tu hermano, y no echas de ver la viga que está en tu propio ojo?

MATEO 7:3

A veces las personas toman decisiones con las que no estamos de acuerdo, pero debemos recordar que cada persona tiene el derecho de hacer sus propias elecciones. Es especialmente difícil cuando la decisión que toman nos afecta de algún modo y no nos gusta.

Esto me sucedió recientemente y, si bien ha sido difícil, sé que es importante para las personas seguir su corazón. ¡Si quieren libertad, debemos dársela!

Dave y yo pasamos años tratando de cambiarnos entre sí antes de darnos cuenta de cuán importante es dejar que las personas sean ellas mismas y confiar en que Dios se encargará de cualquier cambio que se necesite implementar. ¿Está tratando de cambiar a alguien en su vida? Puede evitarse muchas frustraciones a lo largo de los años si se da cuenta ahora de que solo Dios puede cambiar a las personas. Usted puede orar para que Dios ponga en ellos el deseo de cambiar, y que los ayude a hacerlo, ¡pero usted no podrá cambiarlos!

Oración: Padre, ayúdame a ocuparme de mis propios asuntos y a no molestarme cuando otras personas tomen decisiones que no me agraden.

✳ Tratar a todos por igual ✳

Hermanos míos, que vuestra fe en nuestro glorioso Señor Jesucristo sea sin acepción de personas. SANTIAGO 2:1

He aprendido en mi vida que es importante para Dios que tratemos a todas las personas con respeto y honra. Él los ama y los valora por igual y así también deberíamos tratarlos nosotros. Tenemos una tendencia a tratar mejor a las personas si creemos que podrían llegar a hacer algo por nosotros o si son importantes a los ojos de este mundo, pero esa no es la manera en que Dios desea que nos comportemos. "Dios no hace acepción de personas" (Hechos 10:34) y Él es bueno con todos. Al ocuparse de sus asuntos diarios, esfuércese por ser bueno y respetuoso con todo aquel que se cruce en su camino, recordando que cada uno de ellos es importante para Dios.

> Las personas pueden no siempre recordar lo que dijo, pero siempre recordarán cómo los hizo sentir.

Declaración: Siempre me esforzaré por tratar a las personas con respeto y recordar que son importantes para Dios.

✱ Cuando lucha con el dolor ✱

Despreciado y desechado entre los hombres, varón de dolores, experimentado en quebranto… ISAÍAS 53:3

Cualquiera sea su dolor, ¡Jesús sabe cómo se siente! Me lastimé la espalda hace tres días y he estado padeciendo mucho dolor. Recibí ayuda médica, pero mi fe por sanidad total está puesta en Dios. Siempre recuerde que la sanidad proviene de Jesús. ¡Él es nuestro Sanador misericordioso! Puede obrar a través de ciertos tipos de cuidados médicos, ¡pero Él y solo Él es la fuente de sanidad!

Aunque busquemos ayuda profesional cuando estamos enfermos o adoloridos, debemos mantener nuestros ojos en Jesús para recibir su restauración, y cuando nos recuperemos, asegurémonos de darle la gloria. Dé gracias a Dios en medio de los problemas, y confíe y agradézcale de que su poder sanador está obrando en usted. La Palabra de Dios dice que debemos siempre darle gracias en todo (vea 1 Tesalonicenses 5:18). Quizá no esté agradecido por su dolor y malestar, pero puede estar agradecido de que Dios está con usted, y que todas las cosas obrarán para su bien mientras continúe amándolo y haciendo su voluntad (vea Romanos 8:28).

Cuando se enferme, es especialmente un buen momento para orar por otros que estén enfermos. En medio de nuestro propio dolor, tendemos a tener una mayor compasión por quienes también están heridos. La oración planta semillas en las vidas de los demás, y las semillas siempre producen una cosecha. Por tanto, continúe confiando en Dios y espere a sentirse cada día mejor.

Oración: Padre, te pido por favor que me sanes de toda enfermedad, molestia y dolencia. Confío en que tú eres mi sanador y te alabo por mi restauración.

✳ Alcance misericordia ✳

Acerquémonos, pues, confiadamente al trono de la gracia, para alcanzar misericordia y hallar gracia para el oportuno socorro.

HEBREOS 4:16

Dios es un Dios misericordioso y bondadoso. Él extiende su misericordia sobre usted ahora mismo, pero debe creer y recibirla para poder ser bendecido. Cuando pecamos, no necesitamos castigarnos, porque Jesús ya llevó nuestro castigo y ahora nos ofrece su misericordia. ¡Cuán maravilloso!

La misericordia no sería misericordia si pudiéramos merecerla, porque se dice que es la bondad que excede lo que podría esperarse. Si se encuentra sufriendo con culpa, vergüenza y condenación, Dios se le acerca a usted ahora y le ofrece su misericordia. No se aleje por creer que no la merece. Recíbala y permita que lo enamore de Jesús como nunca antes.

Necesitamos su misericordia cada día, y Dios la ha provisto porque su Palabra dice que sus misericordias son nuevas cada mañana y grande y abundante es su fidelidad (vea Lamentaciones 3:23). Nuestro pecado jamás podrá exceder la misericordia de Dios, porque donde el pecado abundó, sobreabundó la gracia (vea Romanos 5:20).

Oración: Padre, muchas gracias por tu maravillosa misericordia. Enséñame a recibir no solo tu misericordia, sino también todas tus bendiciones abundantes.

✳ Resista al diablo ✳

Someteos, pues, a Dios; resistid al diablo, y huirá de vosotros.
SANTIAGO 4:7

A pesar de que a las personas no necesariamente les gusta pensar en el diablo, sería un error no ser conscientes de sus ataques y estrategias. Él es el origen de toda maldad y guerra que se levanta contra el reino de Dios y su pueblo. Tenemos autoridad sobre él, pero la autoridad que no se usa se vuelve inservible. Jesús reprendió y resistió al diablo, y nosotros debemos hacer lo mismo.

No tenemos que vivir con nuestros pensamientos puestos en el enemigo, pero sí necesitamos discernir sus ataques y estar preparados para resistirle. La Palabra de Dios nos enseña a resistir al diablo de inmediato (vea 1 Pedro 5:9) y estar firmes en la fe. ¡No sea pasivo ni ignore a su enemigo!

Algunas cosas por las que le recomiendo velar son las tentaciones que conducen al pecado, toda clase de contienda u ofensa y los enojos sin resolver o la falta de perdón hacia otros. Todas estas constituyen tácticas del enemigo diseñadas para traer desunión entre Dios y su pueblo. Satanás es el instigador de la confusión. ¡Nos engaña para derrotarnos! Una de las mejores maneras de resistirle es siempre caminar en paz con Dios, consigo mismo y con su prójimo.

Oración: Padre, gracias por darme autoridad sobre el diablo. Te pido discernimiento para siempre reconocer su obrar y resistirle de inmediato en tu nombre.

✳ Nada escapa a la vista de Dios ✳

*Ninguna cosa creada escapa a la vista de Dios. Todo está
al descubierto, expuesto a los ojos de aquel a quien hemos
de rendir cuentas.* HEBREOS 4:13 (NVI)

¡Si tuviéramos presente que Dios ve todo lo que hacemos
todo el tiempo y que nada escapa a su vista, quizá nos mo-
tivaría a comportarnos mejor! ¿Andaríamos en chismes si
tuviéramos en cuenta que Dios está escuchando? ¿Maltrata-
ríamos a otros si recordáramos que Dios está mirando? Es
prudente recordar que un día hemos de rendir cuentas delante de Dios por nuestras acciones, ¡así que vivamos como
creyendo que Él nos está mirando, porque lo está!

> Ninguna cosa creada puede
> escapar a la vista de Dios.

Declaración: Me esforzaré en todo tiempo por vivir y
comportarme como si verdaderamente creyera que
Dios está mirando.

✳ ¡Adivine quién lo ama! ✳

Porque tu misericordia es grande para conmigo...

SALMO 86:13

¡Dios lo ama! No permita que ninguna dificultad que se presente en su camino, sin importar cuán dolorosa sea o por cuánto tiempo se prolongue, lo haga pensar en que Dios no lo ama.

El enemigo quiere engañarnos al hacernos creer que Dios no nos ama, pero no podrá lograrlo si conocemos la verdad. Se nos exhorta en la Biblia a no permitir que nada nos separe del amor de Dios. Y ninguna cosa creada, sin importar cuán amenazante o difícil pueda ser, ni siquiera la misma muerte, nos podrá separar del amor de Dios (vea Romanos 8:38–39).

El saber que Dios lo ama le brinda seguridad y le permite disfrutar la vida, y el diablo no desea eso. Él quiere que se encoja de miedo y que sea miserable todo el tiempo. Levante hoy su cabeza y declare confiadamente: "¡Dios me ama!". Proclámelo con su boca y medite en ello a lo largo del día. El amor de Dios es incondicional, lo cual significa que ni siquiera sus pecados ni errores podrán impedir que Él lo ame.

Oración: Padre, gracias por tu asombroso amor. Ayúdame a ser plenamente consciente de tu amor y a caminar en todo tiempo en la confianza que este me da.

✷ No se inquiete ✷

Deja la ira, y desecha el enojo; no te excites en manera alguna a hacer lo malo. SALMO 37:8

La voluntad de Dios es que estemos en paz, pero para lograrlo, debemos evitar inquietarnos cuando las cosas no resultan de la manera en que quisiéramos. La preocupación, la ansiedad y la inquietud provienen de la misma familia de tormentos. Fueron diseñados por el diablo para robar nuestra paz y hacernos perder nuestro tiempo. Inquietarse sobre algo nunca lo mejora. No lo cambia, pero sí nos cambia a nosotros. Cuando nos inquietamos y nos preocupamos, nos volvemos irritables y absortos en nuestros problemas, por lo tanto, perdemos de vista nuestras bendiciones.

Mientras reviso mis anotaciones, se me presentan diversas oportunidades para preocuparme primero por una cosa y luego por otra. Pareciera que las oportunidades fueran interminables, pero la decisión de preocuparme depende de mí. No puedo impedir que el diablo me tiente, pero puedo resistir la tentación y evitarme muchos problemas y tristezas.

Si está inquieto por algo en este día, tiene la oportunidad de poner todas sus preocupaciones y ansiedades en las manos de Dios y dejar que Él cuide de usted. Él está interesado en todo lo concerniente a usted y espera que lo invite a entrar en su vida para obrar a su favor. No pierda su tiempo ni su energía inquietándose "en manera alguna a hacer lo malo", como dice la Escritura. Puede tener un gran día aun en medio de las dificultades, al simplemente confiar en Dios y al esperar con ansia verle obrar en su vida.

Oración: Padre, perdóname por el tiempo que he perdido inquietándome por situaciones que no puedo cambiar. Ahora mismo decido en mi corazón no preocuparme y esperar en ti. ¡Gracias por ayudarme!

✳ La sanidad ✳

Hay hombres cuyas palabras son como golpes de espada;
mas la lengua de los sabios es medicina.

PROVERBIOS 12:18

Me estoy recuperando de una cirugía de remplazo de cadera, y me he sorprendido al ver el poder sanador de Dios obrar en mi cuerpo. Solo han transcurrido tres semanas desde la cirugía, y casi no estoy adolorida y camino bastante bien.

Si necesita sanidad en su cuerpo, lo animo a creer que Dios está obrando ahora mismo y que cada día que pasa se siente mejor en cada aspecto. Dios ha puesto el poder sanador dentro de nosotros, pero es importante que cooperemos con el mismo. Sea sabio, obtenga el descanso necesario, cuídese y sea positivo al hablar sobre su condición física.

Use palabras sabias y hable acerca de que cree que Dios está obrando su sanidad en usted, en lugar de hablar de lo mal que se siente y dar lugar a toda clase de temores infundados. Dios tiene planes de bien para usted, entre ellos la sanidad en todas las áreas de vida, pero a fin de recibir la voluntad de Dios, necesitamos estar de acuerdo con Él.

El poder de la vida y la muerte está en la lengua (vea Proverbios 18:21), y con cada palabra que pronunciamos, uno u otro es librado. Usted tiene hoy la capacidad para librar el poder de Dios en su vida al declarar palabras de vida. El poder sanador de Dios está obrando en usted ahora mismo; créalo y declárelo y espere cada día sentirse mejor.

Oración: Padre, gracias por sanarme. Confío en que estás obrando en mí ahora mismo y que cada día que pasa me encuentro mejor en cada aspecto.

✳ Avive su don ✳

Por lo cual te aconsejo que avives el fuego del don de Dios que está en ti por la imposición de mis manos. Porque no nos ha dado Dios espíritu de cobardía, sino de poder, de amor y de dominio propio. 2 TIMOTEO 1:6–7

¿Ha permitido que sus problemas lo lleven a perder su atención en sus dones y talentos? ¿Está tan ocupado tratando con personas y circunstancias desafiantes que ha dejado de desarrollar, o quizá incluso usar, los dones que Dios ha puesto en usted? De ser así, está entrando en el juego del diablo. Verá, él no quiere que usted use las habilidades que Dios le ha dado, sino quiere que las pierda. ¡Él no desea que el resto de nosotros nos beneficiemos con sus capacidades!

Siento que debo animarle en este día a que avive su don. Sea responsable en cuanto a hacer aquello que Dios le muestre sobre sus problemas, pero luego deje toda ansiedad en sus manos y regrese a su verdadero propósito.

¡Aprenda a vivir una vida con propósito cada día!

Declaración: Voy a desarrollar y a usar los dones y talentos que Dios ha puesto en mí.

✳ Cuando las cosas no resultan como esperamos ✳

Guarda mi alma, y líbrame; no sea yo avergonzado, porque en ti confié.   SALMO 25:20

Aprender a abordar apropiadamente la decepción es parte de la madurez espiritual. Todos experimentamos decepciones en nuestras vidas, pero podemos tomar una actitud "esperanzadora" olvidando lo que no funcionó y enfocarnos en algo nuevo. Por ejemplo, si yo había planeado almorzar con una amiga y tuvo que cancelar nuestro encuentro, puedo pasar todo el día decepcionada porque mi plan no funcionó o puedo orar sobre qué otra cosa Dios podría querer que hiciera y creer que el Señor es quien ordena mis pasos.

Nuestra decepción no proviene tanto de nuestras circunstancias sino de poner nuestra confianza en el lugar equivocado. Confiar en Dios es algo que podemos elegir hacer todo el tiempo, especialmente cuando las cosas no resultan según lo planeado. Proverbios 16:9 dice: "El corazón del hombre piensa su camino; mas Jehová endereza sus pasos". Si creemos en esta palabra, entonces no es difícil dejar atrás nuestra decepción y confiar en que Dios tiene algo mejor en mente para nosotros de lo que habíamos planeado.

Aun cuando estemos decepcionados de nosotros mismos, podemos confiar en que Dios nos ayudará a aprender de nuestros errores y a hacerlo mejor en el futuro. No permita que la decepción gobierne sus emociones. Dios tiene planes de bien para usted, incluso cuando no sepa cuáles son, así que confíe en Él, siga adelante y tenga un maravilloso día.

Oración: Padre, ayúdame a confiar en ti en todo tiempo, en especial cuando las cosas en mi vida no resultan según lo planeado. Entrego mi ansiedad en tus manos y espero ver tu voluntad cumplida en mi vida.

✳ Sea agradecido ✳

Dad gracias en todo, porque esta es la voluntad de Dios para con vosotros en Cristo Jesús. 1 TESALONICENSES 5:18

Estoy convencida de que ser agradecido es una de las cosas más poderosas que podemos hacer. Creo que la queja y la murmuración nos debilitan, pero la gratitud nos fortalece. Muy pocos son los días perfectos, pero cada día podemos hallar algo por lo que estar agradecidos si tan solo miramos a nuestro alrededor.

Me estoy recuperando de una cirugía de remplazo de cadera y, desde hace nueve días, he padecido de un virus estomacal (¡puaj!). Pero al mismo tiempo, puedo en verdad decir que Dios me da la gracia para cada día y que están sucediendo cosas buenas. Me estoy recuperando de la cirugía más rápido de lo previsto y sé que el virus estomacal no durará para siempre. ¡Estoy llena de esperanza, y esa es una buena razón para dar gracias!

Es importante para cada uno de nosotros darnos cuenta de que todos atravesamos por tiempos difíciles. Nuestras vidas son por lo general una combinación de humildad y abundancia (vea Filipenses 4:12). El apóstol Pablo dijo que había aprendido a contentarse, cualquiera sea su situación. Estoy segura de que en el proceso de aprendizaje, descubrió que quejarse no servía de nada, pero el contentamiento le permitía permanecer impasible ante sus circunstancias, lo cual es ciertamente una "posición de poder".

Oración: Padre, me arrepiento por todos los momentos en mi vida que me he quejado. Por favor, ayúdame a ser agradecido cualquiera sea la situación.

✳ Sea feliz y disfrute la vida ✳

El ladrón no viene sino para hurtar y matar y destruir; yo he venido para que tengan vida, y para que la tengan en abundancia.
JUAN 10:10

Me encanta ver a mis hijos felices y disfrutando de sus vidas, y creo que Dios se siente de la misma manera sobre sus hijos. Siempre he sido una "trabajadora" y, si bien el trabajo es algo bueno, se debe equilibrar con descanso y esparcimiento. La sociedad en la que vivimos parece empujarnos a lograr cada vez más, y resulta fácil caer en la trampa de pensar que cuanto más trabajamos y producimos, más valiosos somos.

La vida es un regalo de Dios y deberíamos disfrutarla en su plenitud. Realmente disfruto mi trabajo, pero también he aprendido a disfrutar de muchos otros aspectos de la vida. Quiero servir al Señor con alegría (vea Salmo 100:2). Mi objetivo es disfrutar *todo* lo que hago. Particularmente, estoy aprendiendo a disfrutar las cosas simples de la vida: dar un paseo, tomar una taza de café con una amiga, mirar nevar a través de la ventana, escuchar buena música y miles de otras cosas.

Lo invito a acompañarme en esta etapa de aprender a ser feliz en todo tiempo y a disfrutar de cada aspecto de mi vida. Juntos podemos servir al Señor con alegría y gozar de su presencia como nunca antes al disfrutar la vida que Él ha provisto para nosotros.

Oración: Padre, gracias por la vida que me has dado. Ayúdame a disfrutarla plenamente cada día sin importar lo que haga.

✳ *Creado a imagen de Dios* ✳

Y creó Dios al hombre a su imagen, a imagen de Dios lo creó; varón y hembra los creó. GÉNESIS 1:27

El hecho de que haya sido creado por Dios significa que Él lo quiso. Si hubiera evolucionado de un animal o de cualquier otra forma de vida inferior (como muchos científicos querrían hacerle creer), entonces simplemente sería un accidente de la naturaleza; no tendría un diseño divino definido. Pero Dios sí lo quiso; usted es especial para Él y fue creado con sus propias manos en el vientre de su madre con un propósito (vea Salmo 139:13). Sopló aliento de vida en usted y en su libro ya fueron escritos todos los días de su vida. ¡Dios lo ama!

> ¡Dios lo creó y usted es su obra maestra!

Declaración: Dios me creó a su imagen. Soy especial y mi destino es ordenado por Dios.

❋ Una vida con propósito ❋

Por tanto, no seáis insensatos, sino entendidos de cuál sea la voluntad del Señor. EFESIOS 5:17

¿Está viviendo la vida que realmente quiere? De no ser así, ¿es porque ha permitido que su vida lo domine en lugar de usted dominar su vida? Cuando Dios colocó a Adán y a Eva en el huerto de Edén, los instruyó a que sojuzgaran la tierra y fueran fructíferos. Dios nos ha dado libre albedrío y Él quiere que lo usemos para elegir su voluntad para nuestras vidas. Cuando tomamos decisiones en conformidad con la voluntad de Dios, él nos fortalece para vivir una vida verdaderamente asombrosa.

¿Qué quisiera lograr en este día? Ore, planifique, manténgase enfocado y ¡adelante! Concentre su tiempo en lo que quiera hacer y no permita que las circunstancias ni las personas lo descarrilen. ¡Luche por su vida! Luche por su derecho a seguir su corazón en lugar de ser controlado por agentes externos.

Sea decidido; sea fuerte. No sea impreciso o irreflexivo, sino tenga un plan y esfuércese por llevarlo a cabo. Dios, por medio de Cristo, ha provisto un camino para que tengamos una vida maravillosa, pero continuamente debemos tomar decisiones en concordancia con Dios. Usted tiene solo una vida por vivir, así que vívala plenamente y rehúsese a andar a la deriva, dejando que otras personas y las circunstancias tomen las decisiones por usted.

Oración: Padre, muéstrame tu voluntad y ayúdame a tener el valor suficiente para tomar decisiones que estén de acuerdo contigo. ¡Quiero la vida que tú quieres para mí!

✳ La paciencia ✳

...porque os es necesaria la paciencia, para que habiendo hecho la voluntad de Dios, obtengáis la promesa.

HEBREOS 10:36

Todos queremos cosas ahora mismo. Aún sigo cojeando un poco tras mi cirugía de cadera y no es lo que quiero. ¡Quiero caminar perfectamente normal *ahora*! Sin embargo, ayer me dijo el doctor que esto sucedería pero que llevaría tiempo. ¿Cuán a menudo hemos oído esto en nuestra vida? "¡Va a llevar tiempo!".

Tengo dos opciones: puedo esperar pacientemente o puedo esperar miserablemente. La decisión es mía, pero en ambos casos tendré que esperar. La paciencia no es la habilidad de esperar; es la habilidad de esperar bien esperar con una buena actitud y confiar en que los tiempos de Dios son perfectos. ¿Qué está esperando ahora mismo? ¿De qué manera está esperando?

Tomemos la decisión de honrar a Dios al esperar con paciencia, con una sonrisa en nuestro rostro, sabiendo que cada día que pasa estamos más cerca del deseo de nuestro corazón. Dios nos ha dado la capacidad de disfrutar todas las etapas de la vida si tan solo decidimos hacerlo.

Oración: Padre, ayúdame a confiar en tus tiempos en mi vida y a honrarte a ti al esperar pacientemente el cumplimiento de mis deseos.

❋ Dios piensa en usted ❋

¡Cuán preciosos me son, oh Dios, tus pensamientos! ¡Cuán grande es la suma de ellos!
SALMO 139:17

¡Es sorprendente darnos cuenta de que Dios piensa en nosotros! Sus pensamientos acerca de usted y de mí se multiplican más que la arena (vea Salmo 139:18). ¡Estoy convencida de que Dios nunca ha tenido un pensamiento malo sobre usted en toda su vida! Él cree en nosotros y siempre cree lo mejor.

Dios no nos creó y luego nos arrojó en este mundo para que nos las arreglemos por nuestra cuenta. Él prometió que estaría siempre con nosotros y que sería nuestro guardador (vea Salmo 121:5). Su Santo Espíritu es nuestra guía en todas las circunstancias de la vida. ¡Tome un momento para recordar que Dios está pensando en usted ahora mismo!

> Cuando todos los demás pierdan la fe
> en usted, ¡Dios no dejará de creer!

Declaración: Dios me tiene en su mente, y todos sus pensamientos sobre mí son buenos.

✳ *Halle la libertad al enfrentar la verdad* ✳

Y conoceréis la verdad, y la verdad os hará libres. JUAN 8:32

La Palabra de Dios es verdad, y vivir en conformidad con la misma es lo que nos hace libres de toda atadura y miseria. Al Espíritu Santo se lo conoce como el Espíritu de verdad (vea Juan 16:13), y es su trabajo guiarnos a toda verdad.

Como la mayoría de nosotros, viví una vida de engaño por muchos años. Creí cosas que no eran verdad de acuerdo con la Palabra de Dios, y esas mentiras me mantuvieron presa del pecado, la culpa, la vergüenza, la inseguridad, el temor y de muchos otros sufrimientos. Cuando comencé realmente a estudiar la Palabra de Dios, y el Santo Espíritu comenzó a guiarme a la verdad, algunas de estas fueron muy emocionantes y, para serle honesta, otras muy dolorosas.

Oír que todos mis pecados fueron perdonados era emocionante, pero descubrir que era una persona egoísta y egocéntrica fue doloroso. Aprender que Dios quería suplir todas mis necesidades fue emocionante, pero descubrir que tenía un corazón lleno de amarguras fue doloroso. A fin de hallar la libertad, no podemos solamente tomar las partes de la Palabra de Dios que sean emocionantes; debemos estar dispuestos a aceptar aquellas verdades que puedan resultarnos dolorosas cuando el Espíritu Santo nos guía a la verdad.

Cada una de las cosas que aprendí sobre mí misma, aunque algunas bastante incómodas, en efecto me acercaban un paso más hacia la libertad. Le exhorto a no ocultarse de la verdad. Pídale al Espíritu Santo que lo guíe a toda verdad, y cuando lo haga, enfréntela con valor y su vida será transformada.

Oración: Padre, te pido que me guíes a toda verdad. Quiero vivir en la verdad y que no haya engaño en mi vida. ¡Confío en que me librarás!

✳ Dígale adiós a la culpa ✳

Todos nosotros nos descarriamos como ovejas, cada cual se apartó por su camino; mas Jehová cargó en él el pecado de todos nosotros.   ISAÍAS 53:6

Jesús no solo cargó en Él nuestro pecado, sino que además cargó la culpa, y somos libres de ambos. Creer que los pecados son perdonados y luego permanecer sintiéndose culpable y condenado pone de manifiesto que la persona no comprende apropiadamente la Palabra de Dios. ¿Cómo podemos sentirnos culpables sobre algo cuando la Biblia claramente dice que Dios perdona, olvida y echa nuestras transgresiones tan lejos como el oriente está del occidente (Hebreos 10:17–18; Salmo 103:12)?

La culpa es nuestra manera carnal de tratar de pagar por nuestros pecados, pero no podemos pagar por algo que ya ha sido pagado. ¡Jesús pagó y somos libres de deuda! Esto no significa que no debamos arrepentirnos por nuestros pecados. Incluso podemos tener el corazón afligido a causa de nuestras iniquidades, pero el diablo usa la condenación para evitar que progresemos y llevemos mucho fruto.

La convicción de pecado proviene del Espíritu Santo y su propósito es librarnos del mismo, mas la condenación nos carga con sentimientos de culpa agobiante.

La única manera en que podemos servir a Dios es si conocemos lo que Él ha hecho por nosotros, quienes están en Él, y el poder que está en nosotros como creyentes en Él. Jesús anuló la deuda de nuestros pecados y en Él ninguna condenación hay (Romanos 8:1).

Oración: Padre, gracias por tu misericordia y tu gracia abundante. Me asombro hoy de tu perdón por mis pecados. Ayúdame a caminar en la libertad que has provisto para mi vida en Jesús.

✳ No tema ✳

No temas, porque yo estoy contigo…   ISAÍAS 41:10

He estado tratando con una situación que definitivamente no quiero volver a enfrentar, y esta mañana, cuando esa misma situación se presentó una vez más, sentí que el temor se apoderaba de mi corazón. Lo próximo que sucedió fue que Dios interrumpió mi miseria y me recordó que tener temor es lo peor que podía hacer. ¿Por qué? Porque el temor manifiesta que no estoy segura de que Dios esté conmigo y de que Él me ayudará; por tanto, tengo que tratar de enfrentar la situación por mi cuenta y no tengo idea qué hacer.

Existen numerosos pasajes en la Palabra de Dios que simplemente dicen: "No temas, porque yo estoy contigo". Dios no nos dice qué va a hacer o cuándo lo hará; simplemente quiere que sea suficiente su presencia con nosotros, y al saber esto, debemos poder confiar en que al final todas las cosas ayudarán para bien.

Todo lo podemos en Cristo que nos fortalece (vea Filipenses 4:13), pero tenemos que recordarnos continuamente esta verdad cuando nos sintamos fatigados y sobrecargados. "No temeré" es la única respuesta correcta ante el temor. La próxima vez que el temor llame a su puerta, responda con fe. Sepa que Dios lo ama y que Él está con usted y tiene un plan, aun si desconoce cuál sea.

Oración: Padre, sé que el temor llamará a mi puerta, y cuando lo haga, permíteme responder con valentía. Hazme plenamente consciente de tu presencia en cada momento y sea esta suficiente para vencer todo temor.

✳ Escogido por Dios ✳

Antes que te formase en el vientre te conocí...

JEREMÍAS 1:5

Dios le dijo a Jeremías que antes de que lo escogiera para ser su profeta, lo conoció. Para mí, significa que Dios sabía todo lo que Jeremías alguna vez haría, bueno o malo. Conocía cada error que Jeremías cometería y aun así lo escogió. Esta verdad nos debería dar confianza con respecto a si Dios puede o no usarnos. Dios no nos escoge por nuestra perfección. Todo lo que busca es que le amemos y estemos dispuestos a permitirle que haga su obra en nosotros.

> Dios usa lo menospreciado del mundo.

Declaración: Dios conoce todo acerca de mí, y aun así desea tener comunión conmigo.

✳ *La generosidad* ✳

…según tengamos oportunidad, hagamos bien a todos, y mayormente a los de la familia de la fe. GÁLATAS 6:10

Nuestra vieja naturaleza tiende a ser codiciosa, pero nuestra nueva naturaleza como hijos de Dios anhela ser generosa. Cada día debemos decidir cuál de estas vamos a buscar y a seguir. La codicia roba nuestras vidas, según Proverbios 1:19, por tanto, debemos resistirla de manera activa. Nunca podremos derrotar el pecado al luchar contra este ni resistirlo por medio de nuestra propia voluntad, pero podemos vencerlo si huimos del mismo y nos enfocamos en otra cosa.

Creo que la generosidad es el antídoto para la codicia. Si nos proponemos ser generosos y vivir cada día buscando maneras de bendecir a otros, entonces no caeremos en la codicia porque no habrá lugar para ella en nuestras vidas. Comience cada día pidiéndole a Dios que le muestre qué puede hacer por Él en ese día. Pregúntele a quién puede bendecir. El mundo está lleno de personas tristes y necesitadas quienes ansían una palabra amable o que se le brinde ánimo, o quienes tienen una necesidad que podríamos fácilmente suplir.

Cuanto más hagamos por otros, más felices seremos. En lugar de ser codiciosos y vivir cada día tratando de conseguir cada vez más para nosotros mismos, tenemos otra opción. Podemos ser generosos, y nuestra generosidad traerá esperanza y elevará voces de gratitud a Dios de aquellos que son bendecidos.

Oración: Padre, quiero aprender más acerca de la belleza y del poder de la generosidad. Muéstrame a las personas en necesidad en este día y concédeme la gracia para ayudarlas.

✳ *Las decisiones* ✳

El hombre de doble ánimo es inconstante en todos sus caminos.

SANTIAGO 1:8

A algunas personas les resulta muy difícil tomar decisiones porque tienen temor de equivocarse. Si bien por lo general soy bastante segura de mí misma, he experimentado en lo personal el doble ánimo y puedo confirmar que es un lugar lamentable en donde estar. Dios me ha enseñado que si cometo un error, Él puede redimirlo, y que nunca podremos estar seguros de si hemos tomado las decisiones correctas hasta que avancemos y veamos cómo se desarrollan las cosas.

Suelo decir "Salga y descubra". Por lo general siempre surge la reacción: "¿Qué sucede si me equivoco?". La buena noticia es que los errores no son lo peor que nos puede ocurrir en el mundo, e incluso hasta a veces son beneficiosos para nosotros. Los errores pueden ser enseñanzas, porque aprendemos a no cometerlos de nuevo. La mayoría de nosotros fracasa camino al éxito. En otras palabras, cometemos algunos errores mientras transitamos por la vida, pero si no nos rendimos, llegaremos a nuestro destino y habremos ganado una gran dosis de humildad a lo largo del camino.

Esfuércese por tomar una decisión firme. Ore sobre su decisión y considere si lo que está haciendo es sabio. ¿Le da paz? Si su decisión es algo que realmente lo emociona, deje que sus emociones se aquieten antes de tomar su decisión final. Estos son algunos lineamientos para tomar buenas decisiones, pero dicho todo esto, usted todavía tiene que decidir hacer algo, y siempre es mejor hacer algo que pasar su vida sin hacer nada a causa del temor.

Oración: Padre, concédeme el valor para ser decisivo. Guíame en la toma de decisiones y ayúdame a seguir adelante con confianza.

❋ Disfrute su día ❋

He aquí, pues, el bien que yo he visto: que lo bueno es comer y beber, y gozar uno del bien de todo su trabajo con que se fatiga debajo del sol, todos los días de su vida que Dios le ha dado; porque esta es su parte. ECLESIASTÉS 5:18

Este día es un regalo de parte de Dios, y usted puede elegir disfrutarlo o desaprovecharlo siendo infeliz. Si es como la mayoría de nosotros, estoy segura de que podrá hallar varias cosas por las que sentirse infeliz si tan solo las busca. Pero estoy convencida de que ser infeliz al respecto no modifica ninguna de ellas, entonces, ¿por qué perder su tiempo? Cuando este día haya acabado, no podrá volver a recuperarlo, por tanto, viva su día con sabiduría y gozo.

> Disfrute del viaje porque de esto se trata la vida.

Declaración: No desaprovecharé este día, sino que lo disfrutaré completamente.

✻ Una boca y dos oídos ✻

Por esto, mis amados hermanos, todo hombre sea pronto para oír, tardo para hablar, tardo para airarse.

SANTIAGO 1:19

La mayoría de nosotros admitiríamos de inmediato que nuestras bocas en ocasiones nos han causado tristeza y dolor. Si solo hubiéramos prestado atención a la exhortación del apóstol Santiago en cuanto a ser prontos para oír y tardos para hablar, nos habría ido mucho mejor. Supongo que si Dios hubiera querido que hablemos más de lo que escuchamos, nos habría dado dos bocas y un oído, pero no fue el caso.

Siempre he sido una persona que habla mucho y suelo proponerme escuchar más y hablar menos; sin embargo, mi determinación tiene una corta existencia porque la boca parece ser un animal salvaje con mente propia. La Biblia nos dice que ningún hombre puede domar la lengua (vea Santiago 3:8). ¡Necesitamos la ayuda de Dios!

He aprendido a orar a diario por los dichos de mi boca. Le pido a Dios que ponga guarda en ella para no pecar con mi lengua (vea Salmo 141:3) y que permita que los dichos de mi boca y la meditación de mi corazón sean gratos delante de Él (vea Salmo 19:14). La Palabra de Dios está llena de escrituras sobre la importancia de nuestras palabras. Recordemos siempre que tenemos una boca y dos oídos, lo cual es un buen indicador de que debemos escuchar más de lo que hablamos.

Oración: Padre, no puedo domar mi propia lengua, pero sí te pido que me ayudes a pensar antes de hablar y a escuchar más de lo que hablo.

✴ *Un vago deseo* ✴

Más vale vista de ojos que deseo que pasa...

ECLESIASTÉS 6:9

Debemos disfrutar lo que tenemos en lugar de desear lo que no tenemos. El descontentamiento constituye una tentación para todos, pero Dios se deleita en un corazón agradecido por aquello que tenemos. No hay nada de malo con querer tener algo, pero es malo permitir que ese deseo sobrepase la gratitud por nuestras bendiciones.

> Pídale a Dios lo que deseé, pero nunca olvide disfrutar de lo que tiene.

Declaración: Tengo miles de cosas por las cuales estar agradecido y aprecio cada una de ellas.

✳ Sea fortalecido en todo ✳

...no desmaye vuestro corazón, no temáis, ni os azoréis, ni tampoco os desalentéis delante de ellos.

DEUTERONOMIO 20:3

Desmayarse significa debilitarse, desfallecer nuestro ánimo y rendirse. Creo que este desfallecimiento comienza en nuestra mente, porque pensamos en las dificultades que tenemos o tememos tener, y empezamos a atemorizarnos por nuestras circunstancias y comenzamos a desmayar.

Dios quiere que seamos valientes en medio de toda situación y que no tengamos pavor de las cosas que sobrevendrán a nuestras vidas. El pavor es un pariente cercano del temor, el cual nos debilita. Cuando se sienta tentado a temer, a desmayarse y a rendirse, pídale a Dios que lo fortalezca. Dios dice que los que esperan en Él no se cansarán ni se fatigarán (vea Isaías 40:31).

Dios no permitirá que nos sobrevenga más de lo que podamos resistir (vea 1 Corintios 10:13), por tanto, no hay necesidad de tener temor. Aquello que debamos hacer puede no ser agradable o fácil, ¡pero con Cristo podemos lograrlo!

Oración: Padre, te pido que me fortalezcas en cada situación. Ayúdame a continuar hasta el final y a no desmayar ni fatigarme ni rendirme.

✳ El silencio ✳

Venid a mí todos los que estáis trabajados y cargados, y yo os
haré descansar. Llevad mi yugo sobre vosotros, y aprended de
mí, que soy manso y humilde de corazón; y hallaréis descanso
para vuestras almas; porque mi yugo es fácil, y ligera mi carga.
MATEO 11:28–30

Nuestra alma necesita descansar. Necesitamos un reposo interno. Descansar de planificar, de pensar, de razonar, de preocuparnos y de todas las demás actividades internas. Necesitamos estar a solas, en silencio e inactivos; pero raramente llega a ser suficiente. Debo admitir que no soy buena para no hacer nada. Planifico hasta lo que voy a comer o lo que haré el resto de mi semana o cómo puedo entretenerme.

A veces, Dios tiene que hacernos descansar junto a aguas de reposo (vea Salmo 23:2). Me he estado recuperando de una cirugía de remplazo de cadera, y entre no poder moverme mucho y estar bajo los efectos de los calmantes que desganaban mi mente así como también mi cuerpo, tuve que pasar largas horas sentada y simplemente mirando por la ventana. Esto fue una novedad para mí, una que de hecho disfruté porque obtuve el descanso interno que necesitaba.

Trate de tener algún tiempo para estar completamente a solas cada semana. Siéntese en algún sitio bello y pacífico y solo "sea". Aunque no lo crea, no siempre tenemos que "hacer" algo. De hecho, si nos tememos el tiempo periódicamente para "ser", nuestro "hacer" se volverá más productivo.

Oración: Padre, enséñame a darle descanso a mi alma y a no sentir que siempre tengo que estar involucrada en un frenesí de actividades.

✳ Antes de que sea demasiado tarde ✳

Señor, recuérdame lo breve que será mi tiempo sobre la tierra. Recuérdame que mis días están contados, ¡y cuán fugaz es mi vida!
SALMO 39:4 (NTV)

No hay nada peor que lamentar algo que hicimos (o no hicimos) cuando es demasiado tarde para hacer algo al respecto. Quisiera animarle a que les demuestre su aprecio a las personas en su vida que significan mucho para usted, y ¡no pierda tiempo! La postergación puede tener buenas intenciones, pero le impide actuar en obediencia. ¿Por qué dejar para más tarde lo que necesita hacer hoy? A menudo, es el método del diablo para hacernos vivir con remordimientos por las cosas que teníamos previsto hacer pero que nunca llegamos a realizarlas. Diga "te amo" mientras pueda. Diga "lo siento" mientras haya tiempo. Dé "gracias" por las bendiciones de este día, y ¡hágalo hoy!

> ¡Nunca deje para mañana lo que pueda hacer hoy!

Declaración: Soy una persona de acción y no postergaré las cosas que sé que debo hacer.

✳ Sea hoy de bendición ✳

Pero a ustedes que me escuchan les digo: Amen a sus enemigos, hagan bien a quienes los odian, bendigan a quienes los maldicen, oren por quienes los maltratan.

LUCAS 6:27–28 (NVI)

Tenemos dos opciones para ofrecer a todo aquel que se nos acerque: bendecirlo o maldecirlo. Si Dios espera que amenos a nuestros enemigos, ¿cuánto más deberíamos estar preparados y dispuestos a bendecir a nuestra familia, nuestros amigos y nuestros conocidos? Muchas personas se cruzan a diario en nuestro camino, y tenemos la oportunidad de darles a las personas lo que anhelan sus almas. ¡Podemos bendecirlos!

Piense en esto: ¡Hoy puede bendecir a alguien! También puede maldecirlo, pero espero que todos nos abstengamos de hacer eso. Usted puede maldecir a una persona con algo tan simple como ignorarla. Cuando hacemos eso, la hacemos sentir insignificante y desvalorizada.

Hace algunos días, entré en una sala en donde varias personas se encontraban reunidas y, de inmediato, un hombre se me acercó con un saludo amigable; sin embargo, no tenía ningún interés en hablar con él, así que lo saludé rápidamente y me alejé. Hice lo que creí mejor para mí, pero al mirar hacia atrás, estoy segura de que sintió mi rechazo y mi desinterés. Podría haberlo bendecido al pasar algunos minutos con Él y mostrarle mi interés, pero me dejé llevar por el egoísmo.

Me he propuesto un nuevo objetivo y es ser de bendición a todo aquel que se cruce en mi camino. Creo que es la manera en que Dios quiere que vivamos, y también creo que es la puerta al gozo personal.

Oración: Padre, perdóname por cada vez que he maldecido a alguien cuando podría haberlo bendecido. Ayúdame a cambiar y a ser de bendición a dondequiera que vaya.

✳ *Soy perdonado* ✳

Mi pecado te declaré, y no encubrí mi iniquidad. Dije:
Confesaré mis transgresiones a Jehová; y tú perdonaste la
maldad de mi pecado.   SALMO 32:5

¿Reconoce su pecado y pide perdón, pero todavía continúa sintiéndose culpable? En caso afirmativo, quizá no logre comprender cuán completo y maravilloso es el perdón de Dios. Él no solo nos perdona, sino que además no se acuerda de nuestros pecados (vea Isaías 43:25). Le sugiero que deje de hablar con Dios una y otra vez sobre cosas que Él ya ha olvidado. Si de verdad se ha arrepentido, entonces sus pecados fueron perdonados definitivamente desde la perspectiva de Dios, pero quizá usted necesite *recibir* el perdón y perdonarse a sí mismo. Recuerde, Jesús cargó con su castigo, así que no tiene que castigarse al sentirse culpable y condenado.

> El perdón de Dios es total y completo ¡Recíbalo!

Declaración: Cuando peco, reconozco mi pecado de inmediato, me arrepiento y recibo el perdón de Dios.

✳ Proclamar ✳

Yo proclamaré el decreto del Señor... SALMO 2:7 (NVI)

Cuando algo es decretado, se deja asentado por escrito; y cuando es proclamado, se declara con la boca. El salmista David dijo que él proclamaría el decreto del Señor. En otras palabras, él declaró en voz alta la Palabra de Dios sobre su vida, sus circunstancias y sus amigos y familia. Yo hago lo mismo, y si usted nunca lo ha hecho, lo animo fuertemente a que desarrolle el hábito espiritual de hacerlo.

Las palabras tienen poder y debemos usarlas con sabiduría. Usted podría comenzar un día como hoy, diciendo: "Declaro que hoy veré la bondad de Dios en mi vida. Honraré a mi prójimo y seré obediente a Dios. Mis pecados son perdonados y recibo la misericordia y el favor de Dios en mi vida hoy y siempre".

La Palabra de Dios está llena de promesas, y usted puede declarar alguna o todas ellas. Llene la atmósfera en donde mora con las promesas de Dios. Lo animará y aumentará su fe.

Tenga cuidado de no proclamar cosas sobre su vida que no quiere. Por ejemplo: "Me temo que voy a contraer esa gripe que anda dando vueltas" o "Probablemente pierda mi empleo". Viva en consonancia con Dios y véalo obrar maravillas en su vida.

Oración: Padre, ayúdame a escoger mis palabras con cuidado. Quiero declarar vida y no muerte.

✳ Permanecer en amor ✳

Como el Padre me ha amado, así también yo os he amado;
permaneced en mi amor.   JUAN 15:9

Hoy Dios me recuerda siempre permanecer en su amor. Ser consciente del amor de Dios es una de las cosas más importantes que podemos hacer. Su amor nos fortalece y nos sana. Nos da seguridad y nos añade valor como individuos. ¡No permita que nada lo separe del amor de Dios!

Guárdese de cuando peque no perder la consciencia del amor del Dios. Es fácil permitir que los sentimientos de culpa nos roben la misma cuando sentimos que hemos fallado. Dios no deja de amarnos ni por un momento. De hecho, la verdad es que cuando Dios nos muestra nuestros pecados, ese es su amor en acción. Él reprende a todos los que ama (vea Apocalipsis 3:19).

El diablo trabaja incansablemente para robarnos nuestra consciencia del amor de Dios por medio del engaño. Él conoce cuán poderoso es el amor de Dios. Se lo llama "el acusador de los hermanos" (vea Apocalipsis 12:10). Nos recuerda de nuestros errores e intenta convencernos de que Dios no nos ama y que está enfadado con nosotros, pero recuerde que el diablo es un mentiroso. ¡Dios lo ama, punto final!

Oración: Padre, ¡enséñame a permanecer en tu amor! Tú no me amas porque soy digno, sino porque tú eres amor. ¡Gracias por amarme!

✳ Dios está con nosotros en nuestras debilidades ✳

Cuando el hombre cayere, no quedará postrado, porque Jehová sostiene su mano.　　　SALMO 37:24

Creo que nuestras debilidades nos preocupan más de lo que le preocupan a Dios. Él ya sabía cada error que cometeríamos incluso antes de que naciéramos, y aun así nos escogió. ¿Adivine qué? ¡Dios no se escandaliza por sus fracasos! Cada vez que caemos o fallamos, Él está presente para levantarnos y ayudarnos a continuar en la dirección correcta una vez más.

Tengo cuatro hijos, y cuando eran pequeños se caían todo el tiempo, especialmente cuando estaban aprendiendo a caminar. Jamás me enfadé con ellos porque se cayeran, sino que siempre corrí a ayudarlos. Si esta es nuestra reacción hacia nuestros hijos, ¿cuánto más Dios actuará con misericordia con nosotros?

> Dios conoce los errores que cometeremos incluso antes que nosotros mismos, y Él tiene nuestro rescate planeado.

Declaración: ¡Cuando caiga, volveré a levantarme, porque Dios me ayudará!

✳ Dios tiene la respuesta ✳

Hijo mío, está atento a mis palabras... Porque son vida a los que las hallan, y medicina a todo su cuerpo.

PROVERBIOS 4:20, 22

La Palabra de Dios posee la respuesta para todos sus problemas. Es como ver su Palabra como un antídoto contra todo lo que se levante para envenenar nuestras vidas. Si me mordiera una serpiente, conduciría deprisa al hospital para recibir el antídoto. Querría neutralizar el veneno lo antes posible. Existen innumerables cosas que envenenan nuestra alma, tales como la amargura, el egoísmo, la codicia y la inseguridad.

Para la amargura, Dios nos da la capacidad de perdonar a aquellos que nos han herido. Para el egoísmo, nos da la capacidad de amar a otros. Para la codicia, nos da la generosidad. Y para la inseguridad, nos da su amor incondicional. Estas constituyen algunas de las respuestas que encontramos en la Palabra de Dios.

Si alguna vez siente que su alma ha sido envenenada con sentimientos como los que mencioné —o incluso otros como la desesperanza, el temor, la culpa, la vergüenza, la preocupación, la ansiedad o la pérdida de gozo— ¡acuda a Dios por el antídoto!

Oración: Padre, ¡gracias por tu Palabra! No quiero vivir con un alma envenenada, por tanto, te pido tu ayuda porque creo en que tienes mi respuesta.

✳ Sea usted mismo ✳

Porque de la manera que en un cuerpo tenemos muchos miembros, pero no todos los miembros tienen la misma función, así nosotros, siendo muchos, somos un cuerpo en Cristo... De manera que, teniendo diferentes dones, según la gracia que nos es dada, si el de profecía, úsese...

ROMANOS 12:4-6

De mismo modo que nuestros miembros del cuerpo son todos diferentes, así también somos diferentes unos de otros. No caiga en la trampa de tratar de ser alguien más excepto usted mismo. Dios pudo hacer muy poco conmigo y a través de mí hasta que dejé de tratar de ser alguien más y aprendí a contentarme con ser yo misma.

Traté de ser ama de casa como mi vecina, pero la jardinería y la confección de la ropa para mi familia no eran lo mío. Traté de hablar con más suavidad como la esposa de mi pastor, pero tampoco funcionó. Traté de ser más relajada y despreocupada como Dave, pero eso también me resultó difícil. Tras años de frustraciones y fracasos, finalmente, llegué a la conclusión de que tenía que ser "yo", ¡porque todas las demás personalidades ya no estaban disponibles! Dios no me iba a ayudar a ser alguien más porque Él me había creado de la manera en que quería que yo fuera.

Todos necesitamos mejorar en algunas áreas de nuestras vidas, pero debemos ser las personas que Dios nos creó para que fuéramos, y eso significa que siempre seremos un poco diferentes de los demás. A Dios obviamente le encanta la diversidad y quiere que disfrutemos de ser quienes somos y que no nos comparemos con otras personas.

Oración: Padre, ayúdame a abrazar a la persona que quieres que sea. Ayúdame a aceptarme a mí mismo y a vivir libre de la tiranía de la comparación.

❋ Las distracciones ❋

Tus ojos miren lo recto, y diríjanse tus párpados hacia lo que tienes delante.   PROVERBIOS 4:25

Es probable que experimentemos más distracciones en nuestras vidas en la actualidad que en cualquier otro tiempo de la historia. El mundo es ciertamente un lugar ajetreado y ruidoso. Todos los dispositivos electrónicos que poseemos son suficientes en sí mismos para realizar con eficacia el trabajo de distraernos; sin embargo, para poder lograr lo que queramos, necesitamos enfocarnos en nuestro propósito. En este día, simplemente le recuerdo ser persistente en no permitir que las personas y las cosas lo distraigan de la voluntad de Dios para su vida. Este día importa, por lo tanto, asegúrese de no desaprovecharlo con cosas vanas.

> Necesitamos disciplina para convertirnos en quién queremos ser.

Declaración: Me enfocaré cada día en mis objetivos y no daré lugar a las distracciones vanas que roban mi tiempo.

✳ *Permanezca inmutable* ✳

El que habita al abrigo del Altísimo morará bajo la sombra del Omnipotente.   SALMO 91:1

¿Alguna vez ha estado feliz y tranquilo y luego permitió que alguien con mal humor lo perturbara? Esto sucede con la mayoría de las personas, pero nosotros no tenemos que ser la "mayoría". Hoy me voy a reunir con alguien a quien quiero mucho, pero que suele afectar mi temperamento. Sé que es importante para mí ser un ejemplo para esta persona y permanecer inmutable sin importar lo que haga.

Usted quizá también esté en una relación o trabaje con alguien malhumorado y cambiante. La mejor manera de prepararse para lidiar con ellos apropiadamente es pasar tiempo con Dios para recibir su fortaleza. Cuando habitamos al abrigo del Altísimo (la presencia de Dios) crecemos en estabilidad.

No permita que otras personas dicten su comportamiento. ¿Por qué debería estar de mal humor solo porque alguien más lo está? Sea feliz y un ejemplo de comportamiento piadoso a todos aquellos que lo rodean.

Oración: Padre, ayúdame a permanecer emocionalmente estable en todo tiempo. ¡No permitas que otras personas o mis circunstancias me cambien!

✳ Cristo vive en mí ✳

Con Cristo estoy juntamente crucificado, y ya no vivo yo, mas vive Cristo en mí... GÁLATAS 2:20

Esta mañana le dije al Señor que me sentía un poco desconectada de Él, y rápidamente me recordó que nunca puedo estar desconectada de su persona porque Él vive en mí. No siempre sentimos la presencia de Dios, pero Él siempre mora en nosotros. Es importante que cada creyente sea consciente de Dios. Vivimos por y a través de Él. Él es nuestra sabiduría, nuestra fortaleza, nuestra paz, nuestra justicia y todo lo que necesitemos. Nunca tendremos que salir a buscarle porque Él no está escondido y no nos ha dejado. Solo necesitamos creer que Cristo en nosotros es la esperanza de gloria (vea Colosenses 1:27). Él es nuestra esperanza de vivir una vida digna y que sea agradable a Él.

Uno de los nombres de Jesús es Emanuel, que significa "Dios con nosotros" (vea Mateo 1:23). Él prometió que estaría con nosotros todos los días (vea Mateo 28:20). Medite en el hecho de que Dios mora en usted y que nunca podrá desconectarse de Él sin importar cómo se sienta. Satanás quiere que nos sintamos solos y abandonados, pero es un mentiroso, y la verdad siempre nos hará libres.

Oración: Padre, me maravillo de que me hayas escogido como tu morada. Ayúdame a estar consciente en todo tiempo de que vives en mí.

✳ *Enfrente sus temores* ✳

Mira que te mando que te esfuerces y seas valiente; no temas ni desmayes, porque Jehová tu Dios estará contigo en dondequiera que vayas. JOSUÉ 1:9

El temor de lo que podría suceder es de hecho peor de lo que realmente sucede. El temor es muy atormentador, pero no tiene poder real sobre nosotros si lo enfrentamos con valentía, sabiendo que Dios está con nosotros. Puede que no sepamos qué hacer sobre nuestras dificultades en la vida, pero Dios sí sabe, y Él nos mostrará el camino a su debido tiempo. Nos concede la gracia que necesitamos para enfrentar las circunstancias de la vida cuando realmente sea necesario, no antes. Si miramos hacia el futuro incierto, la mayor parte del tiempo nos espera el temor, pero si seguimos avanzando con valor, el temor huirá.

> Enfrente sus temores y estos se desvanecerán.

Declaración: Cuando sienta temor, seguiré avanzando. No permitiré que el temor domine mi vida.

✳ La bendición ✳

Jehová te enviará su bendición sobre tus graneros, y sobre todo aquello en que pusieres tu mano; y te bendecirá en la tierra que Jehová tu Dios te da. DEUTERONOMIO 28:8

La Biblia con frecuencia hace referencia a "su bendición". Descubrimos al estudiar estas palabras que es algo extremadamente poderoso. A causa de que somos bendecidos por Dios, su bendición está en nosotros para poder compartirla con otros. Recientemente, Dios me ha guiado a comenzar cada día bendiciendo a mi familia, nombrándolos a cada uno de ellos personalmente y bendiciendo mi vida también. Asimismo bendigo nuestros hogares, nuestra salud, el día, nuestros colaboradores en el ministerio y muchas otras cosas.

Cuando bendecimos a alguien, en esencia, estamos diciendo: "Que todos los planes buenos de Dios se cumplan en tu vida". Me he asombrado profundamente de la importancia de bendecir como normalmente lo hago al despertarme por la mañana, antes de levantarme de la cama. Descubrí que comenzar mi día con palabras de bendición en mi boca y en mis pensamientos hace que mi día sea mejor.

Cuando bendecimos a otros, la bendición regresa a nosotros. No solo debemos bendecir a quienes amamos y admiramos, sino que también Dios nos instruye a bendecir a nuestros enemigos, a fin de poder heredar su bendición.

Sea audaz al librar la bendición cada día y estará en concordancia con Dios, porque Él es ciertamente quien bendice.

Oración: Padre, enséñame a bendecir y a nunca maldecir. Tú me has bendecido y quiero siempre librar tu bendición hacia otros. Deseo que puedan experimentar tu buena voluntad en sus vidas. Bendice cada cosa que hagamos. ¡Gracias!

✳ *Conténtese donde sea que se encuentre* ✳

Te haré entender, y te enseñaré el camino en que debes andar; sobre ti fijaré mis ojos.   SALMO 32:8

Esta mañana escribí estas líneas en mi diario, y pensé que podría convertirlas en el devocional para este día:

> Te amo, Padre, Hijo y Espíritu Santo. Eres bueno en cada momento. Acabo de regresar de un viaje de un mes, y es bueno regresar a casa. Pero, afortunadamente, puedo estar feliz en cualquier sitio mientras esté cerca de ti. Estoy contenta de regresar con mis hijos y mi rutina normal. Nada es mejor que estar con la familia y la simplicidad de la vida diaria.
>
> En ti pongo mi confianza, Señor. Fortaléceme en este día para caminar contigo y permíteme representarte dignamente en cada cosa que haga.
>
> ¡Hoy es un gran día y escojo vivirlo en tu presencia!

Oración: Padre, atráeme a tu presencia en este día y cada día. Ayúdame a ser consciente de tu persona. Úsame para tu gloria y que hoy pueda yo ser de ayuda para alguien.

✳ *Sea de espíritu apacible* ✳

Vuestro atavío no sea el externo de peinados ostentosos, de adornos de oro o de vestidos lujosos, sino el interno, el del corazón, en el incorruptible ornato de un espíritu afable y apacible, que es de grande estima delante de Dios.

1 PEDRO 3:3–4

Hoy me encuentro luchando una pequeña batalla con la preocupación. Hay tres cuestiones diferentes por las que podría estar preocupada, pero sé que Dios nos ha llamado a estar en paz.

Quizá usted también esté viviendo algo hoy por lo que podría estar preocupado, pero ¿qué bien nos hará?

Cuando algo trata de robarnos nuestra paz, podemos escoger tener en paz adrede. Pedro escribió que debemos buscar la paz y seguirla (vea 1 Pedro 3:11). ¡Un espíritu apacible es precioso para el Señor! Cuando estamos en paz y es aquietado nuestro espíritu, podemos escuchar a Dios, y eso es lo que necesitamos cada vez que tengamos que resolver alguna situación. La preocupación no la resolverá, pero Dios siempre tiene nuestra respuesta.

Despójese de sus cargas en este día y confíe en que Dios se encargará de todo lo que le concierne. Él lo ama y está esperando ayudarle.

Oración: Padre, escojo hoy la paz. Concédeme la gracia para no preocuparme y por nada estar afanoso.

✳ Prohibido estacionar ✳

Porque siete veces podrá caer el justo, pero otras tantas se levantará; los malvados, en cambio, se hundirán en la desgracia.
PROVERBIOS 24:16 (NVI)

Algunas personas siguen adelante cuando la vida se torna difícil, pero otras se estacionan en el momento de su aflicción. Deciden permanecer donde están en lugar de avanzar en medio de las dificultades. Este comportamiento causa que se pierdan la vida que Dios destinó para ellos. Taré, el padre de Abram, se dirigía a la tierra de Canaán, pero se estableció en Harán (vea Génesis 11:31). Me pregunto cuánto se habrá perdido Taré en la vida por establecerse allí. Es interesante notar que no volvemos a oír de Taré después de eso. Usted es importante para los planes de Dios, así que no estacione su vida... solo siga adelante.

No estacione su vida en el momento de su aflicción.

Declaración: Cuando el camino se torne difícil, seguiré avanzando. Llegaré a la meta con Dios.

✳ La quietud ✳

Alma mía, en Dios solamente reposa, porque de él es mi esperanza.
SALMO 62:5

Mi parte favorita del día es temprano en la mañana cuando me levanto antes que nadie y la casa está completamente en silencio. Paso ese tiempo con Dios, y encuentro que ese reposo fortalece mi alma y me ayuda a enfocarme para comenzar mi día. Me quedo simplemente sentada y disfrutando.

El mundo en que vivimos es muy ruidoso, ajetreado y a veces estresante. Cuando se sienta estresado o frustrado, vaya a algún sitio que sea silencioso y solo quédese allí por algunos minutos, y creo que logrará que su alma comience a aquietarse. La paz y la quietud interior son fundamentales para oír a Dios o sentir la dirección que quiere que tomemos.

El silencio exterior ayuda a promover el silencio interior. Aprenda a amar el silencio y estará más inclinado a oír la voz apacible y delicada de Dios. En un momento cuando Elías necesitaba con desesperación recibir la dirección de Dios, tuvo que esperar hasta que todos los ruidos cesaran, y solo en la quietud oyó la voz de Dios apacible y delicada hablándole (vea 1 Reyes 19:11–12).

Oración: Padre, ayúdame a aprender a amar el silencio a fin de que pueda oír tu voz y sentir tu presencia.

✻ Pensar en lo bueno ✻

...todo lo que es verdadero, todo lo honesto, todo lo justo, todo lo puro, todo lo amable, todo lo que es de buen nombre; si hay virtud alguna, si algo digno de alabanza, en esto pensad.

FILIPENSES 4:8

Me sentía cansada cuando me levanté esta mañana, y estaba teniendo dificultades para mantener mis pensamientos alineados con las exhortaciones de la escritura del día. No tenemos automáticamente todos pensamientos agradables, y hay ocasiones cuando debemos diligentemente dirigir nuestros pensamientos en la dirección correcta.

En efecto, varias veces tuve que decirme a mí misma: "No, no voy a pensar de esa manera. Pensaré en cosas buenas". Parecía como si los defectos de todos los que conocía venían a mi mente, uno tras otro, pero con la ayuda del Espíritu Santo y algo de diligencia, gané la batalla. El "ataque" en mi mente duró alrededor de cinco o diez minutos y luego se acabó.

Debemos permanecer firmes en la fe contra el enemigo cuando nos ataca, y de ese modo, pronto se alejará. Cuando Jesús fue tentado en el desierto, Él resistió cada mentira del diablo, y cuando hubo acabado con la tentación, se apartó de Él hasta otro momento más oportuno (vea Lucas 4:13). Nunca sabemos cuándo los pensamientos impíos puedan tratar de acceder a nuestras mentes, pero sí sabemos que al permanecer firmes, siempre ganaremos la batalla.

Oración: Padre, ayúdame a reconocer cuando mis pensamientos no sean gratos delante de ti y concédeme la gracia para pensar en todo lo amable y puro.

✳ La plenitud ✳

Y le dijo Pedro: Eneas, Jesucristo te sana...   HECHOS 9:34

Jesús nos ofrece la salvación, la cual significa plenitud. Él no murió a fin de que seamos sanados parcialmente en una o dos áreas de nuestras vidas; su voluntad para nosotros es la sanidad completa y la plenitud. Jesús quiere sanarnos espiritual, mental, emocional, física, social y financieramente. Le interesa todo lo que nos concierne, y no tenemos que conformarnos con nada menos que ser completos y plenos. Si algún área de su vida está necesitada, pídale a Jesús sanidad en esa área, así como también en todas las demás áreas.

> Jesús quiere sanarlo, no dejar un vacío en su alma.

Declaración: Jesús puede sanarme cualquiera sea mi herida, y no me conformaré con nada menos que su voluntad.

✷ El escudo de la fe ✷

Sobre todo, tomad el escudo de la fe, con que podáis apagar todos los dardos de fuego del maligno. EFESIOS 6:16

El diablo nos ataca de diversas formas, pero podemos siempre obtener la victoria si tomamos el escudo de la fe contra él desde el principio de su ataque. No hace mucho, temprano en la mañana, atacó mi mente con pensamientos críticos sobre varias personas que conozco, y esta mañana fue con temor y preocupación. En ambas ocasiones, el Espíritu Santo me hizo tomar consciencia de lo que estaba sucediendo y libré mi fe en Dios al recordar su fidelidad y al confiar en que Él se encargaría de todo aquello que estaba intentando molestarme. También remplacé los malos pensamientos por pensamientos de bien, porque una de las maneras de vencer el mal es con el bien (vea Romanos 12:21).

Cuando el diablo nos ataque, no nos atrevamos a ser pasivos y a no hacer nada. Debemos levantarnos contra él. Someternos a Dios y a su Palabra y resistir al diablo, y huirá de nosotros (vea Santiago 4:7). Sin importar qué mentira el diablo susurre a su mente, no le crea, en cambio, blanda (use) la espada del Espíritu que es la Palabra de Dios.

Remplace los pensamientos de crítica con pensamientos de humildad y de amor. Remplace el temor y la preocupación con la confianza y la seguridad. La fe es un escudo y nos protegerá en cada batalla si lo "tomamos" al simplemente declarar nuestra confianza en Dios.

Oración: Padre, te pido que siempre me muestres cuando el diablo me ataque y me recuerdes de las escrituras pertinentes para remplazar los pensamientos malignos que me sugiera. Ayúdame a tomar mi escudo de la fe en todo tiempo. ¡Gracias!

✳ La prueba del carácter ✳

Amados, no os sorprendáis del fuego de prueba que os ha sobrevenido, como si alguna cosa extraña os aconteciese.

1 PEDRO 4:12

En la escuela no pasábamos de grado hasta que aprobáramos los exámenes finales. Los estudiantes por lo general se esfuerzan mucho más para los finales. ¿Por qué entonces nos sorprende tanto cuando sobrevienen dificultades en la vida que prueban la calidad de nuestro carácter?

Podemos orar para ser capaces de amar a nuestro prójimo, pero ¿cómo respondemos cuando nos encontramos con alguien que es muy difícil de amar? Podemos orar para ser generosos, pero ¿estamos dispuestos a dar aun cuando es inconveniente para nosotros? Quizá no seamos elegidos para algo que realmente queramos hacer, como estar en el equipo de baloncesto, el equipo de alabanza, ser el presidente de la clase o conseguir un ascenso en el trabajo. Cuando eso sucede, ¿cómo respondemos? ¿Confiaremos en que Dios siempre hará lo mejor para nosotros a su debido tiempo?

Tener la habilidad para hacer algo no significa que tengamos el carácter para hacerlo. Quizá necesitemos más crecimiento en Dios antes de ser promovidos. Dios da a cada uno de nosotros talentos y habilidades, pero nuestro carácter debe desarrollarse a lo largo de un determinado período, y la prueba del carácter es una de las herramientas favoritas que Dios usa para ayudarnos. Siempre recuerde contentarse en todo y ser agradecido y su tiempo de seguro llegará.

Oración: Padre, ayúdame a afrontar cada prueba del carácter que me toque vivir. Quiero representarte dignamente y siempre confiar en que me promoverás a su debido tiempo. En el nombre de Jesús, amén.

✳ El testimonio ✳

...testificando a judíos y a gentiles acerca del arrepentimiento
para con Dios, y de la fe en nuestro Señor Jesucristo.

HECHOS 20:21

El apóstol Pablo tuvo el privilegio de compartir su testimonio con las personas y presentarles a Jesús, pero también les compartió las cosas que él mismo había experimentado y cómo Dios fue siempre fiel. A la gente por lo general le encanta compartir sus testimonios de victoria, pero cuando comparto el mío, me gusta también compartir sobre las pruebas que he atravesado a lo largo del camino. La gente quiere que seamos honestos con ellos sobre nuestras experiencias de vida. Muchos de nosotros han experimentado el poder transformador de Dios, pero ciertamente no fue fácil llegar desde donde estaba a comenzar a vivir en victoria.

Si está tratando de servir a Dios y se encuentra en medio de pruebas y tribulaciones, puede tener la seguridad de que tendrá un testimonio de victoria maravilloso si no se rinde. Nunca tenemos un testimonio sin pasar por una prueba. Reciba la fuerza del Espíritu Santo y enfrente confiadamente su desafío. Ciertamente, todo lo podemos en Cristo quien nos fortalece (vea Filipenses 4:13), pero también es importante mantener una buena actitud y dar pasos de fe a lo largo del camino.

La próxima vez que enfrente desafíos (pruebas), no tenga temor ni se deje derrotar. Declare en fe que, con la ayuda de Dios, pasará la prueba y al final tendrá un testimonio de victoria.

Oración: Padre, confío en que me darás la fortaleza para enfrentar cada dificultad que se me presente. Ayúdame a mantener una buena actitud y siempre estar agradecido cualquiera sea mi situación. ¡Gracias!

✱ Un paso a la vez ✱

Te haré entender, y te enseñaré el camino en que debes andar; sobre ti fijaré mis ojos. SALMO 32:8

Si usted es como yo, le gusta que las cosas sucedan rápido. No quiere esperar por todo, y se frustra cuando tiene que hacerlo. Dios no se mueve en nuestros tiempos, sino en los de Él. Él tiene un plan y no está apurado. Prometió que nos guiaría a través de la vida, pero lo hace un paso a la vez. Nos emocionamos cuando nos revela su camino o cuando nos da una dirección, pero rápidamente nos damos cuenta de que también necesitamos confiar en Él para dar el próximo paso. La voluntad de Dios siempre le dará la gracia (favor y poder) que necesite, pero no puede almacenarlo y ponerlo en un depósito. Confíe en que Dios lo ayudará un paso a la vez. Continúe haciendo lo último que le mostró y el próximo paso le será revelado en el tiempo oportuno.

> Dios nunca llega tarde, pero tampoco suele llegar temprano.

Declaración: Confío en que Dios me guía un paso a la vez.

✳ Recuperar lo perdido ✳

Porque el Hijo del Hombre vino a buscar y a salvar lo que se había perdido. LUCAS 19:10

Jesús vino a buscar y a salvar a los pecadores perdidos, pero también quiere ayudarnos a que recuperemos todo aquello que hayamos perdido y que Él destinó que tuviéramos. Perdí mi niñez por causa del abuso, ¡pero Dios comenzó a devolvérmela a los cincuenta años! Nunca es demasiado tarde para recuperar las cosas que el enemigo nos ha robado. Aprendí a creer como niña, a divertirme como niña y a confiar como niña. Fui abusada por mi padre biológico, pero ahora tengo un Padre celestial que me ama y ha prometido suplir todas mis necesidades, y a usted también.

¿Ha perdido su niñez, su autoestima, su seguridad, su gozo, su paz, su esperanza, su confianza, su audacia o cualquier otra cosa? De ser así, entonces Jesús quiere devolvérselo ahora. Jesús ya ha provisto para nuestra restauración completa por medio de su muerte y resurrección, y nosotros simplemente necesitamos creer y orar expectantes para que tales cosas sean restauradas.

Todo lo de Dios viene por medio de la fe, así que le recomiendo que libre su fe por aquello que necesite. Dios puede hacer más de lo que creemos o incluso imaginamos, y nada hay imposible para Él; por lo tanto, ore impetuosamente. Él lo ama y quiere que usted sea completamente restaurado.

Oración: Padre, te pido confiadamente por la restauración de todo aquello que el diablo me ha quitado en la vida. Ayúdame a estar firme en la fe y a no renunciar a las cosas que has provisto para mi vida por medio de tu Hijo Jesús.

✳ El privilegio de la oración ✳

Orad sin cesar.   1 TESALONICENSES 5:17

Me desperté esta mañana pensando sobre mi vida de oración y preguntándome si es tan buena como debería ser. A la luz de este pensamiento, pasé algunos momentos estudiando acerca de la oración y su Espíritu me recordó varias verdades:

1. Podemos orar en cualquier momento, en cualquier lugar y acerca de todas las cosas. Al orar a lo largo del día, estamos orando sin cesar.
2. La oración no necesariamente debe ser larga. Una oración corta, sincera y llena de fe es suficiente.
3. Además de orar a lo largo de su día, es también bueno tener un lugar especial en donde se sienta cómodo para orar.
4. Pida en fe, creyendo en que recibirá y Dios le responderá (vea Marcos 11:24).
5. Ore conforme a la voluntad de Dios, no a su propia voluntad.
6. Sean conocidas sus peticiones con acción de gracias (vea Filipenses 4:6). Sin importar lo que necesitemos, siempre tendremos mucho por agradecer.
7. ¡El hecho de que oremos es mucho más importante que los métodos que sigamos!
8. Cuando ore, sea consciente de que Dios ciertamente lo está escuchando.

Oración: Padre, gracias por el privilegio de comunicarnos contigo por medio de la oración. Enséñame a orar de una manera más eficaz y a ser guiado por tu Espíritu en todas mis oraciones.

❋ Su Ayudador ❋

Y yo rogaré al Padre, y os dará otro Consolador, para que esté con vosotros para siempre.　　　　JUAN 14:16

Probablemente, una de las oraciones que haga con mayor frecuencia sea "Dios ayúdame". A veces ni siquiera estoy segura con qué necesito que me ayude, pero soy consciente de que sin el poder de Dios, nunca triunfaré en nada. Es maravilloso saber que tenemos un Ayudador divino, el Espíritu Santo, quien está con nosotros siempre.

Lo animo que le pida ayuda tantas veces al día como quiera. Dios no se cansa de oír su voz ni de escuchar cuando le dice que lo necesita. Necesitamos su ayuda tanto en las cosas importantes como en las pequeñas. Necesitamos su ayuda con aquello que no sabemos hacer, pero también con aquellas cosas que hemos hecho miles de veces antes. ¡Él es nuestro triunfo!

He aquí algunas cosas por las que frecuentemente le pido a Dios su ayuda: ayuda para representarlo bien a dondequiera que vaya. A mantener mis pensamientos alineados con su Palabra. A decir solamente cosas que estén llenas de vida y de poder. A poder ponerme mis lentes de contacto. A arreglar mi cabello y a vestirme apropiadamente para el día. A tomar las decisiones correctas. ¡A no comer en exceso! ¡A que me ayude a ejercitar! Y literalmente le pido su ayuda para todo lo que pueda imaginarse.

Lo animo fuertemente a depender de Dios en todo tiempo y a expresar su dependencia de Él al pedirle ayuda a lo largo del día.

Oración: Padre, te pido que me ayudes en todas las cosas, todo el tiempo. Nada puedo hacer sin ti y dependo completamente de ti. ¡Gracias por ser mi Ayudador!

✳ *Nuestros secretos nos hacen envejecer* ✳

Mientras callé, se envejecieron mis huesos en mi gemir todo el día. SALMO 32:3

Nunca debemos tratar de ocultar nuestros pecados de Dios. Él sabe todo lo que hacemos, pero necesitamos exponer nuestro pecado y confesárselo a Él. Las cosas ocultas tienen poder sobre nosotros, pero una vez que la oscuridad es expuesta a la luz, se disipa. El rey David cometió adulterio y mandó a matar al esposo de la mujer. Erróneamente esperó un año antes de que finalmente confesara su pecado. Su vida fue miserable hasta que confesó, y así también será con nosotros. Seamos siempre sinceros y honestos con Dios sobre todas las cosas. ¡Puede hablar con Él sobre absolutamente todo!

Nuestro pecado no ha de sorprender a Dios. Él sabía lo que íbamos a hacer antes de que lo hiciéramos.

Declaración: Trataré de no ocultarle nada a Dios.

✳ Un tiempo para no hablar ✳

No hablaré ya mucho con vosotros; porque viene el príncipe de este mundo, y él nada tiene en mí.   JUAN 14:30

El momento del sufrimiento y de la muerte de Jesús se acercaba, y Él les dijo a sus discípulos que ya no hablaría mucho con ellos. Creo que cuando estamos bajo presión o teniendo un momento particularmente difícil, suele ser mejor elegir permanecer callados, porque quizá seamos tentados a decir algo de lo cual más adelante nos arrepintamos.

A menudo, les decimos a nuestros hijos: "Si no puedes decir algo bueno, entonces no digas nada". Habrá momentos cuando necesitemos seguir nuestro propio consejo. Cuando no me siento bien, o estoy extremadamente cansada, o he tenido un día estresante, o estoy atravesando por un tiempo difícil, es probable que diga cosas que contengan un poder negativo y quizá pueda abrir una puerta para que el enemigo aumente mi sufrimiento. La Biblia nos enseña que debemos estar satisfechos con las consecuencias de nuestras palabras (vea Proverbios 18:20), y si nos vamos a saciar, entonces necesitamos ser muy cuidadosos con lo que decimos.

Nuestras palabras producen consecuencias, y necesitamos emplearlas con sabiduría. Jesús sabía que estaba acercándose a un momento muy importante de su vida y determinó no otorgarle a Satanás ningún poder sobre Él por medio de las palabras insensatas.

Que esto nos sirva para recordar que permanecer callados es a veces lo mejor que podemos hacer. ¡Puede ahorrarle muchos problemas posteriores!

Oración: Padre, ayúdame a permanecer callado cuando esté por decir cosas que lamentaré más tarde. ¡Enséñame a pensar antes de hablar!

✳ *Siempre* ✳

Yo soy el Señor y no cambio...   MALAQUÍAS 3:6 (NTV)

Dios permanece siempre igual; Él es la Roca donde nos escondemos. Él estará siempre con nosotros, siempre nos perdonará, siempre nos amará de manera incondicional, Él es siempre por nosotros y es siempre fiel. Lo exhorto a enfocarse en estas promesas y en la palabra "siempre" y a darse cuenta de cuán reconfortante es saber que podemos siempre contar con Dios.

Incluso si perdemos nuestra fe, Dios permanece siempre fiel. Como seres humanos, nuestro trato con las personas suele cambiar cuando ellos cambian hacia nosotros, pero Dios no es así. Él es quien es, y nada de lo que hagamos (o dejemos de hacer) cambiará ese hecho. Es maravilloso pensar en que Dios está *siempre* con nosotros y, por lo tanto, nunca estamos solos... nunca nos faltarán esperanzas ni fuerzas.

Es igualmente maravilloso recordar que cada vez que reconozcamos nuestros pecados y estemos dispuestos a arrepentirnos, Él siempre nos perdonará. Él quitará nuestro pecado y no lo recordará jamás. Si se encuentra atado a la culpa de pecados pasados, necesita dejar de recordar aquello que Dios ya ha olvidado.

En los días cuando siente que nadie lo quiere, y quizá cuando incluso se siente rechazado, puede estar seguro de que Dios *siempre* lo amará. Dios ha prometido amarle con amor eterno (vea Jeremías 31:3).

Cuando todo a su alrededor se estremezca y nada parezca estable, recuerde que Dios nunca cambia y que siempre podrá depender de Él.

Oración: Padre, gracias porque tú no cambias y puedo confiar en ti. Ayúdame a recordar que siempre estás conmigo y que siempre estás a mi favor.

✳ Tome lo que le pertenece ✳

Yo os he entregado, como lo había dicho a Moisés, todo lugar que pisare la planta de vuestro pie. JOSUÉ 1:3

La Biblia nos enseña que Dios nos ha dado todas las cosas que pertenecen a la vida y a la piedad (vea 2 Pedro 1:3). Él lo ha prometido, pero necesitamos tomar medidas con la guía del Espíritu Santo. En 2 Pedro 1:5 dice que debemos añadir nuestra diligencia a las promesas y ejercicio de nuestra fe. Dios le dijo a Josué que la tierra era de él, pero tenía que salir y tomarla. Si espera que las promesas de Dios se manifiesten en su vida mientras no hace absolutamente nada, entonces está equivocado. Ore y libre su fe para ver el cumplimiento de las promesas de Dios y luego haga aquello que Dios le muestre que deba hacer.

> ¡Salga y descubra aquello que Dios tiene para usted!

Declaración: Avanzaré en fe y poseeré todo lo que Dios tenga para mí.

✸ ¡Hágalo! ✸

¿Por qué me llamáis, Señor, Señor, y no hacéis lo que yo digo?

LUCAS 6:46

La Palabra de Dios pone de manifiesto en varios pasajes que no debemos ser tan solo oidores, sino hacedores de la palabra (vea Santiago 1:22). Resulta riesgoso pensar que alguien es espiritualmente maduro porque asiste siempre a los servicios de la iglesia, tiene una gran colección de libros cristianos y lee la Biblia de manera regular. La prueba de nuestra verdadera madurez espiritual se refleja en nuestros frutos.

Las acciones hablan más fuerte que las palabras. Saber algo no nos hace ningún bien en absoluto a menos que lo llevemos a la práctica. Jesús lavó los pies de sus discípulos para darles un ejemplo y luego dijo que serían bienaventurados si, sabiendo estas cosas, las hicieran (vea Juan 13:17).

No queremos ser hipócritas, pero eso es exactamente lo que somos cuando les decimos a otros que hagan aquello que nosotros mismos no hacemos. Recuerdo una vez cuando tuve un problema y oraba y le preguntaba a Dios: "¿Qué quieres que haga, Señor? ¿Qué quieres que haga?". Respondió a mi corazón y me dijo: "¡Haz lo que le dirías a alguien que hiciera si estuviera en esta misma situación y pidiera tu consejo!". ¡Vaya! La vida a veces sería mucho más simple si siguiéramos nuestros propios consejos.

Tome esta oportunidad para preguntarse a sí mismo qué sabe que debe hacer y que no está haciendo, y luego corríjalo al tomar acciones llenas de fe. Dios está presto para ayudarle si da un paso de fe para ser obediente.

Oración: Padre, ayúdame a siempre hacer lo que sé que debo hacer.

✳ Dios conoce nuestros pensamientos ✳

Mas él conocía los pensamientos de ellos...   LUCAS 6:8

¡Resulta aleccionador darse cuenta de que Dios siempre conoce todos nuestros pensamientos! Nuestras bendiciones y nuestros problemas tienen sus orígenes en los pensamientos correctos o incorrectos. Cosechamos lo que sembramos, y esa es una ley espiritual que no podemos evitar. Los pensamientos son semillas las cuales producen una cosecha en nuestras vidas.

Si queremos aumentar nuestra paz o nuestro gozo, necesitaremos mejorar nuestros pensamientos. Si queremos ser capaces de alcanzar más, entonces no debemos pensar ni meditar en lo que no podemos hacer o en cuán débiles somos. No puede cambiar su vida sin cambiar su manera de pensar.

La Biblia incluso dice que Dios conoce cuando nos sentamos y cuando nos levantamos y ha entendido desde lejos nuestros pensamientos (vea Salmo 139:2). Teniendo en cuenta que ninguno de nuestros pensamientos es un secreto para Dios puede ayudarnos a estar más dispuestos a pensar en conformidad con su voluntad. Sus pensamientos sí importan. Estos se convierten en sus palabras, sus actitudes, sus sentimientos y sus acciones.

Quédese acostado en la cama por la mañana y practique pensar "a propósito". Piense de acuerdo con lo que quiere tener, no conforme a lo que siempre ha tenido en el pasado. Dios está haciendo cosas nuevas en su vida y Él quiere que piense en consecuencia.

Oración: Padre, gracias por recordarme que tú conoces todos mis pensamientos. Por favor, ayúdame a tener pensamientos que sean gratos delante de ti y que libren tu poder en mi vida.

✳ La comparación ✳

No nos hagamos vanagloriosos, irritándonos unos a otros, envidiándonos unos a otros.   GÁLATAS 5:26

La mayoría de nosotros somos tentados a compararnos con los demás. Nos volvemos celosos de lo que otros pueden hacer y comenzamos a pensar que a menos que hagamos lo mismo, no seremos tan buenos como ellos.

Recientemente estuve leyendo un libro sobre la oración, y algunas de las cosas que el escritor decía que experimentó en la oración nunca me habían sucedido. Entonces, comencé a preguntarme si debería "tratar" de hacer lo que él hacía o de la manera en que lo hacía. Usted probablemente haya experimentado lo mismo en algún momento de su vida.

Estoy agradecida de que Dios me haya enseñado que somos todos individuales y que Él nos usa a cada uno de nosotros de maneras diferentes, incluso en la oración. Quizá sienta una urgencia de orar frecuentemente por algo por lo que otra persona nunca ora, y así es como debe ser. La voluntad de Dios nunca nos ayudará a ser alguien más, porque quiere que seamos la persona que Él destinó que fuéramos. Alguien quizá sea un ejemplo para nosotros, pero solo Jesús es nuestro modelo para vivir nuestra vida.

Le animo a que evite las comparaciones y los esfuerzos inútiles tratando de ser alguien que nunca será. Dios disfruta de usted, y usted debería disfrutarse a sí mismo.

Oración: Padre, ayúdame siempre a ser mi mejor versión. Guíame para hacer tu voluntad y ayúdame a no compararme con los demás.

✳ Haga obras de bien en secreto ✳

Mas cuando tú des limosna, no sepa tu izquierda lo que hace tu derecha. MATEO 6:3

Cuando Dios nos concede la gracia para llevar a cabo una buena acción, no deberíamos compartirla con otros a fin de que piensen bien sobre nosotros, ni siquiera deberíamos pensar repetidas veces sobre la acción que hemos hecho. Si estamos dispuestos a realizar una buena acción en secreto, Dios nos recompensará en público. Creo que a menudo perdemos nuestra recompensa porque no podemos resistir la tentación de contarles a otros lo que hemos hecho. Nunca cuente de sus buenas acciones a menos que esté seguro de que su intención sea la correcta.

> Realice buenas acciones por otros sin necesidad de que lo aplaudan y Dios le sonreirá.

Declaración: Haré obras de bien en secreto y recibiré con alegría mi recompensa de parte de Dios.

✳ *Rehúsese a temer* ✳

El corazón alegre constituye buen remedio; mas el espíritu triste seca los huesos. PROVERBIOS 17:22

Acabo de regresar a casa después de llevar a cabo una conferencia en Virginia. Ya he desempacado del viaje y ahora es hora de volver a empacar para el próximo. Tener temor es tentador, pero me rehúso a darle lugar. El miedo roba la vida y el poder disfrutar de las cosas, y es en vano tener miedo de hacer algo que inevitablemente vamos a tener que hacer.

Creo que Jesús quiere que disfrutemos de nuestras vidas plenamente, y para mí ello significa cada parte de mi vida, en especial las cosas diarias y corrientes. Disfrutar la vida comienza con tener los pensamientos correctos, y podemos elegir pensar en lo correcto de manera intencional. Los pensamientos de temor solo consumen nuestra energía y no producen nada bueno.

¿Cuánto tiempo pierde temiendo situaciones que tiene que enfrentar? ¿Por qué no tomar la decisión de dejar de temer y comenzar a disfrutar? La vida es un regalo de Dios, la cual nos fue dada para que la disfrutemos y la apreciemos. Creo que una de las maneras en que podemos decirle "gracias" a Jesús por lo que ha hecho por nosotros es disfrutar cada momento que Él nos da.

Oración: Padre, concédeme la gracia que necesito hoy para que todo lo que haga pueda hacerlo con gozo y gratitud. Ayúdame a no tener temor sino a ser fuerte en ti y a afrontar cada tarea con valentía.

✳ El ladrón de los sueños ✳

Porque de la mucha ocupación viene el sueño...
ECLESIASTÉS 5:3

Tener un sueño para su vida es una cosa, pero ver su cumplimiento es otra muy diferente. Muchas personas tienen objetivos y sueños, pero en comparación, no muchos se aferran a ellos hasta haberlos alcanzado.

En primer lugar, debemos saber que Satanás es un ladrón de los sueños y no solo obra en nuestra contra por sí mismo, sino también por medio de otras personas. A veces las personas más cercanas a usted son aquellas que más lo desaniman. Están demasiado familiarizadas con usted como para ver la persona en quién pude convertirse y lo que Dios puede hacer a través de su vida.

Los sueños se cumplen con mucho trabajo, responsabilidad y la determinación de nunca rendirse. Existen tiempos de crecimiento y progreso, los cuales por supuesto son emocionantes; pero también hay contratiempos y momentos cuando siente que no avanza en ningún sentido. Incluso hay momentos de soledad, cuando cree que nadie entiende lo que es estar en su lugar.

Es importante celebrar cualquier progreso que alcance y no permitir que los contratiempos y las esperas lo desanimen demasiado. Aférrese a sus sueños y esté dispuesto a hacer los sacrificios necesarios ahora por aquello que espera tener en el futuro. ¡Confíe en Dios y dependa de Él en todo tiempo y Él los cumplirá!

Oración: Padre, ayúdame a no renunciar a los sueños que has puesto en mi corazón para mi futuro. Fortaléceme en los tiempos difíciles y ayúdame a creer que sigues obrando, incluso cuando nada parece estar sucediendo.

❋ Cuándo dar consejos y cuándo no ❋

El que pasando se deja llevar de la ira en pleito ajeno es como el que toma al perro por las orejas.

PROVERBIOS 26:17

La mayoría de nosotros no hacemos un gran trabajo manejando nuestros propios asuntos, y sin embargo, somos tentados a involucrarnos en la vida de los demás y tratamos de darles consejos que no pidieron. Si desea tener más paz en su vida, una de las maneras de conseguirla es asegurándose de no involucrarse en los asuntos ajenos (incluyendo los de sus hijos adultos). Son muy pocos los que verdaderamente quieren nuestro consejo incluso si nos lo piden, y ciertamente no lo quieren si no nos lo han pedido. Si alguien sí pide nuestro consejo, podemos dárselo, pero aun así, no debemos tratar de convencerlos de que tenemos razón.

> ¡Si desea tener más paz, ocúpese
> de sus propios asuntos!

Declaración: Me ocuparé de mis propios asuntos y me mantendré al margen de los asuntos ajenos.

✳ No hay lugar como el hogar ✳

Por eso mantenemos siempre la confianza, aunque sabemos
que mientras vivamos en este cuerpo estaremos alejados del
Señor. 2 CORINTIOS 5:8 (NVI)

Al escribir estas palabras, me encuentro sentada en una sala de hospital con mi madre y una de mis hijas. Mi madre partirá para estar con el Señor en las próximas horas. Faltaban unas pocas semanas para que cumpliera noventa años, y ha vivido una difícil pero larga vida. Estoy emocionada de que vaya a casa, porque no hay lugar como el hogar.

Mientras estemos aquí en esta tierra, somos "extranjeros" y "peregrinos" de acuerdo con la Palabra de Dios (vea 1 Pedro 2:11). Literalmente estamos de paso. Vivimos en este mundo, pero no pertenecemos a él (vea Juan 17:13–16). No es nuestro hogar.

El apóstol Pablo dijo: "el vivir es Cristo, y el morir es ganancia" (Filipenses 1:21). Todos queremos vivir una larga vida, pero también es maravilloso no tener temor o pavor de partir de esta vida y entrar en otra que será por lejos mucho mejor. Como mencioné, mi mamá ha tenido una vida muy difícil, pero después de hoy no habrá más llanto ni lágrimas ni dolor ni tristeza ni pena. No estará más arrugada ni lisiada; será joven y más hermosa de lo que podamos imaginar. ¡Será completamente libre!

Más temprano, pensaba que quizá algunos ángeles ya hayan sido asignados para llevarla a casa, y quizá mi padre y mi hermano, además de su mamá y su papá y su hermana y sus tres hermanos ya hayan sido avisados de que estará llegando hoy a su hogar y estén esperando para saludarla. Su mansión está lista, ¡y quizá Jesús mismo la lleve hasta allí! Por supuesto, estoy usando mi imaginación, pero solo quería compartir con usted de que tengo un fuerte sentir de que su llegada hoy a casa será celebrada con gran gozo.

Oración: Padre, te agradezco por la esperanza del cielo y por vivir en tu presencia por toda la eternidad. Ayúdame a vivir mi vida de tal manera que sea agradable a ti, mientras espero ir a casa.

✳ Una palabra peligrosa ✳

Entonces Faraón llamó a Moisés y a Aarón, y les dijo: Orad
a Jehová para que quite las ranas de mí y de mi pueblo...
ÉXODO 8:8

Debido a la desobediencia a Dios, la tierra de Egipto experimentó una plaga de ranas. Las ranas cubrieron la tierra y llenaron las casas. ¡Literalmente estaban por todas partes! Imagínese cómo sería. Entonces faraón le pidió a Moisés que orara para que Jehová quitara las ranas y haría en obediencia aquello que Dios le había pedido, lo cual era dejar ir a los israelitas quienes habían estado cautivos.

Moisés dijo: "Dígnate indicarme cuándo debo orar". Y faraón respondió: "Mañana" (vea Éxodo 8:10). ¿Por qué alguien querría mantener las ranas otro día? ¿Por qué no dijo: "Ora ahora mismo"?

"Mañana" a veces puede ser una palabra peligrosa. Posponemos cosas hasta mañana que deberían hacerse hoy. ¡Posponemos! Quizá sea una tarea que debamos realizar o una disculpa que necesitemos dar. Incluso puede que necesitemos abordar una cuestión en nuestro propio carácter, y continuamos posponiéndolo hasta mañana. Esperamos por un momento más conveniente o confortable y, en el proceso, muchas veces no se llega a realizar.

En lugar de ser "personas del mañana", seamos "personas del ahora". Seremos mucho más felices si hacemos ahora aquello que debe ser hecho y dejar de perder tiempo al dejar las cosas para después.

Oración: ¡Padre, ayúdame a ser audaz y a no posponer lo que tenga que hacer!

✳ Manténgase enfocado ✳

Tus ojos miren lo recto, y diríjanse tus párpados hacia lo que tienes delante. PROVERBIOS 4:25

Pronto estaré partiendo hacia un viaje misionero a Europa en donde enseñaré en nueve ocasiones. Quiero estar plenamente preparada en todas las prédicas antes de partir, así que planifiqué quedarme hoy en casa todo el día y terminar los mensajes que aún no había completado. Terminé todos ellos excepto uno y comencé a dudar sobre si quería terminar o dejar de trabajar y hacer algo más relajado. ¿Le suena familiar?

Sabía que la mejor opción era mantenerme enfocada, y eso fue lo que hice. Cuando terminé el último de los mensajes, sentí una gran sensación de alivio de que había llegado a completar todo y ya estaba preparada para partir. Estaba tan contenta de haber terminado y de no tener que enfrentar el día de mañana con el proyecto aún inconcluso. Todavía tengo tiempo para relajarme, pero ahora puedo hacerlo con gozo en lugar de sentir que realmente debí haberme mantenido enfocada.

La próxima vez que se encuentre a sí mismo en una situación similar, lo exhorto a que se pregunte cómo se sentirá después si abandona su objetivo a mitad de camino. ¡Un trabajo a medio hacer no se siente tan gratificante como un trabajo acabado!

Oración: Padre, ayúdame a permanecer enfocado y a no desviarme cuando tenga un trabajo por hacer. Quiero ser una persona que termina lo que comienza.

✷ Dignos de confianza ✷

*Trata tu causa con tu compañero, y no descubras el secreto
a otro.*   PROVERBIOS 25:9

La Palabra de Dios nos enseña a no andar en chismes o a
no ser chismosos (vea Proverbios 20:19). Debemos compro-
meternos a hacer con los demás como nos gustaría que hicieran con nosotros. Ciertamente quiero que otros guarden
mis secretos, y estoy segura de que usted también. Necesitamos sembrar buenas semillas en las vidas de aquellos que
conocemos a fin de tener una buena cosecha en nuestras
propias vidas. No estoy segura por qué resulta tan tentador
contar las cosas, pero la mayoría de nosotros nos deleitamos
en decir: "¿Sabías que?" y luego revelamos un secreto que
realmente debíamos haber guardado. ¡Seamos personas
dignas de confianza!

> Las personas le contarán sus secretos si
> pueden confiar en que los guardará.

Declaración: Siempre guardo los secretos de las personas porque quiero que guarden los míos.

✳ *Poco a poco* ✳

Y Jehová tu Dios echará a estas naciones de delante de ti poco a poco… DEUTERONOMIO 7:22

Todos queremos cambios en nuestras vidas, y espero que todos deseemos cambiar para ser más como Jesús. Dios también quiere eso para nosotros, pero debemos ser pacientes, porque Él nos libra y nos cambia poco a poco.

Al estudiar la Palabra de Dios, somos transformados a su imagen de gloria en gloria, de acuerdo con 2 Corintios 3:18. Dios podría obrar más rápido, y nos encantaría que así fuera, pero Él tiene sus razones para hacer su obra de la manera en que la hace. Debemos confiar en Él y estar en paz. A menudo, sentimos que nada acontece en nuestras vidas, pero Dios siempre está obrando. ¡Dios está obrando en su vida ahora mismo!

A veces nos conduce por la senda más larga y la más difícil hacia nuestro destino, porque quiere enseñarnos algo a lo largo del camino. Dios es bueno y solo quiere lo mejor para nosotros, por tanto, podemos estar confiados en que sus tiempos son perfectos. Puede que no llegue temprano, pero nunca llegará tarde.

Oración: Padre, ayúdame a confiar en tus tiempos perfectos para mi vida y a mantener una buena actitud mientras espero en ti.

✳ *Tiempos de transición* ✳

Todo tiene su tiempo, y todo lo que se quiere debajo del cielo tiene su hora. ECLESIASTÉS 3:1

Las situaciones cambian en nuestras vidas y es importante que aprendamos a atravesarlas con gracia. He dejado algunas responsabilidades en el ministerio a fin de dedicarme a otras cosas, y si bien quería este cambio, una parte de mí lo resiste. Desprendernos de las cosas en las que hemos invertido tiempo y esfuerzo no siempre resulta una tarea fácil, pero siempre se vuelve necesario en algún punto de la vida.

Criamos a nuestros hijos e invertimos una gran cantidad de tiempo y esfuerzo en ello, y cuando llega el momento en que se mudan del hogar y comienzan a vivir sus propias vidas, muchos padres encuentran muy difícil hacer la transición. Nuestros cuerpos cambian y envejecen, y no siempre nos resulta fácil aceptarlo. Queremos continuar haciendo lo que hemos hecho siempre, pero no funciona de esa manera. Solía jugar al golf y a los bolos, pero ahora no puedo jugar a ninguno de los dos a raíz de un problema con mi muñeca.

Oremos para afrontar los cambios con gracia, y creo que Dios nos ayudará. No se entristezca su corazón por aquello que esté dejando ir, en cambio, conténtese por aquello que tenga por delante. Las nuevas etapas pueden ser estimulantes y renovadoras si las tomamos con una buena actitud.

Oración: Padre, ayúdame a atravesar por las etapas de cambio en mi vida con gracia y paz. ¡Gracias!

✳ *Todo para Jesús* ✳

Y todo lo que hagáis, hacedlo de corazón, como para el Señor y no para los hombres.   COLOSENSES 3:23

Si desea desarrollar una relación más íntima con Dios, existe una manera simple de hacerlo. Comience a practicar hacer todo lo que haga como para Él, especialmente las tareas normales cotidianas que por lo general solo quiere realizarlas para continuar con otras cosas. Antes de cada tarea —ya sean las compras en el supermercado, limpiar el garaje, vestirse para salir o pagar las cuentas— tenga el pensamiento de que la está haciendo con y para Dios. Puede decirle a Dios que está realizando la tarea en cuestión para Él, para alabar y glorificar su nombre.

La mayoría de las personan caen en el hábito de dividir sus vidas espirituales de sus vidas seculares, pero es un error. Tendemos a pensar que Dios solo está interesado en nuestra vida espiritual, pero le interesa y quiere que lo involucremos en cada cosa que hagamos. Una vez que comprendí esta verdad, vivir con Dios se volvió mucho más emocionante.

Dios no está solamente presente en la iglesia o en su tiempo de oración y estudio bíblico. Él está con usted siempre en todas partes, todo el tiempo y no deberíamos ignorarlo. No se desanime si descubre que le lleva tiempo desarrollar este hábito; solo persevere y descubrirá que va desarrollándose una intimidad más profunda entre usted y el Señor.

Oración: Padre, estoy agradecido por tu interés en cada cosa que hago. Ayúdame a recordar que tú estás presente en todo tiempo y hacer todas las cosas contigo y para ti.

✳ Examine su actitud ✳

Y renovaos en el espíritu de vuestra mente.   EFESIOS 4:23

La clase de actitud que tengamos determinará en gran medida el desenlace de nuestras vidas. O, como quizá haya oído decir: "Su actitud determina su altitud". La misma definirá cuán lejos o cuál alto puede llegar en la vida. Nuestra actitud nos pertenece, y nadie puede forzarnos a tener una mala actitud a menos que queramos. ¡No permita que la mala actitud de alguien más envenene la suya! Cuando las circunstancias sean difíciles, mantenga una buena actitud y Dios lo ayudará de maneras sorprendentes.

> ¡Rehúsese a tener una mala actitud y aun
> las cosas amargas se endulzarán!

Declaración: Tener una mala actitud no hará que mis circunstancias mejoren, sino que me causará amargura.

✳ Ore y eche toda ansiedad sobre Él ✳

Orando en todo tiempo con toda oración y súplica en el Espíritu...   EFESIOS 6:18

Si siguiéramos el consejo de Dios de orar y echar toda ansiedad sobre Él, nuestras vidas serían mucho más apacibles y agradables. Pero si oramos y nos preocupamos, estamos negando la eficacia de la oración.

Cuando oramos, invitamos a Dios a tomar el control de las cosas que nos conciernen y a obrar a nuestro favor, y un poder tremendo es librado. Es el poder de Dios y todo es posible para Él. Nuestra preocupación, nuestra ansiedad y nuestro afán no resolverán los problemas. Si de algo sirven, es para hacerlos menos llevaderos y más dolorosos. La Palabra de Dios nos instruye a echar toda nuestra ansiedad sobre Él, porque Él cuida de nosotros (vea 1 Pedro 5:7).

Depositar en Él toda nuestra ansiedad demuestra que verdaderamente confiamos en Dios. Muestra humildad de nuestra parte cuando nos rehusamos a preocuparnos y a estar ansiosos sobre aquellas cosas que ya hemos entregado a Dios en oración. Nuestra determinación al no preocuparnos manifiesta que sabemos que no podemos resolver nuestros propios problemas y que esperamos en el obrar de Dios. Orar y entregar sus preocupaciones deben ir de la mano si desea ver el poder de Dios obrar en su vida.

Oración: Padre, enséñame a no preocuparme ni estar ansioso, sino a echar todas mis ansiedades sobre ti, después de haber orado y de haberte pedido que te ocupes de mis problemas.

✳ Una cosa a la vez ✳

Todo lo puedo en Cristo que me fortalece.

FILIPENSES 4:13

Estoy atravesando un período de muchas ocupaciones ahora mismo, y durante algunas mañanas me siento un poco abrumada. Estoy segura de que todos a veces nos sentimos así. Por suerte, si afrontamos la vida haciendo una cosa a la vez y nos rehusamos a preocuparnos por cualquier otra cosa más allá de lo que estemos enfrentando cada día, podremos hacer todo lo que necesitemos hacer por medio de Cristo quien nos fortalece.

Dios les dio a los israelitas el maná necesario para cada día, y tenían estrictamente prohibido guardar el maná para el día siguiente. Quizá mire hacia su futuro y se pregunte si será capaz de afrontar las situaciones que le esperan por delante, pero le aseguro que podrá. La fortaleza de Dios es siempre suficiente, y al recibirla por medio de la fe, nuestra propia fuerza es renovada. Confíe en Dios en todo tiempo y no se apoye en sus fuerzas y se sorprenderá de lo que podrá hacer.

Oración: Padre, por favor dame las fuerzas necesarias y ayúdame a vivir un día a la vez y a tener la confianza de que cuando el día de mañana llegue, tú me darás la fortaleza para ese día también.

✳ Sea apasionado por Jesús ✳

Pero por cuanto eres tibio, y no frío ni caliente, te vomitaré de mi boca.   APOCALIPSIS 3:16

Cuando recién nos convertimos, nuestra relación con Jesús suele estar llena de pasión y entusiasmo; pero es posible que con el paso del tiempo permitamos que se vuelva ordinaria y aburrida. ¡Es un grave error! Debemos avivar nuestros corazones y no permitirnos volvernos tan familiarizados con el maravilloso obrar de Dios en nuestras vidas que ya no estemos entusiasmados por el mismo. Recuerdo que una vez le pregunté a Dios: "¿Por qué no haces las cosas emocionantes en mi vida que solías hacer?". Él me respondió: "¡Las sigo haciendo, pero te has acostumbrado tanto a las mismas que han dejado de sorprenderte!". No seamos tibios, sino mantengamos nuestra pasión por Jesús.

> La familiaridad es peligrosa. ¡Quita la pasión de las cosas que una vez fueron especiales!

Declaración: Me niego a ser tibio en mi relación con Dios. ¡Mantendré mi pasión por Jesús!

✳ *Crecimiento espiritual* ✳

*Si soportáis la disciplina, Dios os trata como a hijos; porque
¿qué hijo es aquel a quien el padre no disciplina?*

HEBREOS 12:7

Ayer mencioné algo sobre alguien que no debí haber dicho.
Hablé sobre un defecto que creo que tiene, pero la Palabra
de Dios nos enseña a cubrir los pecados de otros en amor
(vea 1 Pedro 4:8). De inmediato sentí la convicción del Espíritu Santo.

Recibir la corrección y la disciplina de parte de Dios es
necesaria para nuestro crecimiento espiritual. Dios nos corrige porque nos ama y desea que seamos completos en Él.
Así como la disciplina es vital a fin de que un hijo natural
crezca y se desarrolle en un adulto saludable, del mismo
modo, la corrección espiritual es necesaria para que seamos
el hombre y la mujer que Dios destinó que fuéramos, con
comportamientos agradables a Él.

Reciba la corrección con gratitud, porque está diseñada
para su bien. Gracias a Dios que Él se preocupa por usted
lo suficiente para ayudarle a crecer. Y nunca se sienta condenado cuando reciba convicción por sus pecados. ¡La convicción que sienta es una señal de que está espiritualmente
vivo y creciendo!

Oración: Padre, ayúdame a recibir siempre tu corrección y disciplina con una actitud agradecida. Confío en
ti y deseo ser la persona que tú quieres que sea.

✴ El Consolador ✴

Pero les digo la verdad: Les conviene que me vaya porque, si no lo hago, el Consolador no vendrá a ustedes; en cambio, si me voy, se lo enviaré a ustedes.   JUAN 16:7 (NVI)

Jesús envió al Espíritu Santo para que estuviera con nosotros siempre. El Espíritu Santo es una persona con todos los rasgos de personalidad que tiene cualquier persona, y se merece nuestra atención. Jesús les dijo a sus discípulos que les convenía que Él se fuera porque enviaría al Espíritu Santo para que estuviera con ellos y en ellos. Estoy segura de que pensaron: *¿Cómo podría alguien ser mejor que Jesús?*

Jesús tenía un cuerpo de carne y hueso como tenemos nosotros y podía estar en un lugar a la vez, pero el Espíritu Santo puede estar en cualquier sitio y en cualquier momento, ayudándonos a cada uno de nosotros de manera simultánea. Dado que el Espíritu Santo está siempre con nosotros, nunca estaremos solos y no tenemos que temer. Él no solo nos ayuda, sino que nos conforta y nos fortalece.

El Señor nos ofrece muchas bendiciones, y nuestra parte es recibirlas por fe. Crea que el Espíritu Santo está con usted ahora mismo y que jamás lo dejará. Pídale su ayuda y fortaleza a lo largo del día. Tenga comunión con Él y disfrute de una relación íntima con su persona.

Oración: Jesús, gracias por enviar al Espíritu Santo. Estoy agradecido de saber que no estoy solo y que siempre contaré con la ayuda divina que necesite.

❋ Qué es lo que engrandece a las personas ❋

Me diste asimismo el escudo de tu salvación; tu diestra me sustentó, y tu benignidad me ha engrandecido.

SALMO 18:35

¿Qué es lo que engrandece verdaderamente a una persona? Es la presencia de Dios en su vida, no sus logros. Nuestra identidad debería hallarse en Dios, no en lo que hacemos. En el Evangelio de Juan, Juan se refirió a sí mismo en cinco oportunidades como el discípulo a quien Jesús amó. No se refirió a sí mismo por su nombre. ¿Por qué no? Porque su identidad fue definida por Jesús y nada más.

Siempre he trabajado arduamente, y me motivan los logros y alcanzar mis objetivos. Esa característica constituye mi temperamento natural, pero he tenido que aprender que mi valor no está determinado por lo que hago sino por mi relación con Dios.

> Nuestro valor se fundamenta en pertenecer a Dios, no en lo que hagamos por Él.

Declaración: ¡Todo lo que hago es porque amo a Jesús, y no con el fin de ganarme su amor!

✳ *Sembrar y segar* ✳

...pues todo lo que el hombre sembrare, eso también segará.
GÁLATAS 6:7

La ley de la siembra y la cosecha se aplica en cada área de nuestras vidas, pero hoy quisiera abordarla desde el punto de vista del cuidado de su cuerpo físico. ¿Está sembrando hábitos saludables a fin de gozar de una buena salud en los años venideros? Estoy segura de que quiere ser saludable y sentirse bien, pero quizá no sea consciente de cuán necesario es que tome decisiones saludables a diario con el propósito de segar una vida saludable.

Le recomiendo que ingiera alimentos nutritivos y evite comer y beber cantidades excesivas de azúcar, cafeína, opciones preenvasadas y cargadas de sustancias químicas. Duerma bien, beba mucha agua y ejercite de manera regular. Quizá se queje al leer esto y darse cuenta que llevarlo a la práctica requerirá disciplina y algunos cambios de estilo de vida de su parte; no obstante, puedo asegurarle que los beneficios que cosechará valen la pena cualquier sacrificio.

Usted solo tiene un cuerpo, y si tiene cuidado de este, le permitirá disfrutar su vida por muchos años. Si no cuida del mismo, lo lamentará más adelante. No espere hasta que sea demasiado tarde para hacer lo correcto. Siembre hábitos saludables y será fuerte, enérgico y entusiasta de la vida.

Oración: Padre, ayúdame a tomar buenas decisiones saludables. Enséñame a cómo cuidar mi cuerpo a fin de sentirme bien y servirte mejor.

✳ En armonía ✳

¡Mirad cuán bueno y cuán delicioso es habitar los hermanos juntos en armonía!   SALMO 133:1

Recientemente, tuve el privilegio de ver a los líderes de dos grandes grupos religiosos, quienes habían estado en conflicto por más de quinientos años, acordar trabajar juntos en aras de la armonía. El ambiente se llenó de la presencia de Dios y estos dos hombres de Dios estrecharon sus manos y declararon su amor y confianza entre sí.

Han acordado disentir de manera plácida sobre los asuntos en los que no estén de acuerdo y magnificar las cuestiones sobre las que sí estén de acuerdo y trabajar sobre ellas. La armonía trae paz, y allí es donde encontramos la bendición de Dios y su unción. Esta misma verdad aplica para nuestros hogares, nuestros lugares de trabajo o nuestras iglesias. Debemos vivir en armonía si queremos disfrutar la vida y ver el poder de Dios obrar en medio nuestro. Sin embargo, la armonía no aparece de manera automática con tan solo desearla; todos debemos estar dispuestos a esforzarnos por conseguirla.

La humildad es un ingrediente fundamental para quienes valoran la armonía. Necesitamos darnos cuenta de que ninguno de nosotros siempre tiene razón en todo. La sabiduría escucha genuinamente lo que otros tienen para decir, y la sabiduría es pacífica (vea Santiago 3:17). Tome la decisión de ser constructor y guardador de la paz, porque los pacificadores son llamados hijos de Dios (vea Mateo 5:9).

Oración: Padre, ayúdame a ser un pacificador en mi hogar, en mi lugar de trabajo y en mi iglesia. Quiero evitar las contiendas y aprender a amar y a valorar a las personas. Ayúdame a ver siempre lo bueno en ellas.

✳ *Una historia de amor con Dios* ✳

Ama al Señor tu Dios con todo tu corazón, con toda tu alma,
con toda tu mente y con todas tus fuerzas.

MARCOS 12:30 (NVI)

La vida cristiana no se trata de seguir normas y reglamentos, sino de tener una historia de amor con Dios. Se trata de vivir la vida con Él, sabiendo que Él es más importante que ninguna otra cosa. Darle a Dios el primer lugar en todas las áreas de nuestras vidas es algo que tendremos que hacer de manera intencional, porque el mundo está lleno de cosas diseñadas para distraernos de Él. Dios quiere bendecirnos y que disfrutemos de todo aquello que Él nos da, pero no debemos permitir que nada nos aleje de Él. Lo exhorto a que piense en Jesús, hable sobre Jesús, hable con Él y reconózcalo en todos sus caminos.

> Si pone a Dios en primer lugar, Él
> lo pondrá también primero.

Declaración: Jesús es el centro de mi vida, y nada puedo hacer sin Él.

✴ Jesús es nuestro sanador ✴

Bendice, alma mía, a Jehová, y no olvides ninguno de sus beneficios. Él es quien perdona todas tus iniquidades, el que sana todas tus dolencias. SALMO 103:2–3

Si necesita sanidad, quisiera recordarle que Jesús en nuestro sanador. Él puede obrar a través de los doctores, o los medicamentos, o un procedimiento médico, o puede concederle un milagro, pero sepa esto: ¡Jesús es nuestro sanador!

Siempre mire primeramente a Él ante una enfermedad o dolencia. Pídale sanidad y dirección en medio de sus circunstancias. Incluso cuando esté recibiendo tratamiento médico, continúe confiando en que Dios usará los medios que Él desee para sanarle. Jesús llevó nuestras enfermedades y dolencias, y por sus llagas somos sanados (vea Isaías 53:5).

> Con Jesús, continuamente vamos mejorando
> en cada aspecto de nuestras vidas.

Declaración: El poder sanador de Dios está obrando en mí ahora mismo, y cada día voy mejorando en todos los sentidos.

✳ *Imperfecciones* ✳

Mas Dios muestra su amor para con nosotros, en que siendo aún pecadores, Cristo murió por nosotros.

ROMANOS 5:8

Ayer, en un momento de temperamento irascible, dije algo que no debí haber dicho y, por supuesto, cuando me tranquilicé, me sentí mal por haberme comportado neciamente. De inmediato le pedí a Dios que me perdonara y me disculpé con Él. En este día, me gozo en el hecho de que Dios no nos demanda perfección a fin de recibir su amor.

A la persona que se presiona a sí misma para ser perfecta se la denomina "perfeccionista", y por lo general viven bajo mucha presión y decepción por el simple hecho de que lograr la perfección aquí en esta tierra es un objetivo inalcanzable. Nuestro Padre celestial sabe esto, así que envió a Cristo a morir por nuestros pecados (imperfecciones). ¡La realidad es que nuestros pecados fueron perdonados incluso antes de cometerlos!

Lo animo a creer que Dios lo ama de manera incondicional en todo tiempo y que sus imperfecciones (pecados) no tienen por qué interrumpir su comunión con Él. Cuando cometa un error, admítalo, hable con el Señor honestamente, esté dispuesto a arrepentirse y recuerde que fue por personas como usted y como yo que Jesús murió.

Oración: Padre, gracias porque no tengo que vivir bajo la presión de ser perfecto. Quiero hacer todo lo correcto, pero cuando falle, ayúdame a recordar que tu amor por mí no mengua.

✳ Tristeza y regocijo ✳

Gozaos con los que se gozan; llorad con los que lloran.

ROMANOS 12:15

Me he percatado de que mis hijos y mis amigos cercanos siempre me llaman de inmediato para compartir conmigo las buenas noticias y cualquier pena o tristeza que estén experimentando. Esta mañana me desperté con dos mensajes de texto: uno de mi hija y otro de una buena amiga. Ambos se trataban de una dificultad por la que estaban atravesando. Me sentí apenada por sus desafíos, pero me alegré de que tuvieran la confianza suficiente para compartirlo conmigo.

Creo que Dios se siente de la misma manera con nosotros. Se complace cuando corremos a Él para compartir nuestras alegrías o nuestras tristezas. Estoy tan agradecida de que podamos hablar con nuestro Padre celestial sobre absolutamente cualquier cosa. Compartir con quienes amamos aquellas cosas que consideramos significativas es lo que fortalece el vínculo en la relación.

A Dios le interesa todo lo que le concierne, y quiere ser parte de cada detalle de su vida. ¡Él es en verdad el mejor amigo que jamás podrá tener!

Oración: Padre, gracias porque puedo acercarme a ti cualquiera sea la situación en mi vida, y porque siempre estás interesado en mí. Me regocijo en que puedo compartir mi vida contigo.

✳ *Desarrolle su potencial* ✳

Yo os he entregado, como lo había dicho a Moisés, todo lugar que pisare la planta de vuestro pie. JOSUÉ 1:3

Toda persona tiene un potencial sin explotar que debe desarrollarse. La manera de desarrollarlo es dando pasos de fe. Dios le dijo a Josué que ya le había entregado la tierra, pero él tenía salir y poseerla. ¿Está usted explorando cosas nuevas con la guía de Dios o retrocediendo en temor?

No vernos a nosotros mismos de la manera en que Dios nos ve es una de las razones por la cual algunas personas nunca llegan a desarrollar su potencial. ¡No podemos desarrollar lo que no creemos que tenemos! Usted tiene un potencial tremendo y Dios lo usará para hacer cosas asombrosas si aprende a confiar en Él y a dar pasos de fe. Salir a lo desconocido y explorar cosas que no hemos experimentado es desafiante, pero nos guía hacia el cumplimiento de nuestro destino.

Dios le dijo a Josué que se esforzara y fuera valiente (vea Josué 1:9), porque su presencia estaría con Josué a dondequiera que fuere, y Dios está también con usted. Cuando avanza, no está avanzando solo; y si tropieza y cae, Dios estará allí para levantarlo.

Oración: Padre, ayúdame a desarrollar el potencial que has puesto en mí. Ayúdame a dar pasos de fe con audacia incluso cuando sienta temor. Gracias por estar siempre conmigo.

✳ No se frustre consigo mismo ✳

Estando persuadido de esto, que el que comenzó en vosotros la buena obra, la perfeccionará hasta el día de Jesucristo.
FILIPENSES 1:6

Si siente que no está en donde debería estar espiritualmente, no está solo. Creo que la mayoría de las personas se frustran fácilmente con ellas mismas cuando comparan sus comportamientos con los de Jesús o incluso con los de otros creyentes más maduros. Cuando estudiamos la Biblia o quizá cuando leemos un buen libro sobre el carácter del cristiano, el propósito de Dios es impulsarnos hacia adelante, no hacernos sentir condenados porque aún no lo hemos alcanzado. ¡Dios está obrando en usted! Y continuará haciendo su obra hasta la venida de Jesús. No hay necesidad de compararse con nadie más.

> ¡Disfrute del lugar donde se encuentra, y pronto llegará a donde quiere estar!

Declaración: Estoy creciendo en madurez espiritual porque Dios está continuamente obrando en mí. ¡Él perfeccionará la buena obra que ha comenzado en mi vida!

✳ Sus beneficios ✳

Bendice, alma mía, a Jehová, y no olvides ninguno de sus beneficios.   SALMO 103:2

Cuando la mayoría de las personas solicitan un empleo en estos días, una de las primeras preguntas que hacen es: "¿Cuáles son los beneficios?". Quieren saber acerca de los beneficios del seguro médico, los beneficios jubilatorios y los beneficios vacacionales, entre otros. Los beneficios son importantes para nosotros y, de acuerdo con la escritura anteriormente mencionada, la relación con Dios brinda muchos beneficios.

Él nos provee de un seguro, pero lo llama "seguridad" y cubre cualquier clase de problema que pueda enfrentar. Nos promete que nuestros pecados serán perdonados y que suplirá nuestras necesidades. Nos protege de nuestros enemigos y nos fortalece para hacer todas las cosas.

Nos ofrece beneficios jubilatorios porque promete guiarnos más allá de la muerte (vea Salmo 48:14, Isaías 46:4). En cuanto a los beneficios vacacionales, nos da descanso y reposo para nuestra alma si nos acercamos a Él cuando estamos cargados (vea Mateo 11:28).

Puede tener descanso hoy y cada día, sabiendo que al servir a Dios, usted tiene cada beneficio que cualquiera podría querer. ¡No olvidemos ninguno de sus beneficios!

Oración: Padre, gracias por tus muchos beneficios. Estoy extremadamente agradecido por tu bondad en mi vida.

✳ La fe no puede coexistir con una consciencia culpable ✳

Mas el justo vivirá por fe...   HEBREOS 10:38

Recibimos todas las grandes promesas de Dios por medio de la fe, y es muy importante que permanezcamos en la fe en todo tiempo. La Escritura nos dice que la justicia de Dios se revela por fe y para fe (vea Romanos 1:17). ¡Debemos vivir por fe! Sin embargo, nos resultará imposible si no caminamos a diario en la justicia que nos pertenece por medio de Cristo.

La condenación y la culpa se oponen a la fe. Cuando nos sentimos mal sobre nosotros mismos o culpables por algo malo que hayamos hecho, es difícil que nos acerquemos confiadamente a Dios en fe y recibamos la ayuda que necesitemos. ¡Existe una respuesta simple para este problema!

Todos nos equivocamos, pero todos también tenemos la oportunidad de admitir nuestros pecados; arrepentirnos por ellos y luego confiadamente creer que Dios nos ha perdonado por completo y que no recordará jamás nuestros pecados.

Si ha estado viviendo con una consciencia culpable la mayor parte del tiempo, lo exhorto a que se levante contra esta y comience a creer lo que dice la Palabra de Dios: Ninguna condenación hay para los que están en Cristo Jesús (vea Romanos 8:1).

Oración: Padre, gracias por el don de la justicia en Cristo Jesús. Ayúdame a saber quién soy y a resistir todo pensamiento de condenación.

✳ Establecer objetivos ✳

Pero ustedes, ¡manténganse firmes y no bajen la guardia, porque sus obras serán recompensadas!

2 CRÓNICAS 15:7 (NVI)

Creo que Dios nos ha creado de tal manera que no podríamos sentirnos satisfechos o realizados a menos que tengamos objetivos por cumplir en nuestras vidas. Pueden ser objetivos a corto o a largo plazo, pero son necesarios. Nuestros objetivos nos brindan un sentido de propósito, y el cumplimiento de los mismos nos hace tener algo a lo cual aspirar.

Me considero una persona con orientación hacia los objetivos, y he descubierto que tener sueños y deseos y lograrlos a diario me dan un propósito en la vida. Es necesario estar seguros de que nuestros objetivos sean inspirados por Dios y que estén alineados con su voluntad para nosotros; y luego debemos confiar en que Él nos ayudará a lograrlos.

Alcanzar nuestros objetivos requiere de esfuerzo, diligencia, paciencia y determinación para no darse por vencidos; pero estas cualidades con el tiempo producirán una recompensa maravillosa. Todos tenemos mucho potencial (capacidad sin explotar), y es emocionante trabajar con Dios y ver que nos ayuda para desarrollarlo. Podrá lograr cosas maravillosas si simplemente establece objetivos y se mantiene enfocado para alcanzarlos.

Oración: Padre, ayúdame a lograr cosas asombrosas en este día y en cada día. Ayúdame a concentrar mi energía en algo que producirá muchos frutos y traerá una recompensa gratificante.

✳ *Una mente humilde* ✳

Haya, pues, en vosotros este sentir que hubo también en Cristo Jesús. FILIPENSES 2:5

Dios creó a todos los hombres por igual, y por tanto debemos ser cuidadosos de no pensar en que somos mejores que los demás. Es muy insensato menospreciar a otros, mientras nos exaltamos a nosotros mismos. Resulta fácil desarrollar una mentalidad orgullosa sobre ciertas personas y formar una mala opinión de ellas, cuando en realidad no las conocemos en absoluto. Todos tenemos una historia, y si nos tomáramos el tiempo para verdaderamente conocerlos, nuestras opiniones cambiarían drásticamente.

> Nunca forme una opinión sobre los demás a menos que se haya tomado el tiempo para verdaderamente conocerlos.

Declaración: No formaré opiniones apresuradas ni prematuras sobre las personas que realmente no conozco.

❋ El poder de la paz ❋

Mejor es el que tarda en airarse que el fuerte; y el que se enseñorea de su espíritu, que el que toma una ciudad.

PROVERBIOS 16:32

Jesús nos enseña que Él nos da de su propia paz y que no debemos permitir que nuestro corazón se turbe (vea Juan 14:27). He aprendido que cuanto más pacífica sea, más poderosa soy. Soy más fuerte en todos los aspectos cuando mantengo mi paz ante cada situación. Como dice la escritura anteriormente mencionada, el que se enseñorea de su espíritu es, de hecho, más fuerte que aquel que tiene la habilidad para tomar toda una ciudad. Esta es una declaración asombrosa y una que deberíamos seriamente considerar.

Nos enfrentamos a situaciones casi diarias las cuales son diseñadas por Satanás para frustrarnos y turbarnos. ¡Mantenga su paz y mantendrá también su poder! El apóstol Pablo nos enseña que si nos vamos a dormir enojados en lugar de resolver las cuestiones que nos molestan, le damos lugar al diablo en nuestras vidas (vea Efesios 4:26–27).

Permita que la paz de Dios gobierne en su corazón (vea Colosenses 3:15). No deje que las emociones desenfrenadas se enseñoreen de su vida y roben su paz.

Oración: Jesús, gracias por darme tu paz. ¡Ayúdame a escoger caminar en ella en todo tiempo!

✴ *Cómo bendecirse a sí mismo* ✴

A su alma hace bien el hombre misericordioso; mas el cruel se atormenta a sí mismo. PROVERBIOS 11:17

Todos tenemos a diario muchas oportunidades para ser amables y buenos con los demás o ser insensibles ante sus necesidades e ignorarlos. Lo que escojamos hacer determina el nivel de nuestras propias bendiciones. La Palabra de Dios claramente nos enseña que cuando somos amables y generosos hacia otros, nuestras buenas obras regresan a nosotros en forma de bendiciones.

La manera en que trato a otros se ha vuelto muy importante para mí a lo largo de los años. Siempre ha sido importante para Dios, pero tristemente, no lo fue siempre para mí. Estoy agradecida de que Él me haya transformado en esa área de mi vida, porque soy mucho más feliz cuando me propongo buscar maneras para bendecir a otros en lugar de pensar en mí misma todo el tiempo.

Suelo decir que no podemos ser felices y egoístas a la vez. ¿Quiere aumentar sus bendiciones? De ser así, entonces esté atento a las necesidades de los demás y tome medidas para ayudarlos. Ya sea que necesiten una sonrisa, un abrazo, una palabra de aliento o algún tipo de ayuda que requiera de su tiempo o dinero ¡esté preparado para ayudar! Y al hacerlo, se beneficiará a sí mismo.

Oración: Padre, perdóname por ser egoísta y ayúdame a aprender sobre el poder de la generosidad. Muéstrame las necesidades de las personas y lo que pueda hacer para ayudarlas.

✳ Ser amigo de Dios ✳

Así se cumplió la Escritura que dice: «Le creyó Abraham a Dios, y esto se le tomó en cuenta como justicia», y fue llamado amigo de Dios. SANTIAGO 2:23 (NVI)

¿Tiene usted una amistad con Dios? Espero que así sea, porque ese es el deseo de Dios. ¡Sí, Él quiere ser su amigo! Podemos ver a Dios de maneras muy diferentes. Quizá como Padre, Maestro, nuestro Señor, nuestro Ayudador, y Él es todas esas cosas, pero utiliza el término "amigo" como una forma de expresar que desea tener una relación cercana e íntima con cada uno de nosotros.

Pienso mucho acerca de esta invitación de amistad, y reúno toda la información bíblica posible sobre qué significa y cómo desarrollarla. Me gusta la idea de "tener una relación con Dios". Debemos involucrarlo al invitarle en todo lo que hagamos y desarrollar una relación comunicativa con Él. Dios quiere hablarle y quiere contestarle. Él nos habla de muchas maneras y por medio de diferentes vías, pero ciertamente nos habla y eso debemos esperar de Él ¿Qué clase de relación con Dios tendríamos si no tuviéramos una conversación?

La Biblia está llena de relatos de personas que oraron, y también está llena de numerosos recuentos de Dios hablándole a su pueblo. Jesús dijo que sus ovejas conocen y oyen su voz (vea Juan 10:27). Aprendemos a oír la voz de Dios al estudiar su Palabra y por medio de las experiencias. Lo animo a no solo hablar con Él, sino también a aprender a escuchar y a esperar que Él le hable.

Dios es su amigo y Él ha prometido que estaría con usted siempre hasta el fin del mundo. ¡Usted no está solo!

Oración: Mi Dios y mi amigo, gracias por invitarme a tener una amistad íntima contigo. Te pido que me enseñes sobre esta amistad y que me ayudes a cultivarla.

275

✳ *Compartir con otros* ✳

Y respondiendo, les dijo: El que tiene dos túnicas, dé al que no tiene; y el que tiene qué comer, haga lo mismo.

LUCAS 3:11

Hay millones de personas necesitadas en el mundo. Desde mi perspectiva, no deberíamos guardar las cosas que no usamos por si alguna vez llegáramos a necesitarlas. Puede que tenga cosas que pertenezcan a esta categoría, pero la mayoría de nosotros tenemos cientos de cosas guardadas en el clóset y en los estantes las cuales no hemos usado en un largo tiempo, e incluso si las llegáramos a necesitar, probablemente no sabríamos dónde encontrarlas. ¿Por qué no dar tales cosas a alguien en necesidad y confiar en que Dios nos dará lo que necesitemos, en el momento en que lo necesitemos? Empaque la ropa y los zapatos que ya no use, y cualquier otro artículo utilizable, y llévelos a una iglesia o a una organización que puedan distribuirlos por usted.

> ¡Cuando somos generosos, creo que hacemos sonreír a Dios!

Declaración: Daré a aquellos necesitados de la misma manera en que me gustaría que me dieran a mí si estuviera en necesidad.

✳ Gracia al caminar ✳

Pero por la gracia de Dios soy lo que soy, y la gracia que él me concedió no fue infructuosa.

1 CORINTIOS 15:10 (NVI)

El apóstol Pablo sabía cuál era la misión que Dios le había asignado y se ocupó de ella con diligencia. Trabajó arduamente, pero Dios le concedió la gracia para hacerlo. Cuando hallamos gracia en nuestro caminar, descubrimos que podemos hacer cosas muy difíciles y desafiantes con gozo y paz.

Jesús dijo que su yugo es fácil (vea Mateo 11:30). Significa que, mientras estemos dentro de la voluntad de Dios, no importa cuán difícil sea la tarea, podremos realizarla con una buena actitud.

Cuando estamos fuera de nuestro lugar u obramos de manera contraria a la voluntad de Dios para nuestras vidas, entonces no estamos bajo su gracia. Si se encuentra en una posición difícil, pero cree que es allí donde Dios quiere que esté, entonces reciba su gracia (su poder y habilidad) por medio de la fe y sea aliviada su alma.

Oración: Padre, gracias por hacer que mi carga sea fácil y ligera de llevar. Ayúdame a no quejarme de mi lugar en la vida y que pueda servirte con alegría.

✳ Resista al diablo ✳

Porque se me ha abierto puerta grande y eficaz, y muchos son los adversarios.　　　　　1 CORINTIOS 16:9

Debemos ser plenamente conscientes de que cuando tomamos la decisión de servir a Dios y buscar hacer el bien, el diablo tratará de dificultar e impedir nuestro progreso. Sin embargo, podemos resistirle y completar nuestra misión al vestirnos de una determinación santa de no rendirnos. Satanás aborrece y desprecia todo lo bueno, porque vencemos con el bien el mal (vea Romanos 12:21). En otras palabras, derrotamos al diablo porque él es el autor de todas las obras impías. Cuando las personas no actúan, el mal continúa extendiéndose, pero cuando nos levantamos en el poder de Dios y resistimos el mal de Satanás con el bien, pierde terreno y sus obras se debilitan.

Lo animo a poner la mira en las cosas de arriba (vea Colosenses 3:2) y en la misión que tiene de parte de Dios. Haga el mayor bien posible, tan a menudo como pueda, en cada lugar que pueda. Sea una bendición para otros, ayúdelos, anímelos y sea amable con ellos. Esfuércese siempre por hacer el bien a todos (vea 1 Tesalonicenses 5:15), y no permita que Satanás lo desanime y lo incite a rendirse solo porque a veces el camino se torna escabroso.

El apóstol Pablo dijo que las tribulaciones y las dificultades serían inevitables porque para ello fuimos destinados (vea 1 Tesalonicenses 3:3). No debemos perturbarnos o sorprendernos por nuestros sufrimientos, solo necesitamos saber que Dios está siempre con nosotros (vea 1 Juan 4:4).

Oración: Padre, concédeme tu gracia para nunca dejar de hacer el bien y siempre progresar en todo lo que me has asignado hacer. ¡Gracias!

❋ Cómo evitar los problemas ❋

...y que procuréis tener tranquilidad, y ocuparos en vuestros negocios, y trabajar con vuestras manos de la manera que os hemos mandado.   1 TESALONICENSES 4:11

Podemos ahorrarnos muchas angustias y problemas al aprender a no involucrarnos en los asuntos de los demás. La mayoría de nosotros somos demasiado liberales con nuestros consejos y a veces los damos cuando en realidad nadie realmente nos lo pidió.

La voluntad de Dios para nosotros es que procuremos la paz, y si leemos la escritura anteriormente mencionada, vemos que la tranquilidad y el ocuparnos de nuestros negocios se relacionan entre sí. Estoy segura de que se parece a mí en el sentido de que tiene suficientes asuntos personales como para involucrarse en los ajenos. Por supuesto, si alguien nos pide y verdaderamente quiere nuestro consejo o ayuda, debemos estar dispuestos a ayudarlos.

La mayoría de nosotros nos apresuramos a juzgar a todo aquel que es diferente de nosotros o a quienes no toman las decisiones que nosotros tomaríamos; pero nos ayudaría recordar que Dios nos instruye a no juzgar según las apariencias (vea Juan 7:24). Solo Dios verdaderamente conoce el corazón y las intenciones de las personas, y solo Él está calificado para juzgar con justo juicio. Cuando el Espíritu Santo me muestra que he permitido que pensamientos de críticas merodeen en mi mente, suelo decirme a mí misma: "Joyce, no es asunto tuyo", y los dejo ir. ¡Pídale a Dios que lo ayude a ocuparse de sus propias responsabilidades!

Oración: Padre, lamento todas las veces que he juzgado a las personas y me he involucrado en sus asuntos sin invitación. Perdóname y ayúdame a ocuparme de mis propios negocios. ¡Amén!

✳ Las elecciones de Dios ✳

Pero Dios escogió lo insensato del mundo para avergonzar a los sabios, y escogió lo débil del mundo para avergonzar a los poderosos. 1 CORINTIOS 1:27 (NVI)

Dios se deleita en escoger y usar a personas que el mundo ignoraría y consideraría inservibles. Decide hacerlo para que nadie se vanaglorie ni se atribuya el crédito por lo que Él hace. Aquellos que se creen inteligentes y fuertes suelen ser puestos en su lugar cuando ven que Dios usa a alguien que ellos habrían rechazado y asumido que eran incapaces de hacer algo notable. Si usted ha sido menospreciado por el mundo, no descarte que Dios pueda usarlo. ¡Su fuerza se perfecciona en su debilidad!

> Dios no necesita su habilidad; Él
> necesita su disponibilidad.

Declaración: Creo que Dios puede obrar a través de mí, y que puedo hacer grandes cosas para su gloria.

✳ El día del Señor ✳

Porque vosotros sabéis perfectamente que el día del Señor vendrá así como ladrón en la noche.

1 TESALONICENSES 5:2

Los apóstoles enseñaban con frecuencia sobre la segunda venida de Cristo. Se les recordaba vivir generosamente (vea Filipenses 4:5), velar y orar y esperar su venida en cualquier momento. Creo que debemos recordar esto más a menudo en nuestras vidas.

No queremos ser como las cinco vírgenes insensatas sobre quienes leemos en Mateo 25, quienes se durmieron mientras esperaban al esposo, y luego cuando este llegó, no estaban preparadas. Debemos vivir expectantes y estar alertas y activos en todo tiempo.

¿Qué cambiaría en su vida si creyera que Jesús viene hoy por usted? Lo que sea que fuera, sería prudente cambiarlo ahora y no posponerlo. Debemos vivir nuestras vidas para agradar al Señor y que todo lo que hagamos sea para Él y para su gloria.

Oración: Padre, gracias por recordarme que Jesús viene pronto. Ayúdame a estar plenamente preparado para encontrarme con Él y a vivir cada día como si fuera el último, haciendo lo mejor en todo momento. ¡Gracias!

✳ *Más que vencedores* ✳

Antes, en todas estas cosas somos más que vencedores por medio de aquel que nos amó. ROMANOS 8:37

Ningún día de mi vida es perfecto ni tampoco el suyo. Todos tenemos momentos cuando experimentamos tribulaciones y aflicciones, pero aun así somos victoriosos porque Jesús nos ama.

¿Qué significa ser "más que vencedores"? En mi opinión, significa que sabemos que tendremos la victoria y que todas las cosas terminarán bien incluso antes de enfrentar el problema o desafío. Podemos vivir con la confianza de que Dios está siempre de nuestro lado y que al seguir su guía, triunfaremos sobre las dificultades.

Lo animo a no simplemente mirar sus problemas, y pensar y hablar sobre ellos vez tras vez; sino a pensar en su victoria, la cual ya fue planeada por Dios y de seguro vendrá en el tiempo preciso. Comience a agradecerle a Dios por ella como si ya la hubiese recibido, y sea persuadido sin lugar a dudas de que nada en este mundo podrá separarlo del amor de Dios.

Oración: Padre, gracias porque por medio de ti, soy más que vencedor. Ayúdame a enfocarme en mi victoria en lugar de poner la mira en las dificultades de mi vida.

✴ Enfrentar la decepción ✴

¿Por qué te abates, oh alma mía, y te turbas dentro de mí?
Espera en Dios…   SALMO 42:5

Cuando experimentamos decepciones en la vida, pueden transformarse en depresión a menos que pongamos nuestra esperanza en Dios y creamos que podemos volver a empezar y salir victoriosos.

Recientemente, mientras trabajaba en un libro, perdí muchas horas de trabajo por presionar por accidente la tecla para borrar en mi ordenador. De hecho, cometí una serie de errores subsiguientes que me impidieron recuperar el trabajo. ¡Estaba decepcionada, por no decir más! Tenía una decisión por tomar. Podía permanecer molesta y permitir que mi decepción se transformara en mal humor el cual arruinaría mi día o podía poner mi esperanza en Dios y simplemente volver a empezar.

Decidí confiar en que haría un trabajo aún más excelente sobre la sección perdida de lo que había hecho la primera vez y que no permitiría que mi decepción me derrotara. Nadie quiere ser decepcionado, pero al menos con Dios de nuestro lado podemos estar esperanzados.

Si recientemente ha experimentado alguna decepción, lo animo a que tome la decisión de no permitir que se transforme en un problema mayor. No permita que se convierta en desánimo y luego quizá en depresión. Dios está dispuesto a ayudarle a volver a comenzar si deja el pasado atrás y persevera.

Oración: Padre, confío en que me ayudarás a convertir toda decepción de mi vida en nuevos comienzos. ¡No me dejes perder los días preciosos que me has dado con desánimo por el pasado!

✳ Escoja la excelencia ✳

Pero Daniel mismo era superior a estos sátrapas y gobernadores, porque había en él un espíritu superior; y el rey pensó en ponerlo sobre todo el reino. DANIEL 6:3

Esta mañana, pasaba por un estacionamiento y noté que alguien había sacado las latas vacías de su coche y simplemente las dejó en donde su auto había estado estacionado. Quien quiera que haya hecho eso no es una persona de excelencia, y aunque quizá nunca lo relacionen, sus comportamientos pueden impedirles disfrutar de la vida exitosa que de seguro les gustaría tener. Dios promueve a las personas excelentes, aquellos que hacen un esfuerzo adicional y dan lo mejor de sí en todo lo que emprenden. No deje desórdenes para que otros los limpien, sino haga con sus pertenencias como quisiera que ellos hagan con las suyas.

> Dios es excelente y, como sus representantes, debemos también ser excelentes.

Declaración: Haré mi mejor esfuerzo en todo lo que haga. No voy a transigir. ¡Caminaré delante de Dios con excelencia e integridad!

✳ La justicia ✳

Porque el Señor ama la justicia y no abandona a quienes le son fieles. El Señor los protegerá para siempre…

SALMO 37:28 (NVI)

Cada vez que se nos maltrata, sentimos que están en deuda con nosotros. Queremos que se nos pague por el dolor que nos han causado. Pasé muchos años de mi vida tratando de cobrarme de las personas que me habían herido, pero nunca funcionó. Dios es el único quien puede pagarnos debidamente por nuestras injusticias. ¡Dios puede reparar todas las cosas!

Si lo han herido y se siente engañado con respecto a lo que debería haber tenido en la vida, lo animo fuertemente a esperar en Dios y a confiar en Él por su recompensa. El Señor pagará y será una victoria dulce. Él nunca abandonará ni olvidará a quienes ponen en Él sus esperanzas.

Vencemos con el bien el mal, por tanto, manténgase ocupado haciendo el bien tanto como pueda mientras espera en la justicia de Dios para su vida. No permita que la amargura se arraigue en su alma, sino ore por aquellos que lo han herido. Y al hacerlo, Dios hará cosas asombrosas en su vida.

Oración: Padre, concédeme la gracia y la paciencia para esperar la manifestación de tu justicia sobre mi vida.

✳ Deje la ira ✳

*Deja la ira, y desecha el enojo; no te excites en manera alguna
a hacer lo malo.*   SALMO 37:8

Existen muchas situaciones en la vida por las cuales airarse.
La vida no siempre es justa, y las personas ciertamente no
siempre nos tratan como deberían hacerlo, pero la ira jamás
resuelve el conflicto. De hecho, la ira empeora nuestros problemas. La Palabra de Dios dice que aunque nos enojemos,
no debemos pecar (vea Efesios 4:26). Quizá se pregunte:
"Entonces, ¿qué se supone que haga cuando me maltraten?".
La respuesta es: "Confíe en Dios".

Todos nos enojamos cuando nos suceden situaciones injustas, pero podemos sentirnos enfadados y sin embargo no
permitir que el enojo nos conduzca al pecado. Estar enojado
no es un pecado, pero lo que hagamos con nuestro enojo
puede llevarnos a pecar si lo permitimos. En lugar de actuar
en función del enojo y atacar a quienes nos hayan herido y
luego entrar en amargura, se nos enseña en la Biblia a confiar en Dios y a orar por nuestros enemigos (vea Mateo 5:44).
Puede parecerle difícil, pero es el único camino para mantenernos pacíficos y con el tiempo traerá justicia a nuestra vida.

Como a muchos de ustedes, me han herido y perdí muchos años de mi vida con ira y resentimientos; pero gracias
a Dios, hay otro camino. Podemos escoger echar toda ansiedad sobre Dios y creer que Él restaurará todas las cosas.

Oración: Padre, concédeme la paciencia para esperar en ti, sabiendo que te encargarás de mis enemigos. Ayúdame a reaccionar correctamente cuando
me sienta enojado, perdonando a la persona quien
me hirió y poniendo mi confianza en ti para restaurar
todas las cosas.

✳ Los beneficios de la confianza ✳

No tendrá temor de malas noticias; su corazón está firme, confiado en Jehová.   SALMO 112:7

Existen muchos beneficios maravillosos que experimentamos al confiar en Dios, pero uno de los más importantes es que ya no tenemos que vivir en temor. Hay muchas situaciones en la vida que no podemos manejar, pero Dios sí puede, y Él siempre nos ayudará y nos mostrará lo que debemos hacer si ponemos en Él nuestra confianza.

El temor es la respuesta natural del hombre ante cualquier mala noticia, pero afortunadamente, podemos escoger confiar en Dios en lugar de dejarnos llevar por nuestros sentimientos. Cuando ponemos nuestra confianza en Dios, no solo le cerramos la puerta al temor, sino que libramos la paz y el gozo en nuestras vidas. La confianza alivia el estrés, lo cual ayuda a nuestra salud y nuestras relaciones. La confianza también le da a Dios el poder para obrar en nuestras vidas y traer soluciones a los problemas con los que necesitamos su ayuda. La confianza es muy beneficiosa, y es el deseo de Dios que confiemos en Él en todo tiempo y en cada situación.

Oración: Padre, por favor ayúdame a crecer en mi confianza en ti.

✳ Sea sabio ✳

Sé diligente en conocer el estado de tus ovejas, y mira con cuidado por tus rebaños. PROVERBIOS 27:23

Cuando mi mamá tenía ochenta años y aún vivía, tenía el mal hábito de pensar que podía gastar todo lo que veía en su estado bancario, y eso hacía. No era buena para anticiparse y administrar su dinero de tal manera que pudiera llegar a fin de mes. Lamentablemente, muchas personas son así y esto les causa serios problemas. Debemos siempre ser diligentes para saber cuánto podemos gastar y cuánto adeudamos. Dios espera que seamos personas íntegras quienes paguen sus cuentas a tiempo. Si manejamos bien lo que tenemos, Dios nos dará más abundantemente.

> No gaste dinero que no tenga y entonces tendrá suficiente cuando verdaderamente lo necesite.

Declaración: Seré diligente en informarme debidamente sobre mis finanzas y no despilfarraré mi dinero.

＊ *Relájese* ＊

Y vemos que no pudieron entrar a causa de incredulidad.

HEBREOS 3:19

Innumerables situaciones suceden a diario en nuestras vidas las cuales pueden irritarnos a menos que lo permitamos. Ayer, tuvimos una pérdida de agua en una de las tuberías ¡y se nos informó que podríamos tener un problema más grave en toda la casa! Hoy nuestra compañía de tarjeta de crédito canceló nuestra tarjeta, con el argumento de que había quedado comprometida; cuando eso sucede siempre implica mucho trabajo cambiar cualquier factura adherida a un pago automático. En ambas ocasiones, mi primera reacción humana fue frustrarme; la cual siempre conduce a estar tensa; pero por suerte, como hijos de Dios tenemos otra opción.

Irritarse no resuelve los problemas, y estar tensos no nos ayuda en absoluto; entonces ¿por qué tomar ese camino? El Espíritu Santo me recordó que podía relajarme y creer que Dios me ayudaría con lo que fuera necesario hacer.

¿Existe alguna situación por la que esté frustrado? ¿Está causándole tensión a su vida? En caso afirmativo, ¿por qué no decidir relajarse? Respire y permita que su mente se relaje mientras se recuerda a sí mismo que Dios está con usted y por usted, y con Él todo lo puede (vea Filipenses 4:13).

Oración: Padre, ayúdame a relajarme y a entrar en tu reposo en cada situación que se presente en mi vida diaria. Gracias por guiarme en todo tiempo y por ayudarme.

✳ ¿Qué piensa de sí mismo? ✳

¿Andarán dos juntos, si no estuvieren de acuerdo?

AMÓS 3:3

Su imagen es como una fotografía que lleva de sí mismo en su cartera. La manera en que se ve a sí mismo constituye un factor determinante en lo que alcanzará en la vida, por lo tanto, es importante que se vea como Dios lo ve.

Usted fue creado por Dios y es su especial tesoro. Él tiene planes de bien para su vida y lo ama de manera incondicional. Quizá usted solo piense en sus errores o en lo que no es, pero Dios ve la persona que será al trabajar juntamente con Él para generar cambios positivos en su vida.

Quizá no esté en el lugar que debería estar, pero si es cristiano, es una nueva criatura en Cristo y está siendo transformado a diario. Regocíjese en cuán lejos ha llegado en lugar de estar triste por cuánto le falta recorrer. Tenga una cita diaria con Dios y llegue a un acuerdo con Él para verse a sí mismo como Él lo ve y pondrá una sonrisa en su rostro y en el de Él.

Oración: Padre, ayúdame a verme a mí mismo a través de tus ojos, como la nueva criatura que has destinado para que fuera. Ayúdame a olvidar las cosas pasadas y aferrarme a tus nuevos planes para mi vida.

✳ *Una pérdida* ✳

Enjugará Dios toda lágrima de los ojos de ellos; y ya no habrá muerte, ni habrá más llanto, ni clamor, ni dolor; porque las primeras cosas pasaron. APOCALIPSIS 21:4

Hoy me enteré de que una amiga cercana y colega falleció. Tenía treinta y siete años, casada con dos hijos. Era una persona comprometida con Dios y una muchacha encantadora. Una de las cosas más difíciles de afrontar en la vida es una pérdida, la cual parecería carecer de todo sentido; pero estoy agradecida de que aun en medio de una tragedia como esta, podemos todavía confiar en Dios.

Estoy segura de que también ha experimentado alguna clase de pérdida, y quisiera animarle a que resista cualquier razonamiento perjudicial que no conduzca a ninguna respuesta, sino a cada vez más preguntas. Su pérdida quizá no sea el fallecimiento de un ser querido, pero el dolor de cualquier clase de pérdida nos alcanza a todos.

Nunca permita que una pérdida lo aparte de Dios. En su dolor, acérquese más a Él y confíe en que Él es poderoso para sanar su corazón herido.

Oración: Padre, gracias por tu consuelo y por sanar mis heridas.

❋ *Tenga cuidado con lo que diga* ❋

Yo dije: Atenderé a mis caminos, para no pecar con mi lengua; guardaré mi boca con freno, en tanto que el impío esté delante de mí.   SALMO 39:1

El salmista David debió haber tenido una verdadera revelación sobre el poder de las palabras, porque a menudo habla sobre la importancia de no pecar con nuestra lengua. Quizá sea difícil de enfrentar, pero muchas de las cosas que decimos son pecaminosas. Todo lo que no proviene de la fe, es pecado (vea Romanos 14:23); por tanto, todo lo que decimos dudando, con temor, incredulidad, etc. es pecaminoso, y ese es solo el comienzo de la lista. Somos los representantes de Dios, y como tales, hablamos en su nombre. Nuestras palabras nos juzgan frente al mundo y debemos ser cuidadosos con nuestros dichos en todo tiempo, pero especialmente cuando estemos delante de personas inconversas.

> Lo que salga de su boca proviene de su corazón, por tanto, si escucha su ser, podrá descubrir mucho sobre usted mismo.

Declaración: ¡Mis palabras contienen poder, así que seré cuidadoso con los dichos de mi boca!

✳ *Piense en grande* ✳

Ensancha el sitio de tu tienda, y las cortinas de tus habitaciones sean extendidas; no seas escasa; alarga tus cuerdas, y refuerza tus estacas. ISAÍAS 54:2

La Palabra de Dios nos enseña que Él es poderoso para hacer todas las cosas mucho más abundantemente de lo que pedimos o entendemos (vea Efesios 3:20), entonces ¿por qué no pensar en grande? Por supuesto que no creemos que Dios quiere que vivamos vidas mezquinas, con apenas lo suficiente para sobrevivir. Él es un Dios grande y quiere proveernos más que suficiente para todas nuestras necesidades.

Siempre conténtese con lo que Dios le provea, pero al mismo tiempo, piense en grande para su futuro. ¡Dios quiere usarlo en *gran* manera, bendecirlo en *gran* manera y ayudarlo en *gran* manera! No permita que su mentalidad pequeña lo mantenga atrapado en una vida insignificante.

Oración: Padre, gracias por recordarme pensar en grande. Permíteme pensar como tú piensas y soñar como tú sueñas.

✳ *Dé gracias* ✳

Den gracias a Dios en toda situación, porque esta es su voluntad para ustedes en Cristo Jesús.

1 TESALONICENSES 5:18 (NIV)

Le recomiendo que adquiera el hábito de dar gracias a Dios desde el momento en que se despierte cada día y que continúe haciéndolo a lo largo del día. ¡Una persona agradecida es una persona feliz! También he notado en mi propia vida que tengo más energía cuando soy agradecida.

Es fácil caer en la trampa de vivir enfocado en lo malo de lo vida y de las personas con quienes nos relacionamos, pero esa no es la voluntad de Dios y roba nuestro gozo y nuestra energía. Cada uno de nosotros tiene muchas cosas por las que estar agradecido, pero lo primero por lo que tenemos que agradecerle a Dios cada día es su amor y salvación por medio de Jesús. ¡Qué don maravilloso Dios nos ha dado!

Dé gracias a Dios en todo tiempo, aun por las circunstancias desagradables. Agradezca por no tener que atravesar sus desafíos solo porque Dios está siempre con usted. Usted es más que vencedor en Cristo (vea Romanos 8:37), quien lo lleva siempre en triunfo en Cristo Jesús (vea 2 Corintios 2:14).

Oración: Padre, gracias por tu maravillosa bondad y por tu ayuda y presencia en mi vida.

✳ ¿Quién dirige su vida? ✳

Conozco, oh Jehová, que el hombre no es señor de su camino...
JEREMÍAS 10:23

Es difícil darse cuenta de que no tenemos la habilidad para dirigir nuestras propias vidas y que terminen bien. Llegar a esa conclusión por lo general implica cometer muchos errores y entender por las malas que necesitamos humillarnos bajo la mano poderosa de Dios y pedirle por su ayuda y guía en todo tiempo.

Si las cosas no van bien en su vida, quizá sea porque elabora sus propios planes y espera que Dios los bendiga. Ciertamente perdí muchos años haciendo eso, pero he aprendido a pedir la ayuda de Dios y a reconocerle en todos mis caminos (vea Proverbios 3:6).

Las personas humildes no se tienen a sí mismas en alta estima, y comprenden planamente que aun en sus mejores días necesitan la sabiduría de Dios respecto a cualquier decisión o plan que quieran llevar adelante.

Oración: Padre, lamento todas las veces que he hecho mis propios planes sin consultarte. Perdóname y concédeme tu sabiduría en todo tiempo.

✳ Exceso de opciones ✳

Y si alguno de vosotros tiene falta de sabiduría, pídala a Dios, el cual da a todos abundantemente y sin reproche, y le será dada.
SANTIAGO 1:5

Recientemente, leí que el supermercado promedio contiene 48 750 artículos. Creo que eso es un exceso de opciones. La mayoría de las personas dirían que la vida es estresante en la actualidad, y creo que una de las razones se debe a que tenemos demasiadas opciones para todas las cosas, lo cual nos causa confusión y podemos terminar no tomando ninguna decisión en absoluto. ¿Qué mirar en la televisión? Existen tantas opciones. ¿Qué vestimenta usar? Hay tanta ropa en nuestros clósets que no sabemos qué ponernos. Quiero animarle a que ore, pidiéndole a Dios por su guía, y luego crea que Dios lo está guiando y tome una decisión. No permita que la diversidad de elecciones disponibles se convierta en un factor estresante en su vida.

> ¡Simplificar su vida es una de las mejores maneras de permanecer pacífico!

Declaración: Dios me da sabiduría para tomar buenas decisiones.

✱ Sellado por Dios ✱

En él también vosotros, habiendo oído la palabra de verdad, el evangelio de vuestra salvación, y habiendo creído en él, fuisteis sellados con el Espíritu Santo de la promesa.

EFESIOS 1:13

Un sello es una estampa, una marca de propiedad o de aprobación. Significa: esta persona me pertenece; es mía. Pablo escribió su carta a los Efesios y utilizó la frase "Sellados con el Espíritu Santo" en los capítulos 1 y 4. En su segunda carta a los Corintios, utilizó el mismo lenguaje.

Ambas ciudades (Éfeso y Corinto) eran puntos estratégicos para el sector maderero. Los troncos llegaban en balsas y se almacenaban en el puerto a donde los compradores iban y escogían los troncos que querían. Después de elegirlos, pagaban un depósito en garantía y hacían un corte superficial sobre los troncos indicando que ahora les pertenecían.

Los troncos podían estar en el puerto por mucho tiempo antes de que los reclamasen, pero nadie trataba de tomarlos porque tenían el sello del dueño o una marca sobre ellos.

Nosotros somos sellados con el Espíritu Santo, lo cual significa que somos protegidos por Dios, quien es nuestro dueño. Podemos estar en este mundo por un tiempo, esperando por el regreso de Cristo para llevarnos a nuestro hogar celestial; y aun cuando las condiciones puedan volverse adversas en este mundo, podemos estar en paz porque fuimos marcados. Hemos sido escogidos por Dios, comprados por la sangre de Cristo y marcados y sellados con el Espíritu Santo. ¡Estamos a salvo!

Oración: Padre, gracias por sellarme con el Espíritu Santo y guardarme a salvo de todo peligro.

✳ El quebrantado de corazón ✳

Cercano está Jehová a los quebrantados de corazón; y salva a los contritos de espíritu. SALMO 34:18

Cuando pecamos, solemos sentirnos con el corazón quebrantado por nuestras acciones. Estamos decepcionados de nosotros mismos y es probable que sintamos que Dios está enfadado con nosotros. No obstante, Él no está enojado ni tampoco nos ha dejado. Cuando nos humillamos y confesamos nuestros pecados, podemos recibir su perdón. Quizá ahora mismo se sienta lejos de Dios, pero Él está cerca de usted.

¡Dios no está enfadado con usted!

Declaración: ¡Confieso todos mis pecados y recibo el perdón de Dios!

✳ Experimente el amor de Dios ✳

...y de conocer el amor de Cristo, que excede a todo conocimiento...   EFESIOS 3:19

Siento que el Espíritu Santo me pide en esta mañana que medite sobre cuánto Dios me ama, y quisiera animarle a que haga lo mismo. Dios no nos ama porque lo merezcamos, sino simplemente porque Él es amor y se deleita en amarnos.

Si bien caminamos por fe y la misma no se basa en simples experiencias o en lo que vemos con nuestros ojos naturales, resulta alentador y reconfortante cuando sí vemos y experimentamos la manifestación de nuestra fe. La Palabra de Dios nos enseña a conocer su amor y a permanecer en su amor (vea 1 Juan 4:16, Efesios 3:19).

Observe a diario todas las maneras en que Dios revela su amor por usted. Quizá sea al coronarlo con su favor o al proveerle algo que disfruta o al llenarlo con gran gozo. Él puede revelarse de infinitas maneras, y aprender a reconocerlas no solo constituye una aventura emocionante, sino además alimenta y edifica nuestra fe.

Dios lo ama más de lo que pueda imaginar. Él lo ama cada instante de su vida, y se acerca a usted ahora mismo con su amor sanador y poderoso. ¡Recíbalo!

Oración: Padre, enséñame a reconocer todas las maneras en las cuales revelas tu amor por mí. Que pueda experimentarlo, disfrutarlo y compartirlo con otros.

✳ Sea feliz ✳

Regocijaos en el Señor siempre. Otra vez digo: ¡Regocijaos!
FILIPENSES 4:4

Deje de esperar que algo o alguien lo haga feliz y tome la responsabilidad de su propia felicidad. La clase de actitud que escojamos tener hacia las personas y hacia la vida constituye un factor determinante en nuestro nivel de felicidad. Podemos enfocarnos en lo que las personas no hagan y en lo que nos falte, o podemos poner nuestra mira en lo que la gente hace por nosotros, su valor hacia nosotros y cuántas bendiciones de hecho tenemos en la vida. ¡Es una elección! No podemos quedarnos de brazos cruzados y "desear" que fuéramos felices, culpando a las personas, a la vida y quizá incluso a Dios porque no lo somos. Usted tiene tantas razones para ser feliz como la mayoría de las personas, ¡así que comience hoy!

> Deje de entregarle a alguien más la
> responsabilidad de hacerlo feliz.

Declaración: No perderé otro día siendo infeliz. Me alegraré y me regocijaré.

✳ *Oraciones respondidas* ✳

Entonces uno de ellos, viendo que había sido sanado, volvió, glorificando a Dios a gran voz. LUCAS 17:15

En la Palabra de Dios, leemos sobre diez leprosos que le pidieron a Jesús que los sanara, y Él lo hizo; sin embargo, solo uno regresó a darle gracias (vea Lucas 17:11–15). Este es un gran recordatorio para asegurarnos de que nuestras peticiones no superen nuestra gratitud.

Esta mañana, elaboré una lista con todas las oraciones que se me ocurrieron por las cuales Dios me ha respondido este año. Lo hice para recordarme a mí misma de cuán bueno es Dios, cuán poderosa es la oración y para una vez más agradecerle por el privilegio maravilloso de la oración.

Solo piense en esto: podemos acercarnos a Dios y presentarle nuestra petición y luego echar toda nuestra ansiedad sobre Él. La oración es mucho mejor que la preocupación y la ansiedad. Lo animo a pedir, porque no obtendrá una respuesta si no pide (vea Santiago 4:2). También lo animo a dar gracias a diario. Sea específico y tal vez pueda elaborar una lista de las oraciones que Dios le respondió. Me gusta tomar notas porque puedo referirme a ellas para refrescar mi memoria sobre la bondad de Dios. Recordar tener en cuenta las cosas buenas que Dios ha hecho por nosotros aumenta nuestra fe para confiar en Él aún más.

Oración: Padre, gracias por todas las respuestas a mis oraciones. Ayúdame a ser agradecido y a nunca olvidar tu bondad.

✳ Ojalá no hubiera... ✳

*No os acordéis de las cosas pasadas, ni traigáis a memoria
las cosas antiguas.*   ISAÍAS 43:18

Esta mañana pensé: *¡Ojalá no hubiera hecho eso ayer!* De inmediato, el Señor me reprendió con amor, al recordarme que mirar en retrospectiva algo que no puedo cambiar consume mis energías y simplemente produce estrés. Lo único que podemos hacer sobre el pasado es aprender del mismo.

No quiero decir con esto que no deberíamos arrepentirnos por las cosas que hicimos mal o por las personas que hayamos herido, pero es muy importante resolverlas y luego seguir adelante. El remordimiento es contraproducente. Nada hace para cambiar el pasado, pero sí le roba su energía.

Ore por aquellas cosas que lamenta y pídale a Dios que redima sus errores al tornarlos para bien, pero rehúsese a vivir con remordimientos. Pedro cometió un gran error al negar a Jesús en un momento crucial, pero después de llorar amargamente (vea Lucas 22:62), no se vuelve a hacer mención sobre esto en el Nuevo Testamento. Se arrepintió, pero siguió adelante en el poder del Espíritu Santo. Lo exhorto a que tome la misma decisión cada vez que se sienta tentado a quedar estancado en los remordimientos del pasado.

Oración: Padre, gracias porque no tengo que vivir en el pasado. Ayúdame a abrazar el futuro que tú tienes preparado para mí. ¡Gracias!

✳ *Determine ser positivo* ✳

La bondad y el amor me seguirán todos los días de mi vida...
SALMO 23:6 (NVI)

Con frecuencia, el salmista David hacía declaraciones positivas, y nosotros podemos determinar hacer lo mismo. Cada día planifique decir por lo menos cinco cosas positivas dentro de las dos primeras horas después de levantarse. Creo que mejorará su humor y verá buenos resultados.

Es fácil prestar nuestro oído a las conversaciones negativas que abundan en nuestra sociedad hoy en día y volvernos también negativos; pero si *es* positivo, lo más probable es que lo logre. ¡Elabore su lista ahora mismo y comience a cambiar su día!

Cuanto más positivo sea, más le agradará su vida.

Declaración: ¡Dios es bueno conmigo y espero ansioso comenzar este día!

✳ *Variedad* ✳

En el principio creó Dios los cielos y la tierra.

GÉNESIS 1:1

Desde el primer versículo de la Biblia, se nos da a conocer que Dios es creativo. No solo Él es el creador de todas las cosas, sino que dentro de cada grupo de cosas, encontramos una gran variedad. No todos los árboles, flores, animales o personas son iguales. De hecho, la variedad es realmente asombrosa.

He descubierto en mi propia vida que necesito variedad. Si hago las mismas cosas o como los mismos alimentos una y otra vez por un largo período, comienzo a aburrirme. Quizá sienta que su vida se ha quedado algo estancada, y es muy posible que todo lo que necesite sea incorporar algunos cambios. Sea creativo e introduzca más variedad en su vida. Fuimos creados a imagen de Dios, y si a Él le agrada la variedad, también a nosotros.

Siempre paso tiempo con Dios, pero no siempre hago lo mismo durante ese tiempo. Camino todas las mañanas para ejercitarme, pero no siempre tomo el mismo camino. Disfruto de una variedad de alimentos, de la compañía de diferentes personas y de usar una variedad de estilos de ropa.

Lo animo a que introduzca en su vida mucha variedad y no tenga miedo de probar cosas nuevas.

Oración: Padre, gracias por toda la variedad que has creado. Ayúdame a pensar de manera creativa y a disfrutar de la diversidad de las cosas.

✳ *Termine lo que comience* ✳

Mejor es el fin del negocio que su principio; mejor es el sufrido de espíritu que el altivo de espíritu.

ECLESIASTÉS 7:8

Durante los dos últimos días, he estado pensando sobre la importancia de terminar lo que hemos comenzado. Quizá tenga algunos nuevos proyectos por los cuales esté emocionado, y todos sabemos que es más fácil planificar y comenzar que terminar. Quisiera compartirle tres claves que considero muy útiles para alcanzar un objetivo.

En primer lugar, es importante calcular el costo. Analice qué requerirá para cumplir su meta. ¿Cuánto trabajo le implicará? ¿Comprenderá un costo financiero y, de ser así, está en condiciones de afrontarlo?

En segundo lugar, ponga su mira en lograr su cometido. Cuando se canse de trabajar en ello y no vea aún el resultado final, no se rinda. Aquí es cuando necesita de verdadera disciplina. Mantenga una actitud positiva sobre alcanzar su objetivo, y no considere la posibilidad de que no podrá lograrlo.

Tercero, ¡sea paciente! Nada que valga la pena jamás se logra sin paciencia. Eso significa que quizá deba esforzarse por un largo tiempo antes de que vea el resultado deseado. No obstante, alcanzar su objetivo habrá valido la espera.

Oración: ¡Padre, ayúdame a ser una persona que termine lo que comienza!

✹ *Todo depende de mí* ✹

Si Jehová no edificare la casa, en vano trabajan los que la edifican.   SALMO 127:1

Existen pocas cosas en la vida más estresantes que pensar: *¡Todo depende de mí!* Mi nivel de estrés se incrementa solo con decirlo. Jesús dijo: "Separados de mí nada podéis hacer" (Juan 15:5). Él espera que nos humillemos y le pidamos su ayuda, porque cuando Él se involucra, la vida se vuelve mucho más sencilla.

Necesitamos ayuda, y Jesús envió al Espíritu Santo, quien es nuestro Ayudador. También es un caballero y no entrará en nuestras vidas sin invitación. Lo animo a que pida la ayuda que necesite y la reciba, a fin de que su gozo sea cumplido (vea Juan 16:24).

> "¡Ayúdame, Señor!", debería ser la oración más frecuente.

Declaración: Necesito la ayuda de Dios en todo lo que hago. ¡Sin Él nada puedo hacer!

✷ Escuche ✷

Escucharé lo que hablará Jehová Dios; porque hablará paz a su pueblo…   SALMO 85:8

Creo que la mayoría de nosotros cuando oramos hablamos más de lo que escuchamos. Necesitamos aprender a escuchar, porque Dios a menudo revela respuestas muy simples para algunos de nuestros problemas más complejos. Creo que Dios nos habla de diversas maneras. Puede hablarnos a través de lo que la Biblia llama un silbo apacible y delicado. A mi entender es como un *sentir* en su corazón sobre lo que debe hacer. También puede hablar por medio de otra persona, a través de los pensamientos, las circunstancias, un artículo que haya leído o a través de un sermón. Las maneras en las que Dios nos habla probablemente sean innumerables; sin embargo, a menudo no reconocemos su voz porque somos de mente estrecha sobre la manera en que nos hablará o porque simplemente no escuchamos.

Cuando ore, asegúrese de tener un oído abierto. Mantenga sus oídos espirituales en sintonía con su Maestro en todo tiempo. Al escucharle, Él lo guiará a hacer aquello que producirá paz en su vida. Parte de la definición de la palabra "oír" es "atender a alguien". Creo que Dios está hablando, ¿pero está usted escuchando?

Dios quiere revelarle cosas que necesita oír. Abra su corazón en oración y asegúrese de velar y esperar que Él le hable.

Oración: Padre, me deleito en oír tu voz. ¡Enséñame a escucharte!

✳ *Dios recicla las cosas dañadas* ✳

De modo que si alguno está en Cristo, nueva criatura es;
las cosas viejas pasaron; he aquí todas son hechas nuevas.
2 CORINTIOS 5:17

El reciclaje es un proceso que se ha desarrollado durante las últimas décadas y en la actualidad es un gran negocio. Se nos instruye a colocar ciertos tipos de desechos en contenedores especiales de reciclaje. Es provechoso tomar cosas viejas e incluso dañadas y crear algo nuevo con ellas. Podemos pensar que esto es una idea moderna, pero Dios lo ha estado haciendo desde el comienzo de los tiempos.

No hay nada sobre usted o su pasado que Dios no pueda restaurar y hacer una obra completamente nueva. De hecho, Él usa a personas que a los ojos del mundo pueden parecer inservibles y despreciables. Prepárese para su futuro y jamás piense que es demasiado tarde para tener una buena vida.

> Dios recicla nuestros desechos.

Declaración: Dios restaura en mi vida todo lo que está dañado. ¡Él hace nuevas todas las cosas!

✳ La mente del Espíritu ✳

...la mentalidad que proviene del Espíritu es vida y paz.
ROMANOS 8:6 (NVI)

La mente es algo maravilloso. Los pensamientos surgen de ella constantemente, y ministran vida o muerte, dependiendo de cuáles escojamos tener.

Una de las maneras en que Dios nos habla es a través de nuestros pensamientos, pero desde luego no podemos asumir que cada pensamiento provenga de Dios. ¿Cómo podemos discernir cuáles son de Dios y cuáles no? La mentalidad pecaminosa (o nuestra naturaleza carnal) "es muerte" (vea Romanos 8:6) y produce pensamientos llenos de muerte. Dichos pensamientos producen toda clase de sufrimiento conocido por el hombre. Más los pensamientos que provienen de Dios ministran vida y paz.

Cuando verdaderamente conocemos el carácter de Dios, discernimos de inmediato los pensamientos del Espíritu. Por ejemplo, Dios a menudo pone en mí pensamientos acerca de lo que puedo hacer por otras personas, y al meditar en dichos pensamientos, siento gozo y entusiasmo. A veces surgen pensamientos en mi mente sobre algo que un miembro de la familia o una amiga *no* está haciendo por mí y que creo que debería hacer, y dichos pensamientos producen enojo y descontento, así que definitivamente sé que no provienen de Dios.

Me desperté esta mañana meditando en cómo la calidad de mi vida en este día dependería de los pensamientos que escoja tener, y quisiera recordarle que me acompañe a guardar una mente santa, la cual esté llena de los pensamientos del Espíritu que son vida.

Oración: Padre, por favor ayúdame a tener pensamientos que sean agradables a ti y a rápidamente echar fuera aquellos que tú no apruebas. ¡Gracias!

309

✳ Jesús nos entiende ✳

*Porque no tenemos un sumo sacerdote que no pueda
compadecerse de nuestras debilidades, sino uno que fue tentado en todo según nuestra semejanza, pero sin pecado.*

HEBREOS 4:15

La mayoría de nosotros a veces sentimos que nadie nos entiende. Quizá nos sintamos separados de los demás por no
ser como ellos o porque se destacan en áreas en las que
somos débiles. Esto puede provocar un sentimiento de soledad, pero en realidad, nunca estamos solos. Jesús está
siempre con nosotros y nos entiende.

No solo se compadece de nuestras debilidades y pruebas
cuando somos tentados por el diablo, sino que además entiende todo acerca de nosotros. La gente claramente no entendía a Jesús cuando caminó por esta tierra. Ni siquiera su
propia familia lo entendía, pero Él se contentaba sabiendo
que su Padre celestial entendía cada aspecto sobre Él y sobre
aquello que experimentó durante su vida aquí en la tierra.

No existe nada sobre usted que el Señor desconozca, y Él
está interesado en todo lo que a usted concierne.

Oración: Padre, gracias por entenderme y aceptarme.
Ayúdame a recordar que tú siempre estás de mi lado,
aun cuando otros no lo estén.

✳ Confíele a Dios su dolor ✳

Él sana a los quebrantados de corazón, y venda sus heridas.
SALMO 147:3

Es relativamente fácil confiar en Dios cuando desea algo, pero ¿qué hay de confiar en Dios cuando la vida duele? ¿Está dispuesto a confiarle a Dios su dolor? Cuando me hieren, encuentro que mi fe es probada. No nos agrada el dolor, y por lo general no entendemos por qué tenemos que pasar por él. Puede que nos resulte difícil mirar por encima del dolor, y ni hablar de creer que algo bueno pueda surgir del mismo. Sin embargo, Dios promete que Él sanará nuestras heridas y que tomará nuestro dolor y lo encaminará a bien si continuamos confiando en Él (vea Génesis 50:20). Si ahora mismo se encuentra pasando por sufrimientos, lo animo que pueda entregarle su dolor a Dios y pedirle que lo use para su gloria y lo disponga para su bien.

> Con la actitud correcta, su dolor puede convertirse en su ganancia.

Declaración: Confiaré en Dios en todo tiempo, y su alabanza estará de continuo en mi boca.

✳ Los ángeles guardianes ✳

Bendecid a Jehová, vosotros sus ángeles, poderosos en fortaleza,
que ejecutáis su palabra, obedeciendo a la voz de su precepto.
SALMO 103:20

Esta mañana estaba pensando en cuán perjudicial es la queja. Dios es en verdad tan bueno y tenemos miles de cosas por las cuales estar agradecidos; sin embargo, a menudo nos quejamos. Tenemos a los ángeles quienes están prestos para ayudarnos, pero oyen y actúan en obediencia a la Palabra de Dios, no a nuestras quejas.

Me encuentro en Florida y el clima esta semana ha estado más fresco de lo normal, y cuando miro en retrospectiva, me doy cuenta de que no he dejado de quejarme al respecto. Esperaba que fuese más cálido y no he estado contenta de que así no fuera. Cuando salí de casa la temperatura era de 18 grados (-7 °C), y aquí en Florida es de 60 (15°C), ¡pero aún quería que estuviera más cálido! Estoy avergonzada de mi comportamiento ahora que me doy cuenta de lo que he estado haciendo.

Tengo tanto más por agradecer que por quejarme, y usted también. Si se encuentra tentado a quejarse sobre algo, hágase un favor y en lugar de expresar su queja, encuentre algo bueno sobre lo que hablar. Sus ángeles están esperando para ayudarle, así que continúe declarando la Palabra de Dios y confiando en Él.

Oración: Padre, perdóname por quejarme y ayúdame a llenar mi boca de gratitud por tu bondad en mi vida.

✳ *Aumentar* ✳

Aumentará Jehová bendición sobre vosotros; sobre vosotros y sobre vuestros hijos.   SALMO 115:14

El Señor puso la palabra "aumentar" en mi espíritu hace algunos días y continúo pensando en ella. Hay muchas áreas de mi vida que me complacería ver que aumenten, y estoy segura de que tiene el mismo sentir. Creo que Dios está aumentando nuestro ministerio este año y que tendremos la capacidad para ayudar a más personas. Él me está impulsando a declarar un aumento sobre mi ministerio, sobre nuestros colaboradores, sobre nuestros hijos, sobre Dave y sobre nuestro hogar.

He aquí algunas de las áreas por las que podemos esperar que aumenten: el favor, la paz, el gozo, la risa, el conocimiento de Dios, una mayor intimidad con Jesús, la creatividad y la productividad. La energía, el entusiasmo, la pasión y el fervor encabezan mi lista. Un aumento en sabiduría también ocupa el primer lugar de mi lista, como así también el conocimiento, el discernimiento, la prudencia y la discreción. Puede elaborar su propia lista, pero asegúrese de tener escrituras que la respalden. Por ejemplo, si usted da sus diezmos, entonces declarar un aumento en sus finanzas es escritural (vea Malaquías 3:10–11).

Cuando declaramos una palabra, estamos manifestando lo que la Palabra de Dios dice. Nos ponemos de acuerdo con Dios. Las palabras tienen poder, y deberíamos usarlas para un propósito benéfico en lugar de que sean una pérdida de tiempo. Sea lleno de expectativas para recibir un aumento en todas las áreas de su vida.

Oración: Padre, estoy emocionado por ver un aumento en mi vida. Quiero poder ayudar a cada vez más personas y estar equipado para toda buena obra.

✷ *Dios se deleita en usted* ✷

Pues el Señor tu Dios vive en medio de ti. Él es un poderoso
salvador. Se deleitará en ti con alegría. Con su amor calmará
todos tus temores. Se gozará por ti con cantos de alegría.
SOFONÍAS 3:17 (NTV)

Suele ser difícil comprender que Dios se deleita en nosotros, pero así es. Él también quiere que nos gocemos en Él.
Una vez oí decir que nuestro llamado más alto es gozarnos
en Dios. Estoy aprendiendo a gozarme en Dios cada día, a
lo largo de mi día, y he dado un paso de fe y decidido creer
que Él se deleita en mí. Desperdicié muchos años creyendo
la mayor parte del tiempo que Él no estaba complacido conmigo a causa de mis imperfecciones, pero ya no creo esa
mentira.

Del mismo modo que vemos las imperfecciones de nuestros hijos y, sin embargo, los disfrutamos, Dios hace lo
mismo con nosotros.

> Las rosas tienen espinas, pero aún
> son hermosas y las disfrutamos.

Declaración: Dios ve todas mis imperfecciones y sin
embargo me ama y se deleita en mí.

✳ Deje de estar enfadado consigo mismo ✳

Antes que te formase en el vientre te conocí, y antes que nacieses te santifiqué, te di por profeta a las naciones.

JEREMÍAS 1:5

Dios le dijo a Jeremías, quien estaba permitiendo que sus temores lo retuvieran, que Él lo había conocido y santificado aún antes de que Jeremías naciera. Aún no había hecho nada malo o bueno, pero Dios lo santificó.

El diablo quiere que vivamos con una vaga sensación de que Dios no está complacido con nosotros y de que quizá esté algo enojado, pero eso no es verdad. Dios nos ama y está constantemente obrando en nuestras vidas para ayudarnos a crecer en Él y para que continuamente seamos transformados a su imagen.

Hacemos cosas que están mal, pero si nuestro corazón está bien delante de Dios y nos arrepentimos y estamos dispuestos a aprender, eso es todo lo que Dios busca. No se enfade consigo mismo al creer que usted es una decepción para Dios. Él nos conoció a cada uno íntimamente incluso antes de que naciéramos y nos ama con amor eterno.

Oración: Padre, perdona mis pecados y ayúdame a desarrollar una relación más saludable y piadosa conmigo mismo así también como contigo.

✳ Los tiempos de la vida ✳

Todo tiene su tiempo, y todo lo que se quiere debajo del cielo tiene su hora. ECLESIASTÉS 3:1

Quisiera animarle a que disfrute de cada etapa de su vida, porque cada una de ellas contiene algo maravilloso de lo que no querrá perderse. Parece que la vida está siempre cambiando, al igual que las personas a nuestro alrededor. También nosotros cambiamos con el paso de los años. Que podamos abrazar cada cambio y buscar allí la bendición, porque nuestros tiempos ciertamente están en las manos amorosas y poderosas de Dios.

> ¡Cada nueva etapa en la vida
> significa nuevas aventuras!

Declaración: Los cambios son buenos y mantienen la vida renovada y emocionante.

✳ Halle lo bueno en todo ✳

Examinadlo todo; retened lo bueno.

1 TESALONICENSES 5:21

Recientemente, nos encontrábamos hospedados en el piso veintisiete de un hotel y de pronto se dispara la alarma de incendio. Yo estaba en pijama acostada en la cama cuando recibimos una llamada en la cual se nos informaba que debíamos evacuar el edificio. Los elevadores automáticamente dejan de funcionar cuando hay una amenaza de incendio, lo cual significaba que teníamos que bajar veintisiete pisos por escalera. Me gustaría decir que me comporté perfectamente bien y que no me quejé en absoluto, pero la realidad es que murmuré un poco.

Sentí en mi corazón que podía estar agradecida de poder bajar los veintisiete pisos por escalera en lugar de quejarme por tener que hacerlo. Creo que podemos encontrar algo bueno en lo que enfocarnos en cada situación si tan solo procuramos buscarlo.

El apóstol Pablo dijo que debemos dar gracias a Dios en todo sin importar cuáles sean las circunstancias, y al hacerlo no apagaremos (reprimir o refrenar) al Espíritu Santo (vea 1 Tesalonicenses 5:18–19).

Procure ver el lado positivo de la vida y enfocarse en este. Será mucho más feliz, y Dios podrá hacer mucho más en su vida.

Oración: Padre, ayúdame a hallar siempre lo bueno en todo y a magnificarlo.

✳ *Confiar en las personas* ✳

Todo lo sufre, todo lo cree, todo lo espera, todo lo soporta.
1 CORINTIOS 13:7

Recientemente, me enfrenté a una situación en la cual una persona me contó algo negativo y desagradable sobre otra, y tenía que tomar una decisión con respecto a qué creer. Seguro que ha estado en esta misma situación. Es fácil ir por la vida desconfiando de las personas, porque todos tuvimos malas experiencias en las cuales nos han decepcionado y herido. No obstante, resulta completamente injusto juzgar a las personas basándonos en una experiencia que tuvimos con alguien más.

Ya hace tiempo me cansé de ser desconfiada la mayor parte del tiempo y decidí siempre creer lo mejor de los demás. Quisiera animarle a que haga lo mismo. Siempre dé a las personas el beneficio de la duda, y nunca crea algo negativo sobre ellos a menos que sepa con certeza que es cierto.

> ¡Creer lo mejor le ahorrará muchas horas de sufrimientos!

Declaración: Seguiré el consejo de Dios y siempre creeré lo mejor de las personas.

✳ Conquistar la preocupación ✳

Echando toda vuestra ansiedad sobre él, porque él tiene cuidado de vosotros.   1 PEDRO 5:7

La Palabra de Dios nos enseña que no debemos preocuparnos, pero a veces todos nos sentimos tentados a darle lugar a la preocupación de todos modos. Como madre, quiero que todos mis hijos sean felices en cada momento, y cuando no lo son, tiendo a preocuparme por ellos y a querer solucionar cualquiera sea el problema. Hoy me encuentro a mí misma en esa situación, y no dejo de recordarme que la preocupación y la inquietud no producen nada bueno. Son una pérdida absoluta de tiempo.

Aunque podamos conocer la Palabra de Dios, a menudo tenemos que traerla a memoria al meditar en ella y al buscar escrituras que sepamos y leerlas una y otra vez. La Palabra de Dios contiene poder el cual nos ayudará a hacer lo que sabemos que debemos hacer, y nos confortará en nuestras preocupaciones.

La Palabra de Dios es medicina para nuestras almas. Calma nuestras emociones y nos trae paz. Cada vez que se encuentre preocupado sobre algo, lo animo a que se vuelva a la Palabra de Dios para recibir la fuerza que necesite para soltar la preocupación.

Oración: Padre, sé que no quieres que me preocupe; confío en ti en todo tiempo. Ayúdame a aprender a no perder mi tiempo dándole lugar a la preocupación.

✳ El privilegio de la oración ✳

...no tenéis lo que deseáis, porque no pedís.

SANTIAGO 4:2

Con frecuencia leo libros sobre la oración porque quiero estar motivada para orar a lo largo de cada día. La oración es uno de los actos más poderosos y produce grandes resultados, siempre y cuando se ore con fe.

Se dice que cada fracaso en la vida es el resultado del fracaso en la oración. Dios está presto para salvar, ayudar, sanar y restaurar, pero alguien tiene que orar para que Él obre. Esto es bastante asombroso si lo piensa.

¡Dios, quien es poderoso para hacer todas las cosas, espera hasta que oremos! Él escucha el clamor más débil y contesta aún las oraciones más simples e infantiles. Las oraciones no necesitan ser elocuentes ni siquiera largas, solo deben ser sinceras y creer que Dios oye y responde. ¿Por qué deberíamos tener vidas débiles e indefensas cuando tenemos todo el poder disponible para nosotros para pedirlo y recibirlo?

Dios es bueno y Él desea hacer más por nosotros de lo que podemos imaginar. Lo animo a orar de manera audaz y valiente. Dios espera poder hacer grandes cosas si se las pide.

Oración: Señor, mi oración es que tú me enseñes a orar y que me ayudes a entender más plenamente el poder de la oración.

✳ *Tenga paciencia. ¡Dios continúa obrando!* ✳

Mejor es el fin del negocio que su principio; mejor es el
sufrido de espíritu que el altivo de espíritu.

ECLESIASTÉS 7:8

Cuando se sienta frustrado porque cree que nada está sucediendo en su vida o no ve las respuestas a sus oraciones,
solo recuerde que mientras crea y ponga su confianza en
Dios, Él continúa haciendo su obra. Su "de repente" está
por llegar. Quizá su espera sea verdaderamente larga, pero
de repente Dios le mostrará el resultado de lo que ha estado
haciendo en todo ese tiempo.

El cumplimiento de sus esperanzas y deseos llegará a su
debido tiempo y de la manera correcta, por tanto, asegúrese
de disfrutar su viaje. La paciencia hace que su caminar sea
mucho más placentero que la impaciencia.

> Actuar con impaciencia no produce que las cosas
> ocurran más deprisa, solo lo vuelve miserable.

Declaración: Dios nunca llega tarde; por lo tanto, confiaré en sus tiempos para mi vida.

✳ Resistir el fariseísmo ✳

A unos que confiaban en sí mismos como justos, y
menospreciaban a los otros, dijo también esta parábola...
LUCAS 18:9

Últimamente, me he tenido que arrepentir por el pecado del fariseísmo. El mismo está arraigado en el orgullo y por lo general no conseguimos verlo en nuestras propias vidas. El apóstol Lucas nos relata una historia sobre un hombre quien se encontró con un publicano y le dio gracias a Dios porque no era como él y procedió a enumerar sus maravillosas cualidades (vea Lucas 18:9–14), mientras que exponía los pecados de los demás.

Hace poco, salió a la luz que alguien a quien conozco muy bien estaba ocultando un pecado y participaba activamente engañando a muchas personas. No solo se quebrantó mi corazón por este hombre y por el cuerpo de Cristo, sino que además estaba muy enojada y luego pensé: *No puedo creer que la gente haga cosas semejantes; yo jamás podría hacer algo así.* Es insensato tener esa clase de pensamientos la cual está arraigadas en el fariseísmo.

La Palabra de Dios nos enseña a ser cuidadosos cuando pensamos que estamos firmes, para que no caigamos (1 Corintios 10:12). Es importante juzgar con justo juicio según las instrucciones de Dios (vea Juan 7:24), pero nunca hipócritamente. Seamos guiados por el Espíritu Santo en lo que respecta a cómo abordar los pecados de otras personas, pero manteniendo un espíritu humilde, para que no caigamos.

Oración: Padre, perdóname por el pecado del fariseísmo y ayúdame a no vivir engañado.

✳ Disfrute este día ✳

El pan nuestro de cada día, dánoslo hoy.   MATEO 6:11

Esta mañana, justo después de levantarme, comencé a pensar en todas cosas que necesitaba hacer no solo hoy, sino también durante el resto de la semana. ¡De repente comencé a sentirme abrumada! Por suerte, el Espíritu Santo rápidamente me recordó que debía afrontar un día a la vez. Tan pronto como dejé de enfocarme en toda la semana para dedicarme a este día, sentí que la presión se levantaba.

Dios nos ha diseñado para vivir un día a la vez, y nos concede su gracia para el día en que vivimos. Él nos dará la gracia para mañana, cuando el día de mañana llegue. Jesús nos enseña que no nos afanemos por el día de mañana, porque cada día trae su afán (vea Mateo 6:34). Rehusarnos a vivir en el pasado (o en el futuro) en nuestros pensamientos constituye una de las maneras en que le demostramos a Dios que podemos confiar en Él.

Este día posee muchas cosas maravillosas que Dios quiere que disfrutemos, pero nos las perderemos si no nos enfocamos en el presente. El hoy importa, así que asegúrese de no perdérselo al simplemente andar a la deriva. Preste atención en lo que haga y confíe en que Dios le dará hoy el pan de cada día, lo cual significa que le proveerá *todo* lo que necesite hoy.

Oración: ¡Padre, gracias por este día! El presente es un regalo y escojo vivirlo plenamente.

❋ *Jesús nunca lo rechazará* ❋

Todo lo que el Padre me da, vendrá a mí; y al que a mí viene, no le echo fuera. JUAN 6:37

El rechazo puede llegar a ser muy doloroso, y muchas de las personas quienes lo han experimentado todavía lo están sufriendo. El que ha sido rechazado por lo general teme que lo vuelvan a rechazar y ese temor controla sus decisiones. Quizá reaccionen aislándose a sí mismos o evitando la intimidad en lugar de correr el riego de volver a enfrentar el rechazo. La buena noticia es que Jesús nunca nos rechazará. Podemos acercarnos a Él, ser totalmente honestos con Él y tener la certeza de que Él siempre nos aceptará y nos amará. He descubierto que el hecho de saber que Jesús me acepta me ayuda a superar cualquier rechazo que pueda recibir de otras personas.

> En nuestra relación con Dios, puede que Él nos corrija, pero nunca nos rechazará.

Declaración: Dios me ama de manera incondicional y nunca me rechazará.

❈ Esperar la sanidad ❈

Jehová Dios mío, a ti clamé, y me sanaste. SALMO 30:2

Una vez que oramos por sanidad, tenemos que esperar pacientemente mientras que el poder sanador de Dios obre en nosotros. Tengo un resfriado y dolor de garganta ahora mismo, y me siento muy cansada. He orado y estoy confiando en Dios no solo por mi sanidad, sino también para que me ayude a no estar de malhumor con las personas que me rodean mientras me recupero.

Cuando nos sentimos mal, resulta fácil ser impacientes e irascibles, pero podemos confiar en Dios, pidiéndole que nos ayude a manifestar los frutos del Espíritu en medio de nuestras dificultades. Cuando padecemos algún tipo de sufrimiento pero permanecemos estables, crecemos espiritualmente.

No es sensato desquitarnos con las personas a nuestro alrededor cuando nos sentimos mal. Si alguien está atravesando por una enfermedad crónica, no solo es difícil para ellos, sino también para quienes estén a su lado. Podemos orar no solamente por la sanidad de nuestros amigos y seres queridos, sino también por sus cuidadores y familiares.

Oración: Padre, ayúdame a ser amable y paciente cualquiera sea mi situación, no solamente cuando todas mis circunstancias sean favorables.

✳ Los compromisos ✳

Porque ¿quién de vosotros, queriendo edificar una torre, no se sienta primero y calcula los gastos, a ver si tiene lo que necesita para acabarla?   LUCAS 14:28

¿Alguna vez ha aceptado ciertas responsabilidades y luego ha deseado con todo su corazón haber dicho que no? A la mayoría de nosotros nos sucede hasta que aprendemos a analizar todo lo que ya estamos haciendo y lo que nos demandará realmente tomar otro compromiso.

Ninguno de nosotros quiere decepcionar a las personas que nos presentan sus peticiones, y eso puede ser algo bueno, pero si se lleva demasiado lejos, terminamos frustrados, estresados e infelices.

Acepté llevar a cabo un evento en el futuro cercano, pero probablemente debí haber dicho que no, porque ahora no ansío su llegada y siento que está sobrecargando mi agenda. Pero es mi culpa. Cumpliré con mi palabra porque eso es muy importante y mantendré una buena actitud, y espero que me sirva de aprendizaje para decir que no cuando sea necesario.

Lo animo a que se tome el tiempo para analizar y ver si tiene lo que necesita para acabar algo y mantener su paz antes de comenzarlo. Siempre cumpla con su palabra, incluso si tiene que sufrir para lograrlo.

Oración: Padre, ayúdame a discernir cuándo decir que sí y cuándo decir que no. Quiero terminar lo que comience y mantener mi paz en todo tiempo.

✴ La disciplina ✴

...porque el Señor disciplina a los que ama, y azota a todo el que recibe como hijo. HEBREOS 12:6 (NVI)

Dios es el Padre de nuestros espíritus, y cuando Él nos disciplina o nos corrige lo sentimos en el espíritu. Suele sentirse como un leve pesar o, como se menciona en la Biblia, como una "tristeza que proviene de Dios" (vea 2 Corintios 7:10, NVI). Ayer expresé algo sobre otro individuo, y no lo dije en amor, pero tan pronto como me di cuenta, me arrepentí y recibí el perdón de Dios. No me siento condenada, pero sí siento una tristeza santa al respecto. En verdad me arrepiento de mis acciones y, para serle honesta, estoy algo decepcionada de mí misma.

La buena noticia es que este proceso es enriquecedor para nuestras vidas espirituales. Cuando esto le suceda, no pierda su tiempo sintiéndose culpable, pero sí asegúrese de tomar en serio la corrección y luego orar para que pueda aprender de su error. Dios solo disciplina a los que ama.

El Espíritu Santo utiliza la herramienta espiritual de la disciplina en nuestro hombre interior para ayudarnos a permanecer en el camino correcto de la vida. Es una bendición poder sentir internamente cuando nuestras acciones no agradan a Dios y tener la oportunidad de volvernos de nuestros caminos y tomar la dirección correcta.

Oración: Padre, gracias por amarme lo suficiente para no dejarme solo en mi pecado, sino siempre corregirme y mostrarme el camino por donde debo andar.

✳ *Una vida saludable* ✳

Querido hermano, oro para que te vaya bien en todos tus asuntos y goces de buena salud, así como prosperas espiritualmente. 3 JUAN 2 (NVI)

Es el deseo de Dios que gocemos de buena salud en cada aspecto de nuestro ser: en espíritu, cuerpo, mente y emociones. Y Él nos ofrece su plenitud para remplazar todos los quebrantos de nuestras vidas.

Es de vital importancia aprender a pensar correctamente, porque nuestros pensamientos tienen el poder para afectar todas las demás áreas de nuestra vida. La realidad es que somos lo que pensamos. Dicho de otro modo: "Porque cual es su pensamiento en su corazón, tal es él" (vea Proverbios 23:7).

Si algún área de su vida está quebrantada, lo exhorto a que la lleve delante de Jesús y le pida su sanidad. Él está interesado en cada aspecto de su vida y en todo lo concerniente a usted.

No es posible gozar de una vida saludable
y tener una mente quebrantada.

Declaración: Renuevo a diario mi mente de acuerdo con la Palabra de Dios. ¡Estoy aprendiendo a pensar como Dios piensa!

✳ El carácter en la era de la imagen ✳

Más bien, revístanse ustedes del Señor Jesucristo, y no se preocupen por satisfacer los deseos de la naturaleza pecaminosa. ROMANOS 13:14 (NVI)

Deberíamos aprender a interesarnos más por lo que Dios piensa de nosotros que por lo que la gente piensa de nosotros. Vivimos en un tiempo en el cual las personas están obsesionadas con su imagen, pero la Palabra de Dios nos dice que seamos transformados a la imagen de Cristo (vea 2 Corintios 3:18).

Dios mira nuestro corazón, pero el hombre solo mira la apariencia exterior. No importa cuán atractivos nos esforcemos por lucir o cuál es nuestro nivel de éxito según los parámetros de este mundo, lo único que realmente importa es desarrollar un carácter santo a fin de poder glorificar al Padre.

Oración: Padre, ayúdame a discernir qué es lo que realmente importa. Ayúdame a esforzarme para desarrollar un buen carácter en lugar de esforzarme por promover una imagen para impresionar a las personas.

✳ *Guarde su corazón* ✳

Sobre toda cosa guardada, guarda tu corazón; porque de él mana la vida. PROVERBIOS 4:23

A menudo, recuerdo la importancia de lo que permito que permanezca en mi corazón (pensamientos y actitudes). Un guarda vigila un área a fin de mantenerla segura, y eso es lo que Dios quiere que hagamos con respecto a nuestro corazón.

Aquellas cosas que guardemos en nuestros corazones con el tiempo se manifestarán de una u otra manera, por tanto, es en vano pensar que podemos ocultar lo que hay dentro de nuestro corazón. Nuestros pensamientos y actitudes nos afectan de una manera positiva o negativa. Como nos enseña la Palabra de Dios, del corazón mana la vida.

¿Guarda diligentemente su corazón de manera regular? Si no es así, por favor comience a hacerlo ahora mismo.

Oración: Padre, ayúdame a guardar mi corazón y a solamente permitir que las cosas que moren en mí sean agradables a ti.

✳ La quietud y el silencio ✳

Mas Jehová está en su santo templo; calle delante de él toda la tierra. HABACUC 2:20

La mayoría de nosotros tenemos una vida acelerada y ruidosa, la cual está colmada de actividades continuas; y a raíz de ello, a menudo pasamos por alto aquello que Dios está tratando de mostrarnos o decirnos. Necesitamos adquirir la habilidad de esperar en silencio en la presencia de Dios y de no sentir que solo somos reconocidos cuando constantemente hacemos cosas. Lo animo a que desarrolle un amor por el silencio. Dios no gritará por encima de todas las actividades ruidosas en nuestras vidas. Dios habla en un silbo delicado y apacible, y creo que quiere hablarnos a diario. Pero a fin de oír, debemos estar atentos a escuchar.

> El silencio es uno de los sonidos más hermosos en el mundo.

Declaración: Disfruto estar en silencio y en quietud.

✳ Sea lleno del Espíritu Santo ✳

Y los discípulos estaban llenos de gozo y del Espíritu Santo.
HECHOS 13:52

Estar continuamente llena del Espíritu Santo es muy importante para mí, y podemos sentir la llenura del Espíritu Santo si prestamos atención. Su presencia libra energía, habilidad, poder y fuerza (vea Hechos 1:8).

Con los años he descubierto que hay cosas que puedo hacer de manera intencional las cuales me ayudan en este objetivo:

1. Tener pensamientos dignos y santos porque nos alimentamos de lo que pensamos (vea Filipenses 4:8).
2. Hablar cosas positivas que libren esperanza y gozo (vea Proverbios 18:21).
3. Permitir que la Palabra de Dios llene mi mente. Al meditar en varias escrituras, el poder del Espíritu Santo es librado en mi alma (vea Efesios 5:18–19).
4. Cuando pienso en cosas que puedo hacer para ayudar o bendecir a otras personas, siempre siento el poder y el fervor de Dios (vea Hechos 10:38).

Lo animo a que lo intente, y creo que se sorprenderá de la diferencia que producirá en su vida.

Oración: Padre, en verdad quiero siempre estar lleno de tu Espíritu Santo. Ayúdame a desarrollar hábitos que me ayuden a alcanzar este objetivo.

✳ Corra hacia Dios, no huya de Él ✳

Y Jonás se levantó para huir de la presencia de Jehová...
JONÁS 1:3

Esta mañana estuve pensando en mi hermano. Tuvo problemas de drogadicción y alcoholismo la mayor parte de su vida, y recuerdo que en una ocasión dijo: "He corrido tan lejos y tan fuerte que me sobrepasé a mí mismo. Ya ni siquiera sé lo que hago".

Al igual que Jonás huyó de Dios porque quería hacer su propia voluntad, a menudo queremos huir de Dios, pero es insensato y de nada sirve. Mi hermano desperdició su vida y murió a una temprana edad, pero no tenía que ser de esa manera. Podía haber corrido hacia Dios en lugar de huir de Él.

Jonás huyó y acabó en un gran problema, pero afortunadamente, al final se arrepintió y regresó a Dios. Quizá usted esté enfrentando algo que no quiere hacer o que es difícil de realizar, pero lo animo a que lo afronte y no huya. Dios lo ayudará y lo fortalecerá.

Oración: Padre, ayúdame a enfrentar cada desafío en mi vida y a nunca huir de ti ni de nada que necesite hacerle frente. Gracias por darme tu valor.

✳ Adiós a la culpa ✳

Mas él herido fue por nuestras rebeliones, molido por nuestros pecados; el castigo de nuestra paz fue sobre él, y por su llaga fuimos nosotros curados. ISAÍAS 53:5

La mala consciencia es uno de los sentimientos más miserables del mundo. Sufrí por muchos años de una culpa falsa antes de ser libre de esta. ¿Qué es la culpa falsa? Es el sentimiento de culpabilidad que persiste incluso después de que la persona se haya arrepentido sinceramente de sus pecados. Por supuesto, continuaremos sintiéndonos culpables si seguimos en pecado, pero no tenemos que sentirnos de esa manera si nos arrepentimos de nuestros pecados y hemos pedido y recibido el perdón de Dios. Mantenga la consciencia limpia y disfrutará mucho más de la vida.

> La mala consciencia, sin importar cuán suave sea su susurro, le provocará angustia.

Declaración: ¡Cuando peco, me arrepiento y recibo el perdón de Dios!

✳ *Recuerde* ✳

¿Todavía no entienden? ¿No recuerdan los cinco panes para los cinco mil, y el número de canastas que recogieron?
MATEO 16:9 (NVI)

Ayer tuve un día absolutamente maravilloso, y esta mañana lo he estado recordando. Al recordarlo, parecía como si estuviera disfrutándolo todo otra vez. Cada una de nuestras vidas es una combinación de días buenos y otros no tan buenos, pero si solo nos enfocamos en aquellos días difíciles, podemos fácilmente sentirnos desanimados y abatidos.

En el versículo mencionado, Jesús estaba animando a sus discípulos a recordar el milagro que Él había hecho en el pasado para evitar que se preocuparan por una necesidad actual por la que estaban atravesando y por la que no veían la respuesta. Podemos seguir el mismo ejemplo.

¿Qué cosas vienen a su mente que Dios haya hecho por usted en el pasado? Si las recuerda vívidamente y piensa en ellas, avivará su fe y podrá enfrentar cualquier dificultad. No se desanime, los días buenos están por llegar.

Oración: Padre, gracias por todas las bendiciones que me has concedido. Ayúdame siempre a recordarlas.

❋ La disciplina trae su recompensa ❋

Es verdad que ninguna disciplina al presente parece ser causa de gozo, sino de tristeza; pero después da fruto apacible de justicia a los que en ella han sido ejercitados.

HEBREOS 12:11

Ayer a la noche comí demasiado, y esta mañana me arrepentí. La única manera de vivir sin remordimientos es disciplinarnos a nosotros mismos para hacer lo correcto cuando se presente la oportunidad. Sabía que estaba comiendo en exceso, pero continué de todos modos, simplemente porque me apetecía comer más.

¿Alguna vez ha hecho algo en demasía de lo cual luego se arrepintiera? ¿Se queja o gruñe cuando se menciona la palabra "disciplina"? A todos parece desagradarnos la idea de disciplina, pero de hecho es nuestra aliada.

Si hubiera seguido el sentir de mi corazón anoche, habría tenido paz esta mañana en lugar de remordimiento. Estoy agradecida por el recordatorio que me dio Dios acerca de que vivir una vida disciplinada es el camino hacia la paz y la satisfacción.

Si bien sabemos las cosas, a menudo necesitamos que nos las recuerden. Así que si usted necesita que le recuerde ser disciplinado en todo, entonces reciba estas palabras y abrace la disciplina como su aliada divina quien siempre está tratando de ayudarle a que tenga éxito.

Oración: Padre, gracias por darme un espíritu de disciplina y dominio propio y ayúdame a ponerlo en práctica en todo tiempo.

✳ Adquirir experiencia ✳

*Hijo mío, está atento a mi sabiduría, y a mi inteligencia
inclina tu oído.*   PROVERBIOS 5:1

Aprendemos considerablemente al transitar por la vida. Algunas de nuestras experiencias son muy costosas y muy valiosas. Su valor puede extenderse hasta llegar a otros, y la sabiduría que otros han adquirido puede asimismo beneficiarnos. Cuando tenía treinta años, creía saber qué era lo importante en la vida, pero después de luchar por muchos años para obtener lo que quería, me di cuenta de que la mayoría de las cosas no eran realmente tan importantes después de todo.

Aprendamos a escuchar a quienes hayan vivido más que nosotros, especialmente a aquellos que hayan disfrutado una larga vida y estén dispuestos a compartir con nosotros sus errores y lo que aprendieron de ellos. Siempre respete a sus mayores y sepa que *¡en verdad saben más que usted!*

> ¡Si cree que lo sabe todo, entonces
> no sabe absolutamente nada!

Declaración: Me entusiasma aprender, y estoy dispuesto a escuchar a aquellos que saben más que yo.

✳ *Sumérjase en la Palabra* ✳

¡Oh, cuánto amo yo tu ley! Todo el día es ella mi meditación.
SALMO 119:97

Dios me ha estado mostrando que si nos sumergimos en su Palabra y llenamos nuestra alma de algún tema determinado, podremos ver un crecimiento en esa área de nuestras vidas. Por ejemplo, si necesito sanidad, deberíamos empapar nuestra alma de escrituras relacionadas con la sanidad; o si carecemos de paciencia, podemos empaparnos de escrituras sobre la paciencia.

La Palabra de Dios tiene un poder inherente en ella que producirá frutos. Su Palabra es una de las herramientas que el Espíritu Santo utiliza a fin de cambiarnos y transformarnos (vea 2 Corintios 3:18). Del mismo modo que libramos los nutrientes de los alimentos cuando los masticamos, también libramos el poder de la Palabra de Dios cuando meditamos en ella. Meditar sobre algo significa pensar en ello profunda y detenidamente.

La Palabra de Dios nos impedirá caer en pecado. El salmista David dijo que había guardado la Palabra de Dios en su corazón para no pecar contra Él (vea Salmo 119:11). Lo animo a confiar en que el poder de la Palabra de Dios lo ayudará. Tómela como cuando toma medicamentos cuando está enfermo.

Oración: Padre, ayúdame a comprender el poder maravilloso en tu Palabra y a meditar en ella día y noche.

✳ Conscientes de la presencia de Dios ✳

*A Jehová he puesto siempre delante de mí; porque está a mi
diestra, no seré conmovido.*   SALMO 16:8

Considero muy importante en mi vida el hecho de estar
consciente de la presencia de Dios, y creo que todos nosotros queremos saber sin lugar a dudas que Él está con
nosotros. La buena noticia es que Dios siempre está a un
pensamiento de distancia. Podemos traer a Dios a nuestra
consciencia al simplemente pensar sobre Él o al reconocer
su presencia. Deténgase por un minuto ahora mismo y diga:
"Padre, estás aquí conmigo en este instante". Descanse por
un momento con ese pensamiento en mente y solo deléitese
en su presencia. ¡Tómese el tiempo para permitir que Dios
se vuelva real en su vida!

Hay infinidades de hechos sucediendo a nuestro alrededor todo el tiempo, pero no nos afectan a menos que
estemos conscientes de ellos, y la consciencia se basa en
aquello sobre lo que enfocamos nuestras mentes. Si pienso
en mis problemas, se vuelven más importantes que todo
lo demás; pero si pienso en mis bendiciones, se hacen aún
mayores, y este mismo principio aplica para todas las cosas.

Dios nos ha prometido que estaría con nosotros siempre,
y todo lo que necesitamos hacer es pensar en Él o meditar
sobre una de sus promesas para traerlo a nuestra consciencia. Piense con frecuencia en el Señor y tenga presente
que mientras Él esté con usted, no hay nada que temer.

Oración: Padre, gracias por tu presencia y ayúdame a
pensar siempre en ti.

✻ Los caminos de Dios ✻

Como son más altos los cielos que la tierra, así son mis caminos más altos que vuestros caminos, y mis pensamientos más que vuestros pensamientos.   ISAÍAS 55:9

Es fácil volvernos insatisfechos con Dios y con nuestra vida cuando no entendemos sus caminos. Asumimos que porque Él es bueno, todo lo que nos sucede debería también ser bueno, pero las experiencias nos demuestran que las cosas no son de ese modo. Y para peor, Dios no siempre se muestra interesado en explicarse a sí mismo. Quiere que confiemos en Él, y no prolongar lo que intenta hacer en nosotros al resistir lo que sea desagradable. Si Él permitió a su propio hijo sufriera injustamente, ¿podemos nosotros esperar algo menos? La resurrección siempre llega, ¡pero tiene lugar cuando morimos al yo!

Solemos aprender más cuando la vida es más dura.

Declaración: ¡Aun cuando no comprenda los caminos de Dios, confiaré en Él!

✳ Sea modesto ✳

Vuestra modestia sea conocida de todos los hombres. El Señor está cerca. FILIPENSES 4:5 (RVA)

La Palabra de Dios nos enseña a evitar los excesos o los extremos. Se nos ha dado el fruto del dominio propio y deberíamos ponerlo en práctica en todo tiempo.

Hay muchas cosas que hacemos y que terminan volviéndonos miserables y, sin embargo, nos las provocamos a causa del exceso. Somos libres y podemos disfrutar de todo aquello que no sea pecaminoso, pero sabemos que algo bueno se puede convertir en algo malo simplemente por hacerlo en exceso. Podemos hablar en exceso, trabajar en exceso, comer en exceso, gastar dinero en exceso y miles de otras cosas; pero gracias a Dios, también podemos ejercer el dominio propio. Tomemos siempre la decisión correcta.

Oración: Padre, gracias por el fruto del dominio propio. Me arrepiento por cualquier exceso que haya permitido en mi vida y te pido que me ayudes a hacer todas las cosas con modestia.

✸ Las decisiones ✸

El hombre de doble ánimo es inconstante en todos sus caminos.

SANTIAGO 1:8

Esta mañana trataba de tomar una decisión y me encontraba indecisa entre dos opciones con respecto a lo que debía hacer. Comenzaba a sentirme frustrada, pero entonces el Señor me recordó que realmente no necesitaba tomar esa decisión por otros treinta días. Sentí un alivio instantáneo.

Pueden suceder muchas cosas durante esos treinta días que influenciarán mi decisión, y al esperar y confiar en que Dios me guiará a hacer lo correcto llegado el momento, le estoy dando la oportunidad de obrar en el corazón de la persona involucrada en la decisión, como así también en mi propia vida.

La mayoría de nosotros queremos hacer lo correcto, pero decidir en función de ello a veces puede ser todo un desafío, y quizá se deba a que tratamos de tomar las decisiones antes de tiempo. Dios nos da lo que necesitamos en el momento oportuno, no necesariamente cuando lo queremos. Muchas de las situaciones en la vida se resuelven cuando oramos y se las entregamos a Dios y esperamos en su tiempo perfecto. Dios ha prometido guiarnos, y ¡Él siempre cumple sus promesas!

Oración: Padre del cielo, gracias por guiarme y mostrarme lo que debo hacer en el momento exacto. Ayúdame a no tomar decisiones apresuradas que posiblemente me conduzcan a equivocarme.

※ *Confiar en Dios cuando no entendemos* ※

Respondió Jesús y le dijo: Lo que yo hago, tú no lo comprendes ahora; mas lo entenderás después.   JUAN 13:7

Creo que lo que me resulta más difícil (y lo que más detesto) son las circunstancias que Dios usa para cambiarme. La transformación raramente tiene lugar cuando estamos gozosos y todo en nuestra vida es perfecto. Dios quiere fortalecernos espiritualmente, y eso implica confiar en Él cuando nada tiene sentido a nuestros ojos.

He descubierto que aquellas cosas que una vez creí que eran mi peor enemigo, al final se convirtieron en mis aliadas porque me llevaron a caminar con Dios de una manera más íntima. Cuando Dios es todo lo que tenemos, por lo general tendemos a aferrarnos fuertemente a Él y llegamos a conocerle mejor.

> Todo aquello que lo haga aferrarse fuertemente a Dios es valioso y digno de aceptación.

Declaración: Cuando la vida duela, me acercaré más a Dios. Nada podrá separarme de su amor.

✳ *Permanezca firme* ✳

Por tanto, tomad toda la armadura de Dios, para que podáis resistir en el día malo, y habiendo acabado todo, estar firmes.
EFESIOS 6:13

Existen momentos cuando el diablo ataca nuestra mente y podemos resistirle y experimentar la libertad y el alivio al instante, pero en otras ocasiones parece que sin importar lo que hagamos, su ataque es incesante. Tuve uno de esos momentos esta semana, y por dos días sentí como si mi mente hubiera sido secuestrada. Intentaba resistir los pensamientos negativos sobre una determinada situación, pero sentía que estaba fracasando por completo.

He aprendido que cuando eso sucede, solo necesitamos permanecer firmes en Cristo, y los pensamientos negativos del diablo finalmente se irán. La vida no es muy placentera hasta que estos desaparezcan, pero podemos levantarnos y declarar: "Dios, confío en que tú te encargarás de esto. No puedo librarme a mí mismo, pero sé que tú eres mi libertador".

Es importante que sepamos que no somos los únicos quienes atraviesan por tales pruebas. Todos tienen en ocasiones estos tipos de ataques en sus mentes; incluso Jesús fue tentado implacablemente por el diablo durante cuarenta días y noches (vea Lucas 4:1–13). La Escritura dice que cuando Satanás terminó el ciclo de tentación, se alejó.

La próxima vez que se encuentre en un "ciclo" de tentación, recuerde que si permanece firme, el mismo llegará a su fin y usted será más fuerte de lo que era antes.

Oración: Padre, te amo y siempre necesitaré tu ayuda. Fortaléceme en cada batalla y ayúdame a saber que en Cristo soy más que vencedor.

✳ *Dar demasiado* ✳

Para recibir el consejo de prudencia, justicia, juicio y equidad.
PROVERBIOS 1:3

Sabemos que es posible dar con mezquindad, pero ¿es posible dar demasiado? Pienso que sí, y creo que necesitamos ser criteriosos y guiados por el Espíritu Santo con respecto a nuestras dádivas. He sido bendecida con el don de dar (vea Romanos 12:6–8). Me encanta ser generosa, pero recientemente sentí que el Señor me mostraba que en algunas instancias, estaba dando en exceso.

Aunque pueda parecerle extraño, sé por experiencia que podemos evitar que las personas tomen responsabilidades si obramos de manera excesiva. El verdadero amor dice que no cuando sea sabio hacerlo.

Muchos padres incapacitan a sus hijos y permiten que permanezcan disfuncionales al protegerlos excesivamente. Vi a mi madre hacer esto con mi hermano, y aunque tenía buenas intenciones, terminó perjudicándolo más de lo que lo ayudó.

Dios nos ama y siempre nos da cuando es lo mejor para nosotros. Él provee en el tiempo oportuno y de la manera correcta. Podemos ser dadores generosos y, sin embargo, debemos ser sabios en nuestro acto de dar al seguir su ejemplo. Aprendamos a decir que sí cuando sintamos que Dios está diciendo que sí y a decir no cuando sintamos que Dios nos dice que no. Ya sea que dé de su tiempo, dinero o esfuerzo, es importante ser guiados por su Espíritu Santo en cada momento.

Oración: Padre, deseo ser un dador generoso, pero quiero ser guiado por tu Santo Espíritu en todas mis dádivas. Ayúdame y concédeme discernimiento en todos mis caminos.

✳ *Dominio propio* ✳

Más bien, golpeo mi cuerpo y lo domino, no sea que, después de haber predicado a otros, yo mismo quede descalificado.
1 CORINTIOS 9:27 (NVI)

La mayoría de las personas se quejan cuando oyen la palabra "dominio propio"; sin embargo, la realidad es que el dominio propio es una enorme bendición. Estoy agradecida de que Dios nos haya dado el fruto del dominio propio. El mismo se desarrolla al ponerlo en práctica, y aunque pueda resultar desafiante en ciertas áreas al principio, el dominio propio de hecho nos hace libres de vivir controlados por cosas que no queremos que nos controlen.

El dominio propio nos ayuda a convertirnos en la persona que verdaderamente queremos ser, y a hacer las cosas que sabemos que debemos hacer. Comience a considerarlo su aliado, en lugar de un enemigo que lo hace gruñir de solo pensar en él.

> ¡Domínese a sí mismo en lugar de
> tratar de dominar a los demás!

Declaración: El dominio propio es mi aliado y me ayuda a convertirme en la persona que quiero ser.

✳ Estar satisfecho ✳

En cuanto a mí, veré tu rostro en justicia; estaré satisfecho cuando despierte a tu semejanza.   SALMO 17:15

Cuando nuestra dependencia y nuestra necesidad de Dios crecen hasta el punto en donde Él es lo primero en lo que pensamos por la mañana, también hallaremos que tenemos una satisfacción en la vida que nada ni nadie jamás podrían darnos.

Buscamos muchas cosas en la vida, creyendo que nos harán felices y nos satisfarán, y cuando descubrimos que no es así, pronto buscamos algo más. Las cosas por sí mismas no pueden hacernos felices ni contentarnos. Quizá nos emocionen por un tiempo, pero pronto pierden su brillo y comenzamos a buscar otra cosa más.

Solo Dios puede darnos la satisfacción completa que buscamos. La plenitud de la vida y del gozo que todos deseamos se encuentran en Él. Permita que Él sea su necesidad y deseo principal, y su vida será dulce y satisfecha.

Oración: Oh, Señor, perdóname por el tiempo que he perdido yendo detrás de cosas que jamás podrían satisfacerme. Enséñame a buscarte a ti con todo mi corazón y entonces hallaré la satisfacción que anhela mi alma.

✳ *El poder de la generosidad* ✳

Hay un mal doloroso que he visto debajo del sol: las riquezas guardadas por sus dueños para su mal.

ECLESIASTÉS 5:13

Si bien Dios desea que disfrutemos de las cosas buenas de la vida, también desea que seamos generosos para extender el mensaje del evangelio y para ayudar a los pobres y necesitados. Es imposible ser egoístas y felices a la vez, y la Palabra de Dios nos enseña que es mejor dar que recibir (vea Hechos 20:35).

Salomón, el autor de Eclesiastés, aprendió que las riquezas guardadas terminan hiriendo a quien las posee. ¿Por qué? Nuestra alma se encoge y se vuelve pequeña cuando solo tenemos espacio en nuestra vida para nosotros mismos y vivimos sin ningún tipo de interés por los demás.

Ni por un instante creo que Dios nos dice que debemos darle a Él y a su propósito en la tierra porque necesita nuestro dinero. ¡Él nos enseña a dar porque es necesario para nosotros! El poder dar siempre produce una cosecha de bendiciones mayores, gozo y muchas otras victorias para la persona generosa.

Oración: Padre, me arrepiento por ser egoísta y tacaño. Ayúdame a ser generoso y a aprender verdaderamente el gozo de dar.

✳ Tenga una conversación con Dios ✳

Entonces me invocaréis, y vendréis y oraréis a mí, y yo os oiré.
JEREMÍAS 29:12

Dios a menudo me recuerda que puedo hablarle sobre todo, y usted también puede. Él ya sabe todas las cosas de todos modos, así que ¿por qué no hablarlas con Él y permitirle ayudarnos, o quizá solo prestar su oído?

Esta mañana algo inquietaba un poco mi consciencia y traté de evitar pensar al respecto, pero ignorarlo no ayudó en absoluto. Así que tuve una conversación con Dios sobre ello, y tan pronto como abrí mi corazón, me sentí libre del peso que esto me causaba. Dios siempre escucha, así que cuéntele todo y reciba su sabiduría y consuelo.

> No puede ocultarle un secreto a Dios, así que no se moleste en intentarlo.

Declaración: Hablaré con Dios acerca de todo y nunca trataré de ocultarle nada.

✳ *Rechazar la duda* ✳

El hombre de doble ánimo es inconstante en todos sus caminos.
SANTIAGO 1:8

Hace algunos días, sentí que Dios me mostraba algo realmente bueno que estaba pronto a acontecer, y por supuesto eran buenas noticias. No obstante, algunos minutos después, me di cuenta de que había comenzado a dudar acerca de lo que Dios me había mostrado.

El apóstol Santiago escribió que debemos pedir con fe, no dudando nada (vea Santiago 1:6). El simple hecho de que la duda se presente en nuestros pensamientos no significa que tengamos que recibirla. Podemos ser lo suficientemente sabios como para darnos cuenta de que las mentiras de Satanás siempre vienen para tratar de robar la buena semilla que Dios ha plantado en nuestros corazones.

Lo animo a que recuerde todas las promesas de Dios sin dar lugar a la duda. Continúe creyendo y confiando en Dios, porque Él es fiel y lo ama y quiere bendecirlo mucho más abundantemente.

Oración: Padre, perdón por dudar de tus promesas. Ayúdame a tener fe en todo tiempo y a no permitir que el diablo robe tu palabra de mi corazón.

✳ No escapa a la vista de Dios ✳

Ninguna cosa creada escapa a la vista de Dios. Todo está al descubierto, expuesto a los ojos de aquel a quien hemos de rendir cuentas. HEBREOS 4:13 (NVI)

A veces cuando estamos heridos o atravesando por alguna dificultad, podemos sentirnos como si fuéramos invisibles y que nadie realmente comprende aquello que estamos experimentando o cómo nos sentimos. ¡Pero no escapa a la vista de Dios! Él conoce exactamente qué le sucede y Él tiene su victoria planeada. Permanezca esperanzado, porque la esperanza es el ancla de nuestra alma. Nos mantiene firmes mientras esperamos que Dios se encargue de nuestros problemas. La esperanza es la expectativa de que algo bueno va a suceder, y todos podemos tenerla si escogemos hacerlo.

> Viva de tal manera como si verdaderamente creyera que Dios todo lo ve.

Declaración: Dios todo lo ve, todo lo sabe y es poderoso para hacer su obrar en mi vida.

✳ ¡No se rinda! ✳

Pedid, y se os dará; buscad, y hallaréis; llamad, y se os abrirá.

MATEO 7:7

Tanto usted como yo tenemos oraciones que hemos estado haciendo desde hace tiempo y, sin embargo, aún no vemos ningún cambio o avance. Hoy he estado meditando sobre una de esas oraciones y por un momento pensé: *Estoy cansada de orar sobre esto, así que creo que lo voy a olvidar.*

De inmediato, la escritura de este día me vino a la mente y creo que fue el Espíritu Santo recordándome que no debo rendirme. A veces, cuanto más tentados estamos de darnos por vencidos, es cuando nuestra victoria está más cerca.

Lo animo a que si está pensando en renunciar a algo, continúe pidiendo, buscando y llamado.

Oración: Padre, ayúdame a ver el cumplimiento y la respuesta a mis oraciones. Confío y creo que me responderás a su debido tiempo.

✳ Evitar la ira ✳

No te entremetas con el iracundo, ni te acompañes con el hombre de enojos. PROVERBIOS 22:24

Enojarse no produce ningún beneficio provechoso, así que deberíamos evitarlo tanto como nos sea posible. Cuando sí nos airemos, debemos orar para que Dios nos ayude rápidamente a superarla. La ira no promueve la manera correcta de vivir que Dios establece. Aparentemente, el poder de la ira es tan devastador que se nos instruye a ni siquiera juntarnos con los iracundos, mucho menos ser uno.

Es verdad que existen muchas cosas injustas en el mundo por las que nos podemos enojar, pero también es verdad que airarse no las resuelve. Confíe en que Dios es quien nos hace justicia y ocúpese de disfrutar su vida.

> No permita que el mal comportamiento de un tercero determine cuál será el suyo.

Declaración: Airarse no produce buenos beneficios y constituye una pérdida de tiempo, por tanto, procuraré evitar caer en la ira.

✳ Nuestro Ayudador ✳

*En realidad, a ustedes les conviene que me vaya. Porque si
no me voy, el Espíritu que los ayudará y consolará no vendrá;
en cambio, si me voy, yo lo enviaré.*   JUAN 16:7 (TLA)

A menudo, sentimos que estamos solos y que no tenemos
quién nos ayude, pero Jesús prometió que el Espíritu Santo
estaría con nosotros siempre y que Él es nuestro "Ayudador".
Una de las oraciones más poderosas que podemos hacer es:
"Ayúdame, Señor", y deberíamos orarla varias veces al día. Es
una oración simple de dos palabras que declara nuestra dependencia del Espíritu Santo y sabemos que separados de Él
nada podemos hacer.

No luche solo en la vida, tratando de hacer las cosas por
su cuenta, cuando tiene al más grande Ayudador del mundo
dispuesto a ayudarle. Santiago dijo: "no tenéis lo que deseáis, porque no pedís" (Santiago 4:2); por tanto, lo animo a
que comience a pedir más seguido y a esperar obtener más
ayuda que nunca.

Oración: Padre, ayúdame en este día y cada día, por
medio de tu Espíritu Santo. ¡Dependo completamente
de ti!

✳ La libertad ✳

Así que, si el Hijo os libertare, seréis verdaderamente libres.

JUAN 8:36

Todos quieren ser libres, pero la verdadera libertad es mucho más que simplemente ser libre para hacer lo que uno quiera. Creo que la verdadera libertad es más interior que exterior. Todas mis circunstancias pueden ser favorables y, sin embargo, estaría con terribles ataduras si mi alma fuera atormentada por la culpa, la vergüenza, los celos, el resentimiento y otros factores que hacen que las personas sean miserables.

Jesús vino para que seamos verdaderamente libres. Vino para hacer una obra grande y maravillosa dentro de nosotros, una que no nos podrá ser arrebatada. Pregúntese a sí mismo si hay algo en su mente, en su voluntad o en sus emociones que lo mantengan atado, y si lo hay, lo exhorto a que le pida hoy a Jesús que le enseñe cómo poder ser libre de ello por medio de su Palabra y de su Espíritu.

> Nuestra vida interior en mucho más importante que nuestra vida exterior.

Declaración: Por medio de la muerte y resurrección de Jesús, soy verdaderamente libre para ser la persona que Él quiere que sea.

✳ El amor es paciente ✳

El amor es paciente, es bondadoso. El amor no es envidioso
ni jactancioso ni orgulloso. 1 CORINTIOS 13:4 (NVI)

Esta mañana, oraba sobre caminar en amor y le pedía a Dios que siempre me ayudara a perseverar en esto, cuando de pronto Él puso a dos personas en mi corazón que tienen personalidades que me quitan la paciencia.

El amor se demuestra y puede expresarse a través de una variedad de rasgos de carácter, pero el primero que se menciona es la paciencia. Me considero una persona directa, y estos dos individuos son extremadamente detallistas. Con el fin de contarme algo, sienten la obligación de exponerme muchos detalles que no necesito y que no me interesan oír.

El Señor me recordó que la primera característica que describe al amor es la "paciencia", y si quiero caminar en amor, necesito estar dispuesta a escucharlos un poco más de lo que usualmente hago. ¡Vaya! ¡Eso me dolió, pero era necesario! Con seguridad, mi personalidad puede ser frustrante para otros también y, dado que pretendo que sean pacientes conmigo, es importante que yo sea paciente con ellos. ¡Recordemos que cosechamos lo que sembramos!

Oración: Ayúdame, Señor, a ser la clase de persona que quieres que sea en todo tiempo y a ser imitador de ti.

✳ Pasar por alto una ofensa ✳

La cordura del hombre detiene su furor, y su honra es pasar por alto la ofensa. PROVERBIOS 19:11

Ayer alguien hirió mis sentimientos y me ofendió con algo que dijo. Nunca sabremos con certeza cuándo algo así ha de acontecernos, por lo cual es sensato predeterminar que tan pronto como llegue una ofensa, no asumirla, sino pasarla por alto. ¿Es fácil ponerlo en práctica? No, en absoluto, pero ciertamente es sensato y constituye la voluntad de Dios.

Una de las cosas que me ha resultado útil es esforzarme por creer en la persona que me hirió, como se nos instruye en la Palabra de Dios (vea 1 Corintios 13:7). No solo "trato" de perdonarlos, sino que le pido a Dios su ayuda para poder concederle a quien me haya herido la misma gracia que Él me da cuando hago o digo cosas que no debería. No permita que las ofensas impidan su crecimiento espiritual o su relación con el Señor.

> Cualquiera puede asumir una ofensa. ¡Solo el hombre fuerte puede pasarla por alto!

Declaración: Con la ayuda de Dios, no permaneceré enfadado, sino que pasaré por alto la ofensa.

✳ La tristeza que viene que Dios ✳

Afligíos, y lamentad, y llorad. SANTIAGO 4:9

Ayer me encontré con una persona muy demandante quien quería que hiciera algo por ella y no aceptaría un no como respuesta. Terminé siendo grosera con esta persona y posteriormente sentí una tristeza santa a causa de mi comportamiento. Siempre quiero representar a Dios de la mejor manera, lo cual significa que a veces necesito ser sufrida con quien me esté irritando.

No siento culpa ni condenación, porque me he arrepentido y sé que soy perdonada, pero sí siento una tristeza que proviene de Dios, y creo que es un sentimiento saludable y correcto. Deberíamos tomar en serio nuestros pecados y arrepentirnos profundamente cuando hacemos algo que sabemos que es contrario a la voluntad de Dios.

Aunque este sentimiento me incomode, lo acojo con satisfacción porque compruebo la importancia de mi testimonio en Cristo y me recuerda de cuán fácil resulta comportarse de una manera carnal y pecaminosa. La Biblia nos exhorta en reiteradas ocasiones a estar en guardia contra las tentaciones de este mundo y a vivir cuidadosamente. Ser grosero con alguien puede parecer insignificante, pero son las zorras pequeñas las que echan a perder las viñas (vea Cantar de los cantares 2:15).

Creo que deberíamos apreciar la disciplina que recibimos de parte del Espíritu Santo, porque es Dios mismo ayudándonos a ser los representantes de Jesús.

Oración: Señor, aprecio tu convicción y tu disciplina, y me arrepiento de corazón por mis pecados. Estoy agradecido por tu perdón.

✳ El fuego de Dios ✳

Porque nuestro Dios es fuego consumidor.   HEBREOS 12:29

Creo que Dios a menudo viene a nuestras vidas como fuego, y en mi opinión significa que Él quiere consumir todo lo que haya en nuestras vidas que no esté en consonancia con su naturaleza y purificar lo que permanece para usarse para su gloria. El fuego puede ser bueno o malo, dependiendo de si se lo controla o no. Un fuego fuera de control causa mucho daño, pero un fuego contenido y controlado se utiliza para fines muy valiosos.

Podemos tener la certeza de que cuando el fuego de Dios viene a nuestras vidas es un "fuego controlado". Dios se asegura de que nos purifique pero que no nos destruya. Es muy importante que le pidamos a Dios que haga en nosotros lo que Él quiera hacer, para que al final pueda obrar a través de nosotros.

> ¡Si permite que Dios lo cambie, entonces podrá cambiar al mundo a través de usted!

Declaración: Dios está transformando mi vida, y quiero ser todo lo que Él desea que yo sea.

❋ *La fe no tiene fecha de caducidad* ❋

Estas pruebas demostrarán que su fe es auténtica. Está siendo probada de la misma manera que el fuego prueba y purifica el oro... 1 PEDRO 1:7 (NTV)

La fe es la certeza de lo que se espera, la convicción de lo que no se ve (vea Hebreos 11:1). Tenemos fe mientras esperamos que Dios responda nuestras oraciones y provea lo que necesitamos. ¿Pero qué sucede si Dios se toma un largo tiempo para responder? Es allí cuando la espera puede tornarse difícil, y también cuando nuestra fe es probada.

He estado orando por al menos siete cosas por las que me encuentro esperando una respuesta, y todas son cosas por las que he esperado un largo tiempo, algunas de ellas por años. Cuando ayer me sentía un poco decepcionada por no ver aún las respuestas, recordé que la fe no tiene fecha de caducidad, y si la tuviera, entonces no es la clase de fe que puede ser probada.

Tener fe no solo significa pedirle a Dios algo, ¡sino también confiar en que Él es la cabeza de la "comisión de medios y arbitrios"! Él escoge la manera de respondernos y el tiempo para hacerlo. Mientras tanto, debemos ser pacientes o al menos podemos aprender paciencia. Todavía estoy aprendiendo, y quizá usted también lo esté.

Permítame hoy animarle a saber que aunque Dios probablemente no llegue en su tiempo, Él promete nunca llegar tarde. No solo espere en Dios por *algo*, sino confíe en Él a lo largo de todo el proceso que conlleva obtenerlo. ¡No permita que su fe caduque!

Oración: Padre, gracias porque tengo fe mientras espero una respuesta a mi situación. Ayúdame a permanecer fiel, así como tú eres fiel.

✷ Nunca es demasiado tarde ✷

Dijo Jesús: Quitad la piedra. Marta, la hermana del que había muerto, le dijo: Señor, hiede ya, porque es de cuatro días.

JUAN 11:39

Al igual que Marta, quizá pensemos que es demasiado tarde para que Dios nos ayude con nuestros problemas, porque hemos convivido con ellos por demasiado tiempo o son muy difíciles de resolver. Mas Dios revela una y otra vez en su Palabra que nada hay imposible para Él. Si puede resucitar a un hombre de entre los muertos, ciertamente podrá resucitar a un hijo perdido, o un matrimonio destruido o quizá un sueño abandonado. Quisiera animarle a que no renuncie a nada ni a nadie. Ore a Dios y concédale la oportunidad de obrar en su vida y en sus circunstancias. ¡Sea paciente y espere la manifestación de algo bueno!

> Si va a pedirle algo a Dios, puede considerar pedirle algo en apariencia imposible.

Declaración: ¡Dios todo lo puede, por tanto, voy a pedirle lo que sea!

✸ Cometer errores ✸

Por cuanto todos pecaron, y están destituidos de la gloria de Dios.
ROMANOS 3:23

Todos pecamos. Todos cometemos errores y hacemos cosas malas, pero Jesús ha provisto el perdón para nuestros pecados y para que no vivamos bajo el peso de la condenación. La Biblia dice que ninguna condenación hay para los que están en Cristo Jesús (vea Romanos 8:1). Recientemente, hice algo que no estuvo bien, y cuando oré al Señor, le dije: "Padre, estoy realmente arrepentida por mi error". Y Él habló a mi corazón, diciendo: "Recuerda, solo porque cometas un error, no significa que tú eres un error".

No hace falta decir que esta verdad realmente me ministró, y quisiera que pueda recordar esto cuando peque, falle o cometa errores. El hecho de que fracasemos en algo, no nos convierte en fracasados. Seguimos siendo hijos de Dios, y Él nos ama tanto como nos amaba antes de que fracasáramos. Dios lo encuentra en donde esté y siempre lo ayuda a llegar a donde debería estar. De acuerdo con la Palabra de Dios, siete veces cae el justo, y vuelve a levantarse (vea Proverbios 24:16).

Cuando caemos, lo primero que tenemos que hacer es volvernos a levantar. Cuando cometemos errores, podemos aprender de ellos. Cuando pecamos, el perdón ya ha sido comprado y pagado por la sangre de Cristo. Celebremos la verdad de que las misericordias de Dios son nuevas cada mañana (vea Lamentaciones 3:22–23).

Oración: Padre, me arrepiento de todos mis pecados, y estoy agradecido por tu perdón. ¡Gracias por enseñarme que aunque cometa errores, no soy un error!

❋ Exhortémonos unos a otros ❋

Y considerémonos unos a otros para estimularnos al amor
y a las buenas obras; no dejando de congregarnos, como
algunos tienen por costumbre, sino exhortándonos; y tanto
más, cuanto veis que aquel día se acerca.

HEBREOS 10:24–25

La Palabra de Dios nos instruye en diversos pasajes a que
nos aseguremos de ser generosos en nuestras exhortaciones.
Cuanto peor se vuelva el mundo, más palabras de ánimo
necesitaremos.

No requiere de ningún entrenamiento especial para poder
exhortar. Solo pídale a Dios que le muestre algo bueno o
amable para compartir con otra persona, y luego hágalo. In-
corpore las exhortaciones a su estilo de vida diario. ¡Nunca
nadie recibe demasiadas exhortaciones! Estoy segura de que
usted también necesita que lo animen, y creo que lo que
uno da a otros, Dios se lo retribuye al ciento por uno.

> Aquello que haga por los demás,
> Dios lo hará por usted.

Declaración: Me agrada dar palabras de ánimo y
hacer sentir bien a los demás.

✳ Apártese de todo ✳

Mas él se apartaba a lugares desiertos, y oraba.

LUCAS 5:16

Todos tenemos momentos cuando solo queremos apartarnos de todo, y cuando nos sucede, necesitamos saber que es una muy buena decisión. A menudo, Jesús se apartaba de todos y de todo y se retiraba a algún sitio a solas para orar. Incluso en ocasiones se apartó de necesidades válidas, con el fin de ser renovado en la presencia de Dios.

Cada mañana salgo a caminar, en la medida de lo posible, y es uno de los momentos cuando *me aparto de todo*. Me gusta caminar sola y utilizo esa hora y media para simplemente pensar, hablar con Dios y estar rodeada de la naturaleza. Si bien estoy ejercitando, me ayuda mentalmente y también emocionalmente. Tal vez deba considerar una caminata diaria como una manera de apartarse de todo.

Cuando mis hijos eran pequeños, a veces el baño era mi lugar para *apartarme de todo*. Ese breve descanso solía ayudarme a calmar mis emociones y a estar lista para volver a enfrentar el mundo.

Quizá su vida sea muy relajada y no tenga problemas que lo presionen ahora mismo, pero aun así, necesita tiempo para estar a solas y meditar. En caso de que sí se encuentre atravesando por dificultades en su vida, ¡quizá necesite dos caminatas diarias! No dude en tomarse el tiempo necesario para ser la persona que quiere ser.

Oración: Padre, gracias por ayudarme a darme cuenta de que necesito tiempo para apartarme de todo lo demás y solo *estar* contigo.

✳ *Refrene su lengua* ✳

Porque todos ofendemos muchas veces. Si alguno no ofende en palabra, éste es varón perfecto, capaz también de refrenar todo el cuerpo. SANTIAGO 3:2

Jesús tuvo gran sabiduría y ejerció control sobre sus palabras, porque Él comprendía plenamente el poder que estas tienen. El libro de Proverbios nos enseña que la muerte y la vida están en poder de la lengua (vea Proverbios 18:21). Necesitamos recordar siempre esta verdad, y deberíamos orar de manera regular para que Dios nos ayude a refrenar la lengua, porque ciertamente no podemos hacerlo sin su ayuda.

Permítame hoy simplemente animarle a que los dichos de su boca sean positivos y estén llenos de vida, en lugar de manifestar comentarios negativos y llenos de muerte. Cuando nuestras palabras están en consonancia con la Palabra de Dios, vemos cosas maravillosas suceder en nuestras vidas.

> Si verdaderamente entendiéramos el poder de nuestras palabras, seríamos muy cuidadosos con nuestros dichos.

Declaración: Hablaré de acuerdo con la Palabra de Dios y no según cómo me sienta o qué piense.

✳ Un día bien equilibrado ✳

Sed sobrios, y velad…   1 PEDRO 5:8

La gente a menudo me pregunta cómo hago para mantener mis prioridades en orden con todas las responsabilidades que tengo. Siempre respondo: "Las mantengo en orden porque continuamente las estoy ordenando". En otras palabras, realizo ajustes a medida que veo que sean necesarios, y en ocasiones eso sucede a diario.

Cuando la gente me dice: "Debes de estar muy ocupada", he aprendido a responder: "No estoy solamente ocupada, sino produciendo muchos frutos". Podemos estar muy ocupados haciendo nada, y si ese fuera el caso, entonces es necesario reacomodar las prioridades. El propósito de Dios es que vivamos una vida equilibrada en la cual produzcamos frutos con nuestras labores, tengamos descanso, tiempo de esparcimiento, podamos disfrutar de la vida, sirvamos a otros y cuidemos de nosotros mismos. A fin de hacer tales cosas, he aprendido a tomar descansos del trabajo y a realizar algunas actividades de las cuales disfruto. Puede ser simplemente detenerme por una taza de café o dar un paseo, pero añade placer a mi día.

Creo que el Espíritu Santo nos mostrará cuando hayamos perdido el equilibrio en nuestras vidas. Puede que comencemos a sentirnos abrumados o aburridos o fatigados o que se aprovechen de nosotros. Si empiezo a sentirme de alguna de estas maneras, suelo implementar cambios para renovar mi vida. Lo exhorto a que trabaje juntamente con Dios para disfrutar de una vida bien equilibrada.

Oración: Padre, ayúdame a tener siempre una vida bien equilibrada y a estar dispuesto a realizar los cambios que sean necesarios con el fin de lograrlo.

✳ La verdadera religión ✳

La religión pura y sin mácula delante de Dios el Padre es esta:
Visitar a los huérfanos y a las viudas en sus tribulaciones,
y guardarse sin mancha del mundo.   SANTIAGO 1:27

¡Dios quiere que ayudemos a los que sufren! Es importante que mostremos el amor de Dios hacia otros, y una de las maneras en que podemos hacerlo es ofreciendo ayuda concreta a aquellos necesitados. Las viudas y los huérfanos constituyen dos grupos que encuentran difícil, o tal vez imposible, sustentarse; pero parecería que Dios tiene un lugar especial para ellos en su corazón.

La manera de servir a Dios es sirviendo a otros. La gente necesita saber que Dios los ama, y a veces se requieren más que simples palabras. Ofrecer ayuda concreta y suplir las necesidades es una de las mejores maneras de demostrar su amor hacia las personas. Lo animo a que pueda ayudar a tantos como pueda, tan a menudo como le sea posible.

Podemos no estar seguros de lo que podamos hacer, pero lo único que no debemos hacer es no hacer nada.

Declaración: ¡Siempre intentaré tratar a las personas como me gustaría que me traten!

✳ *Las distracciones* ✳

Puestos los ojos en Jesús, el autor y consumador de la fe.
HEBREOS 12:2

Nuestro enemigo, el diablo, nos provee de muchas cosas con el fin de distraernos de nuestro propósito, el cual es glorificar y servir a Jesús con todo nuestro corazón. Ayer, cierta persona no se comunicó conmigo sobre una cuestión importante, y su irresponsabilidad me causó trabajo adicional. Me sentí realmente frustrada al respecto y esta mañana no podía dejar de pensar en ello, pero Jesús me recordó que haga aquello que necesitara hacer, y luego ponga mis ojos en las cosas que son más importantes. ¡No permita que las irritaciones del ayer le roben hoy su tiempo!

> ¡No deje que las tristezas del pasado
> le roben hoy su gozo!

Declaración: ¡Este día es un regalo de Dios y no lo desaprovecharé al vivir en el pasado!

✴ Terminar un proyecto ✴

He peleado la buena batalla, he acabado la carrera, he guardado la fe.   2 TIMOTEO 4:7

Puedo oír la satisfacción en la voz de Pablo cuando declara que ha terminado aquello que se propuso hacer. En este caso, Pablo hablaba sobre el propósito en su vida de servir a Dios fielmente; pero podemos experimentar una satisfacción similar en completar cualquier proyecto, especialmente cuando acabamos algo en lo que hemos dedicado mucho tiempo y esfuerzo.

Acabo de terminar un manuscrito de un libro y se lo envié al editor, quien hará la corrección final y lo enviará a la editorial. ¡Me siento tan satisfecha y realizada! Me llevó meses de escritura y de planificación creativa, pero ahora está hecho y tengo ganas de celebrar.

Es fácil renunciar a algo, pero al hacerlo, nos deja un vacío y un sentimiento de insatisfacción. Sabemos que no nos hemos esforzado al máximo y esto disminuye nuestro gozo. Independientemente de lo que necesite terminar, ya sea un proyecto pequeño o uno importante, lo animo a que retome el mismo y lo termine. No deje que los proyectos inconclusos queden dando vueltas y lo molesten, socavando su paz. ¡No existe un mejor tiempo que ahora para terminar lo que ha comenzado!

Oración: Padre, ayúdame a terminar todos mis proyectos que quedaron inconclusos y a hacerlo con gozo. ¡Gracias!

✳ Vencer al enemigo ✳

Y ellos le han vencido por medio de la sangre del Cordero y de la palabra del testimonio de ellos...

APOCALIPSIS 12:11

Nunca tendremos un testimonio sin primeramente pasar por una prueba. Nuestra fe debe ser probada para ver si realmente es auténtica o solo palabrerías. Dios no nos tienta a pecar, pero sí probará nuestra fe al permitir que pasemos por dificultades. De hecho, podemos fortalecer nuestra fe durante esos momentos si mantenemos nuestra confianza en Dios a lo largo de todo el desafío. Las pruebas no son agradables para nadie, pero todos tenemos que atravesarlas. Superemos nuestras pruebas a fin de que tengamos un testimonio maravilloso que glorifique a Dios. Permanezca firme y recuerde: "Esto también pasará".

> ¡Nunca tendremos un testimonio a menos que hayamos pasado una prueba!

Declaración: Soy fuerte en Dios, y puedo soportar lo que se presente con una buena actitud.

✳ *Una mente ocupada* ✳

Tú guardarás en completa paz a aquel cuyo pensamiento en ti persevera; porque en ti ha confiado. ISAÍAS 26:3

Dios nunca nos dijo que tengamos una mente ocupada, sino una mente llena de paz. No hace mucho, experimenté varios días en los cuales me sentía extremadamente cansada. De hecho, más bien exhausta, pero no podía comprender el porqué. Estaba durmiendo bien, y si bien tenía mucho por hacer, eso no es algo inusual para mí.

Después de tolerarlo por algunos días y quejarme con frecuencia, finalmente, le pregunté a Dios por qué me sentía tan cansada. Simplemente no lo entendía. Él me mostró que el cansancio que sentía no era físico, sino un cansancio mental. ¡Había estado pensando demasiado! Debo decir que me sorprendió, pero al analizar de forma honesta todas las cosas que había en mi mente —mientras que simultáneamente realizaba un montón de actividades como grabar para la televisión, trabajar en un libro y viajar— entendí lo que Dios me estaba mostrando.

Además de todo eso, estaba tratando de poner en práctica mi pensamiento creativo sobre próximos seminarios, libros, cambios a realizar en algunas áreas del ministerio, finanzas y otras cosas. Pero debí haberme enfocado en lo que estaba haciendo en lugar de hacer una cosa y pensar en cientos de otras. Con la ayuda de Dios, logré cambiar y decidí darle a mi mente unas cortas vacaciones, lo cual fue de gran ayuda. ¡Quizá este ejemplo también pueda ayudarlo!

Oración: Padre, por favor ayúdame a concentrarme en lo que tenga que hacer y recordar que tú quieres que tenga una mente pacífica, no una mente ocupada.

✳ La ley real ✳

Si en verdad cumplís la ley real, conforme a la Escritura: Amarás a tu prójimo como a ti mismo, bien hacéis.

SANTIAGO 2:8

Dios ama a todos y nos ha llamado a ser imitadores de Él. Él no muestra prejuicios ni favoritismos con ciertas personas, y deberíamos seguir su ejemplo. Tomemos el compromiso de tratar a todos con respeto y hacerlos sentir valiosos. Creo que debemos esforzarnos por alcanzar a aquellos que parezcan estar solos o que hayan sido rechazados, porque podemos transformar la vida de una persona al simplemente notarlos e incluirlos. El mundo está colmado de personas que se sienten invisibles, por tanto, asegurémonos de que sepan que son importantes para Dios y para nosotros.

> Puede cambiar una vida con una sonrisa.

Declaración: Aprenderé a valorar a las personas donde estén, y no donde quisiera que estuvieran.

✳ La voluntad de Dios abre caminos ✳

Y convertiré en camino todos mis montes, y mis calzadas serán levantadas. ISAÍAS 49:11

El profeta Isaías le dijo al pueblo que se bajaría todo monte y que lo torcido se enderezaría y que lo áspero se allanaría (vea Isaías 40:4). ¿Tiene algún monte en su vida ahora mismo? He tenido muchos en mi vida, y estoy segura de que usted también los tiene.

Al confiar en Dios y al ver su obrar en su vida, puede creer que esos montes se bajarán y de hecho se convertirán en un camino por el cual usted podrá transitar. Los problemas que tuve, y que conquisté con la ayuda de Dios, de hecho, se convirtieron en el fundamento de muchos de los mensajes que comparto hoy con la gente. Una vez que vence el problema, tiene una experiencia que puede beneficiar a otros que quizá estén atravesando por lo mismo con lo que usted luchó.

Quisiera animarle a que declare la Palabra de Dios a los montes en su vida y crea que se convertirán en caminos por los que podrá viajar a salvo.

Oración: Padre, te agradezco por concederme la gracia de nunca retroceder porque tú estás conmigo, y con tu ayuda conquistaré mis montes y los veré convertirse en caminos.

❋ Ame su vida ❋

Y por todos murió, para que los que viven, ya no vivan para sí, sino para aquel que murió y resucitó por ellos.

2 CORINTIOS 5:15

No es posible que tenga una vida de la cual verdaderamente goce y al mismo tiempo sea egoísta y egocéntrico. Ser egoísta puede ayudarnos a conseguir las cosas que queramos, pero no nos producirá gozo. El gozo se halla en bendecir a otros. Cuando amamos a nuestro prójimo, nuestras vidas tienen un significado y un propósito real. Si no está contento con su vida, le sugiero que se enfoque más en cómo puede ser de bendición para otros, y Dios lo recompensará.

> No se puede ser egoísta y verdaderamente feliz al mismo tiempo.

Declaración: Me complace hacer cosas por otros.

✴ El conocimiento puede ser un obstáculo ✴

Pues me propuse no saber entre vosotros cosa alguna sino a Jesucristo, y a éste crucificado.   1 CORINTIOS 2:2

La educación es algo beneficioso, pero siempre necesitamos depender de Dios y no simplemente de lo que creemos que sabemos. La búsqueda del conocimiento no debería sobrepasar la búsqueda del conocimiento de Dios. En el huerto de Edén, Eva tuvo la oportunidad de conocerle a Dios íntimamente, pero deseó más un conocimiento que no tenía que tener, lo cual le causó grandes problemas a ella y a toda la humanidad.

Pablo era un hombre sumamente culto, pero cuando comenzó a seguir a Jesús, comprendió que el conocimiento de Dios era más importante que toda la educación que podría llegar a tener (vea Filipenses 3:8–10). A veces, las personas muy instruidas tienen dificultades para acercarse a Dios con una fe simple y como la de un niño. Alcance toda la educación que desee, ¡pero no permita que su cerebro se vuelva más grande que su espíritu!

Todo el conocimiento del hombre no podrá salvarlo de sus pecados, ¡solo Jesús puede hacerlo! Gracias a Dios por lo que sabe, pero no permita que sea un impedimento para depender completamente de Dios en cada situación.

Oración: Padre, estoy agradecido por mi educación y por lo que sé, pero quiero saber más de ti que de cualquier otra cosa. Enséñame sobre ti y sobre tus caminos. Amén.

✳ Los regalos ✳

Y al entrar en la casa, vieron al niño con su madre María, y postrándose, lo adoraron; y abriendo sus tesoros, le ofrecieron presentes: oro, incienso y mirra.   MATEO 2:11

Hoy es Nochebuena, y en cuatro horas toda mi familia (veintidós en total) arribará a nuestro hogar con gran entusiasmo. En este día damos obsequios a las personas que amamos. ¿Por qué celebramos el nacimiento de Jesús con regalos? Lo hacemos porque Él es el mayor regalo que la humanidad ha recibido. Cuando los magos oyeron del nacimiento de Jesús, fueron a adorarle con presentes, y es nuestro privilegio poder hacer lo mismo.

Lo animo a que no pierda de vista ni hoy ni mañana el verdadero sentido de la Navidad cuando celebre estos días festivos. No se concentre tanto en cocinar, preparar, ir de comprar y en dar regalos a otros que olvide la razón de estas fiestas.

Agradézcale a Dios por el regalo de Jesús y tómese el tiempo para darle gracias por todo lo que ha hecho y continúa haciendo en su vida. Cuando les dé a otros los regalos, tenga presente que está celebrando el mejor regalo de todos: ¡Jesús!

Oración: Padre, gracias por el regalo de Jesús. Hoy celebramos como una manera de decir "gracias" por darnos el mejor regalo que jamás nos hayan dado.

❋ El regalo más asombroso ❋

Porque de tal manera amó Dios al mundo, que ha dado a su Hijo unigénito, para que todo aquel que en él cree, no se pierda, mas tenga vida eterna.　　　JUAN 3:16

Al celebrar el nacimiento de Jesús, no olvidemos qué regalo tan asombroso Dios nos ha dado y el sacrificio que debió de haber sido para Él. Estemos pues dispuestos a dar con sacrificio para ayudar a otros a que no solamente se encuentren con Jesús, sino que aprendan a vivir la vida abundante que Él ha provisto.

Existen muchas maneras de poder dar. Podemos orar, servir, dar de nuestro tiempo, dinero, ánimo y ayuda. Nuestra tradición es que en la época navideña se dé a mayor escala de lo que normalmente hacemos en otras épocas del año, pero no creo que debería ser de este modo. Creo que cada día deberíamos experimentar el poder dar a otros. Alguien una vez dijo: "Nos ganamos la vida con lo que recibimos; creamos vida con lo que damos".

Perdí muchos años viviendo de manera egoísta, y todo lo que conseguí fue infelicidad y una vida estrecha llena de mí misma. He aprendido a deleitarme en dar y descubrí que ensancha mi vida de maneras asombrosas. Soy más feliz, más saludable, más enérgica y me encuentro realizada en lo personal. No creo que esté perdiendo mi vida con cosas vanas, sino por el contrario, creo que estoy invirtiendo en la eternidad.

Si siente que necesita un cambio, quizá este sea el cambio que esté buscando. Jesús dijo: "niéguese a sí mismo, y tome su cruz, y sígame" (Marcos 8:34).

Oración: Padre, gracias por el regalo de Jesús y por el sacrificio que hiciste al entregarlo. Ayúdame a no tener temor de vivir una vida de sacrificio para ayudar a otros así como tú me has ayudado.

✳ Guiados por Dios ✳

Pero si sois guiados por el Espíritu, no estáis bajo la ley.
GÁLATAS 5:18

Tenemos el privilegio como hijos de Dios de ser guiados a diario por Él. Si lo invitamos a entrar en nuestras vidas, Él nos ayudará y nos mostrará el camino por el que debemos andar. Ser guiados por el Espíritu nos hace libres para ser aventureros y seguir sus instrucciones en lugar de normas y reglas sin vida. Él siempre está con nosotros y podemos gozarnos de que nunca estaremos solos o sin ayuda.

> Nuestra oración más frecuente
> debería ser: "¡Jesús, ayúdame!".

Declaración: Escucharé las instrucciones de Dios a diario.

✸ *Cuando no sabe qué hacer* ✸

Conozco, oh Jehová, que el hombre no es señor de su camino,
ni del hombre que camina es el ordenar sus pasos.

JEREMÍAS 10:23

Hay ocasiones en mi vida cuando tengo una situación que simplemente no sé cómo abordarla. Siento que necesito hacer algo, pero no sé qué debo hacer. ¿Ese sentimiento le suena familiar? Cuando desconocemos qué dirección tomar ante determinada situación, por suerte tenemos una relación con Dios, y Él todo lo sabe.

Cuando no sé qué hacer, confío en que Dios me revelará su dirección en el tiempo preciso, y según mi experiencia, Él nunca llega tarde. Como seres humanos, no nos agrada el sentimiento de lo incierto. Nos hace sentir que perdimos el control, pero quizá sea exactamente la manera en que Dios quiere que a veces nos sintamos.

Si se encuentra enfrentando una situación que requiere una respuesta pero no sabe qué hacer, le recomiendo que continúe haciendo lo que sí sabe, como orar, adorar, ser agradecido, ser una bendición para otros, estudiar la Biblia, ir a la iglesia, etc. Mientras continúe siendo fiel, Dios le mostrará la respuesta con respecto a la dirección que necesite tomar, pero no se sorprenda si llega de una fuente inesperada. ¡Dios tiene maneras de obrar en las que jamás pensaríamos!

Oración: Padre, confío en que me guiarás en todas mis decisiones y que siempre me mostrarás el camino en el momento preciso.

✳ *Todas las cosas nos ayudan a bien* ✳

Ahora bien, sabemos que Dios dispone todas las cosas para el bien de quienes lo aman, los que han sido llamados de acuerdo con su propósito.　　ROMANOS 8:28 (NVI)

Sin importar por lo que se encuentre atravesando ahora mismo, si simplemente continúa amando a Dios y desea ver su voluntad cumplida en su vida, Él promete tornar sus dificultades para bien. Lo animo a permanecer firme y a no dejar de creer que verá la bondad de Dios manifestada en su vida. Aun si las cosas no surgen como las había planeado, pueden resultar mejor de lo que hubiera creído.

¡Las adversidades pueden convertirse en bendiciones cuando ponemos a Dios a cargo de todas las cosas!

Declaración: ¡Creo que mis problemas pueden transformarse en bendiciones!

✴ ¿Cuán cerca está Dios? ✴

¿No sabéis que sois templo de Dios, y que el Espíritu de Dios mora en vosotros?   1 CORINTIOS 3:16

Dios no solo está *con* nosotros, sino *en* nosotros. Somos la morada de Dios, de acuerdo con su Palabra. Pablo dice que esto es un gran misterio (vea Colosenses 1:27). Verdaderamente es difícil comprender por qué un Dios santo y perfecto escogería morar en seres humanos con defectos e imperfecciones, pero tal es el privilegio de quienes reciben a Cristo como su Salvador. Y Dios no podría estar más cerca de nosotros de lo que está al habitar en nosotros. En Cristo, nunca estamos solos ni sin el poder que necesitamos para hacer su voluntad.

¿Se siente Dios cómodo y como en casa en usted?

Declaración: Soy templo de Dios, y nunca estoy solo.

✳ *Puede tener una buena vida si la desea* ✳

Conforme a vuestra fe os sea hecho. MATEO 9:29

Las promesas de Dios que se encuentran en su Palabra son abundantes, y nos ofrecen a cada uno de nosotros una oportunidad para tener una vida maravillosa y asombrosa. Todo lo que debemos hacer es creer y tener fe, aun cuando parezca que vamos a quedar afuera. Recuerde: Dios no tiene favoritos. ¡Sus promesas alcanzan a todo aquel que las crea!

No importa si alguien haya tenido un mal comienzo en la vida, puede tener un buen final si aprende a confiar y a obedecer a Dios. Eso significa que puede tener una vida plena si la desea. Solo aférrese a las promesas de Dios y no las olvide. Si Dios puede hacer cosas buenas con otros, puede hacerlas con usted también. Su bondad no se basa en nuestras buenas obras, sino en las de Él. Hoy puede ser el comienzo de la mejor vida que pueda tener. ¡Extienda su fe hacia áreas nuevas y crea que cada promesa en la Palabra de Dios es para usted!

Oración: Padre, perdón por haber creído por tan poco cuando me has ofrecido tanto. Por fe, te pido la mejor vida que pueda tener y la gracia para hacer todo lo que quieras que haga.

✳ *Mirar hacia adelante* ✳

...pero una cosa hago: olvidando ciertamente lo que queda atrás, y extendiéndome a lo que está delante.

FILIPENSES 3:13

Quizá haya disfrutado de un gran año o tal vez haya sido un año difícil, pero de cualquier manera, llegó a su fin y un nuevo año está por delante. Ciertamente todos podemos mirar en retrospectiva y encontrar cosas que lamentamos, pero el simple remordimiento puede resultar contraproducente. Lo mejor que podemos hacer es aprender del pasado, para no cometer los mismos errores en el futuro.

A fin de año, disfruto revisar mi agenda anual y recordar las cosas que hice. Algunos de los recuerdos son placenteros, pero también encuentro cosas que ahora entiendo que fueron una pérdida de tiempo o cosas que desearía no haberlas hecho. Me complacen los buenos recuerdos y trato de aprender de los malos. Es importante que no se lleve este año pasado al nuevo año. Su futuro no tiene espacio para su pasado. Si hizo algo bueno, procure hacer algo mejor; y si cometió errores, determine no volver a cometerlos.

Asegúrese de comenzar este año nuevo con una actitud positiva y expectante. Creo que Dios tiene planes de bien para todos nosotros y es emocionante descubrir cuáles serán.

Oración: Padre, gracias por este año. Gracias por guiarme y por concederme la gracia para comenzar un año nuevo con entusiasmo y expectativas.

¿Tiene una relación verdadera con Jesús?

¡Dios lo ama! Él lo creó para ser una persona especial, única y singular, y Él tiene un propósito y un plan específico para su vida. A través de una relación personal con su Creador —Dios— podrá descubrir una forma de vida que verdaderamente satisfará su alma.

No importa quién es, lo que haya hecho o en dónde se encuentre en su vida en este momento, el amor y la gracia de Dios son mayores que su pecado, sus errores. Jesús entregó su propia vida a fin de que pueda recibir el perdón de Dios y tener una nueva vida en Él. Él solo está esperando que lo invite a su vida para ser su Salvador y Señor.

Si está preparado para entregar su vida a Jesús y seguirle, todo lo que tiene que hacer es pedirle que perdone sus pecados y que le conceda un nuevo comienzo en la vida que fue destinado a vivir. Comience al declarar esta oración

Señor Jesús, gracias por entregar tu vida por mí y por perdonarme mis pecados para que pueda tener comunión contigo. Me arrepiento de corazón por los errores que he cometido, y sé que necesito tu ayuda para vivir en rectitud.

Tu Palabra dice en Romanos 10:9: "Si confiesas con tu boca que Jesús es el Señor y crees en tu corazón que Dios lo levantó de entre los muertos, serás salvo" (NVI). Creo en que tú eres el Hijo de Dios y te confieso como mi Salvador y Señor. Acéptame tal cual soy y obra en mi corazón, para que sea transformado en la persona que quieres que sea. Quiero vivir para ti, Jesús, y estoy realmente agradecido de que hoy me concedas un nuevo comienzo en mi vida contigo.
¡Te amo, Jesús!

¡Es realmente maravilloso saber que Dios nos ama tanto! Él desea tener una relación íntima con nosotros que se desarrolle cada día en la medida en que pasemos tiempo con Él en oración y estudiando la Biblia. Y queremos animarle en su nueva vida en Cristo.

Puede visitar joycemeyer.org/salvation para solicitar el libro en inglés de Joyce titulado *A New Way of Living*, el cual es nuestro obsequio para usted. Asimismo, contamos con otros recursos en línea gratuitos para ayudarle a progresar en su búsqueda de todo lo que Dios tiene para usted.

¡Felicitaciones por su nuevo comienzo en su vida con Cristo! Esperamos saber pronto de usted.

Acerca de la autora

JOYCE MEYER es reconocida mundialmente por enseñar la Palabra de Dios de una manera práctica. Su programa de televisión y radio, *Disfrutando la vida diaria*, se transmite en cientos de redes de televisión y estaciones de radio en todo el mundo.

Joyce ha escrito más de cien libros inspiradores. Entre sus libros de éxitos de venta se encuentran: *Pensamientos de poder*; *Mujer segura de sí misma*; *Luzca estupenda, siéntase fabulosa*; *Empezando tu día bien*; *Termina bien tu día*; *Adicción a la aprobación*; *Cómo oír a Dios*; *Belleza en lugar de cenizas* y *El campo de batalla de la mente*.

Joyce viaja extensamente para compartir el mensaje de Dios en sus conferencias a lo largo de todo el año y habla a miles de personas alrededor del mundo.

Ministerios Joyce Meyer Direcciones

Joyce Meyer Ministries
P.O. Box 655
Fenton, MO 63026
USA (636) 349-0303
1-800-727-9673

Joyce Meyer Ministries—Canadá
P.O. Box 7700
Vancouver, BC V6B 4E2
Canada 1 (800) 868-1002

Joyce Meyer Ministries—Australia
Locked Bag 77
Mansfield Delivery Centre
Queensland 4122
Australia
+61 7 3349 1200

Joyce Meyer Ministries—Inglaterra
P.O. Box 1549
Windsor SL4 1GT
United Kingdom
+44 1753 831102

Joyce Meyer Ministries—Sudáfrica
P.O. Box 5
Cape Town 8000
South Africa
+27 21 701 1056

Otros libros por Joyce Meyer

Adicción a la aprobación

La batalla es del Señor

Belleza en lugar de cenizas

La Biblia de la vida diaria

Buena salud, buena vida

Cambia tus palabras, cambia tu vida

El campo de batalla de la mente

El campo de batalla de la mente para jóvenes

El campo de batalla de la mente para niños

Come la galleta…compra los zapatos

Cómo formar buenos hábitos y romper malos hábitos

Cómo oír a Dios

La conexión de la mente

Conozca a Dios íntimamente

De mujer a mujer

El desarrollo de un líder

Devocional: El campo de batalla de la mente

Dios no está enojado contigo

La dosis de aprobación

Empezando tu día bien

Esta boca mía

El gozo de la oración de fe

Hablemos claro

Hazte un favor a ti mismo…perdona

Luzca estupenda, siéntase fabulosa

Madre segura de sí misma

Mujer segura de sí misma

No se afane por nada

La Palabra, el nombre, la sangre

Pensamientos de poder

Perfecto amor

El poder de la determinación

El poder del perdón
El poder de ser positivo
El poder secreto para declarar la Palabra de Dios
La revolución de amor
Sea la persona que Dios diseñó
Si no fuera por la gracia de Dios
Las siete cosas que te roban el gozo
Sobrecarga
Termina bien tu día
Usted puede comenzar de nuevo
Vida en la Palabra
Viva valientemente
Vive por encima de tus sentimientos